股票画线技术入门与技巧

（修订升级版）

刘振清　著

中国宇航出版社
·北京·

图书在版编目（CIP）数据

股票画线技术入门与技巧 ： 修订升级版 / 刘振清著
. -- 2版. -- 北京 ： 中国宇航出版社，（2022.1重印）
ISBN 978-7-5159-1876-1

Ⅰ. ①股… Ⅱ. ①刘… Ⅲ. ①股票交易－基本知识
Ⅳ. ①F830.91

中国版本图书馆CIP数据核字(2020)第241747号

策划编辑 田芳卿　　责任校对 卢　珊
责任编辑 白希国　　封面设计 宇星文化

出版发行 中国宇航出版社
社　址 北京市阜成路8号　　邮　编 100830
(010)60286808　　(010)68768548
网　址 www.caphbook.com
经　销 新华书店
发行部 (010)60286888　　(010)68371900
(010)60286887　　(010)60286804(传真)
零售店 读者服务部
(010)68371105
承　印 北京天顺鸿彩印有限公司
版　次 2021年1月第2版　　2022年1月第3次印刷
规　格 710×1000　　开　本 1/16
印　张 17.5　　字　数 257千字
书　号 ISBN 978-7-5159-1876-1
定　价 49.00元

画对一条线，价值百万

（代序）

有这样一个故事。

一家工厂有台关键设备出了故障，找来找去也找不到原因。于是老板发话，能找出故障者给1万美元的奖励。这在当时可是重赏。

有位工程师来了，他在出故障的设备这里听听，那里看看，这里摸摸，那里敲敲，然后用粉笔在上面画了一条线，让人从那里拆开检测。故障果然在那里，并且很快就修好了。这位工程师顺利地拿到了1万美元的奖金。

事后有人议论：仅仅画一条线，就得到1万美元奖金，这钱挣得也太轻松了。

工程师听后回应道：画一条线，只值1美元，而知道在哪里画线，则值9999美元。

那些议论者听后都闭上了嘴。

股市中，每天进出的资金远远多于一家工厂，画对一条线的价值，也远远超过1万美元，甚至会超过10万美元、100万美元。

画线，本身并不困难。但是，在哪里画线，如何利用画线结果指导操作，却是一件十分困难的事。**“画对一条线，价值百万”**，这种说法其实一点儿也不为过。

那么，如何才能让自己所画的线更有价值呢？这与做好其他事情并没有什么不同，无外乎知识、经验与直觉。

★知识，是股市投资的基础

炒股，是一项投资活动，而且是一项非常严谨、非常具有挑战性的投资活动。正因如此，从事股票投资的人需要具备非常丰富的知识，非常娴熟的操盘技术。然而，现实生活中，很多人将炒股看成一件非常容易赚钱的事，不愿意学习知识和技术，只想靠小道消息、专家指导来赚钱。这类股民的结局，可想而知。

画线技术，是股票投资众多知识与技术中的一项最基本的技术。尽管展现在K线图上的只是一条直线，然而其背后需要的知识、技术却是很多的。换句话说，如果投资者没有一定的知识储备和专业素养，是很难画好一条线的。

同时，画线技术也和其他知识一样，需要投资者不断地练习、总结与提升。如果你画的线并不能为自己带来利润，那么请继续学习。除此之外，别无他途。

★经验，让画的线更精准

线，是死的，是固定的，人却是活的。股市中，每个人面对的都是同一张K线图，看到的都是同一个高低点，也可能会画出同一条线。然而，不同的人却会做出完全不同的投资决策。为何？因为每个人对知识和市场的理解不同，也就是经验积累程度不同。这些经验需要投资者在市场交易中慢慢地积累，没有任何捷径可走。

★直觉，让投资决策更准确

毋庸置疑，股市中很多决策都带有主观色彩。即使投资大师，也有凭借主观意愿做投资决策的时候。但是这种主观意愿并不是毫无依据的，而是在不断的交易中慢慢养成的直觉。也就是说，如果你能坚持一种投资风格，并不断地取得成功，那么接下来，你就很容易凭借这种直觉获得一次成功的交易。

华尔街有句名言：正确的交易行为产生正确的直觉。只有坚持正确的投资方法，遵守正确的投资纪律，才会产生正确的直觉。同样，当你产生正确的直觉时，你画出的线就会更加精准，你依据画线技术做出的走势判断也会更加准确。

知识、经验、直觉，三者缺一不可。不过，本书提供给投资者的仅仅是三者之一——知识。实际投资的成败，还要靠投资者自己的努力和实践。

同时，本书讲解的各种画线技术，也不过是画线技术领域的一些皮毛，如能帮助投资者获得一些有益的投资参考，善莫大焉。

刘振清

目 录

第六章　量价平衡线的画法与买卖点操作技巧

第七章　黄金分割线画法及实战技巧

第八章　八浪线画法与波浪理论实战技巧

第九章　江恩角度线画线技法与实操技巧

第十章　其他画线技术实战技巧

第一章

画线技术研判
——画线技术为何屡屡有效

有K线图的地方，就需要画线技术。趋势，是一种很神奇的东西。股价处于上升趋势时买入股票，赚钱就会很容易；股价处于下跌趋势时买入股票，赚钱就会异常困难，亏钱的概率则会很大。画线技术的真正价值，就是帮助投资者找到处于上升趋势的股票。

第一节　画线技术为何有效

切线的概念来自几何学，是指一条刚好触碰到曲线上某一点的直线。在股市中，切线特指股价明显转折点之间的连线，如两个高点之间的连线，两个低点之间的连线等。大家通常所说的趋势线、水平线、股价 X 线等，都属于切线的范畴。

所谓的画线技术，则是指按照一定的规则，遵循股票投资的基本原理，在 K 线图上完成切线绘制的技术。

一、切线的三大基本作用

下面先来看一个有关切线的案例，如图 1–1 所示。

如图 1–1 所示，徐工机械（000425）自 2020 年 2 月初启动振荡上涨行情，经过几次振荡起伏，投资者即可利用切线的画法准确地绘制一条上升趋势线。股价沿趋势线振荡上升，每次股价回调至趋势线位置，都会启动一波上升走势。

通过图 1–1，可以看出切线具有如下几个方面的作用。

1. 判断股价或指数的运行趋势

顺势操作，是所有投资者的共识。认清股价运行所处的趋势，准确地把握趋势，是每位投资者的基本功。切线，则是帮助投资者认清趋势的最佳工具。

以图 1–1 为例，图中的趋势线向右上方倾斜，说明股价运行趋势是向好的，属于上升趋势。投资者无论选择持股还是波段操作，效果都比较理想。相反，如果趋势线向右下方倾斜，则说明股价运行趋势是向坏的，属于下跌趋势，应避免交易或持股。

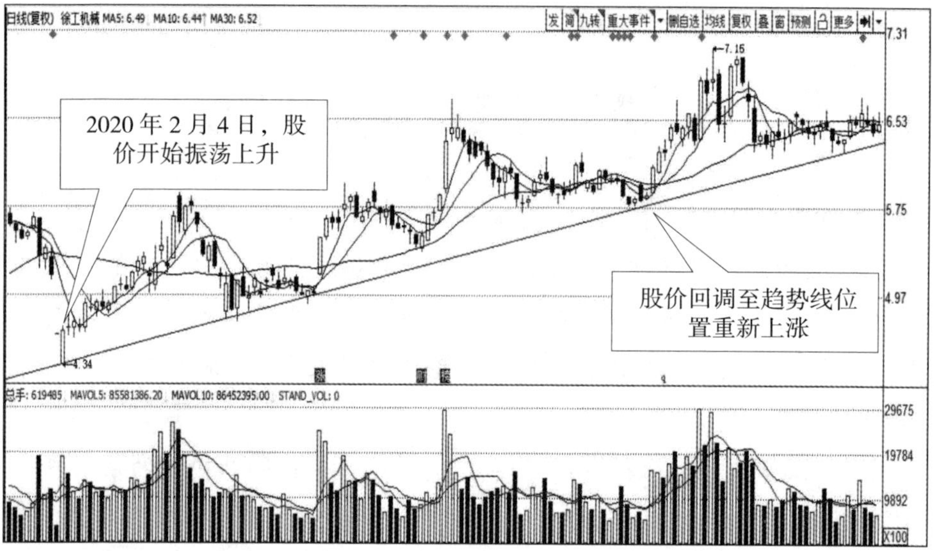

图 1-1　徐工机械（000425）日 K 线走势图

2. 预测股价或指数的支撑位与阻力位

长期以来，投资者对股价上涨和下跌的规律性研究从来不曾停止。所有的研究都指向这样一个事实：未来股价的阻力点或支撑点，往往与其历史运动轨迹相关。也就是说，历史上的某些点位，往往对股价未来走势造成一定的影响和制约。

以图 1-1 为例，投资者通过徐工机械前两次的股价振荡升降，可以画出一条上升趋势线。接下来，这条趋势线就如同被施了魔法一样，股价每次回落至趋势线位置，都会遇支撑重新上涨。当然，如果股价有效跌破这条趋势线，投资者应该立即卖出股票，这条趋势线也会从支撑线变为阻力线。

确认支撑位与阻力位，是切线最重要的作用之一。

3. 确定交易策略与方法

不同的行情适合不同的交易策略与方法。有的行情适合做短线，有的适合做中长线，有的只能做波段。投资者往往根据对行情的预判来设定自己的交易策略与方法。

以图 1–1 为例，投资者完成切线绘制后，即可做出两种交易选择：其一，若一直持股，则直到股价有效跌破支撑线时卖出股票；其二，若选择波段操作，则在股价每次上升到较高的点位时卖出，股价回落至趋势线位置时买入。

当然，从图 1–1 中可以看出，确定交易策略与方法，其实属于利用切线判断趋势和支撑位、阻力位的衍生品。也就是说，利用切线准确判断股价的运行趋势和支撑位与阻力位，是确定交易策略与交易方法的前提和必要条件。

二、画线技术遵循的基本原理

一条切线可以清晰地反映出股价的运行趋势，支撑位与阻力位还能为投资者提供交易指导，那么，为何切线能够发挥如此大的作用呢？这要从画线的技术原理说起。

画线技术一般依据以下 3 项基本原理。

1. 波动与趋势原理

股价永远处于波动之中。没有波动，就没有了交易价值。试想一下，如果股价只升不降，就不会有多少人愿意卖出，也就无法完成交易了。正是有了这种波动，才让股票市场保持活跃。

股价波动时，总是会按照一定的趋势或方向前进。例如，在上升趋势中，股价每次回落的低点都会高于前一个低点。下跌趋势则相反。

股价的波动之所以会出现这种趋势性，与其背后的推动力量密切相关。我们相信，股价的上升或下跌都是主力或庄家有意而为的。也就是说，股价朝哪个方向运行，主力或庄家都会有一个清晰的操盘计划。

在具体操盘中，主力或庄家不可能回避这样两个问题。

其一，不能让其他投资者识破自己的计划，否则操盘计划将会彻底失败。

其二，避免其他主力破坏或抢筹。

以上升趋势为例。主力或庄家拉升股价时，必须时常主动地让其回调，以吓退立场不坚定者，提升新进入者的持仓成本，隐藏自己的操盘计划。但是，主力或庄家在拉升过程中，又必须保证回调的每一个低点都不低于前一个低点，否则其他主力或投资者会拣到便宜的筹码，就会影响自己的操盘计划。于是，我们就看到上升趋势线上一个又一个逐级升高的低点，如图 1–2 所示。

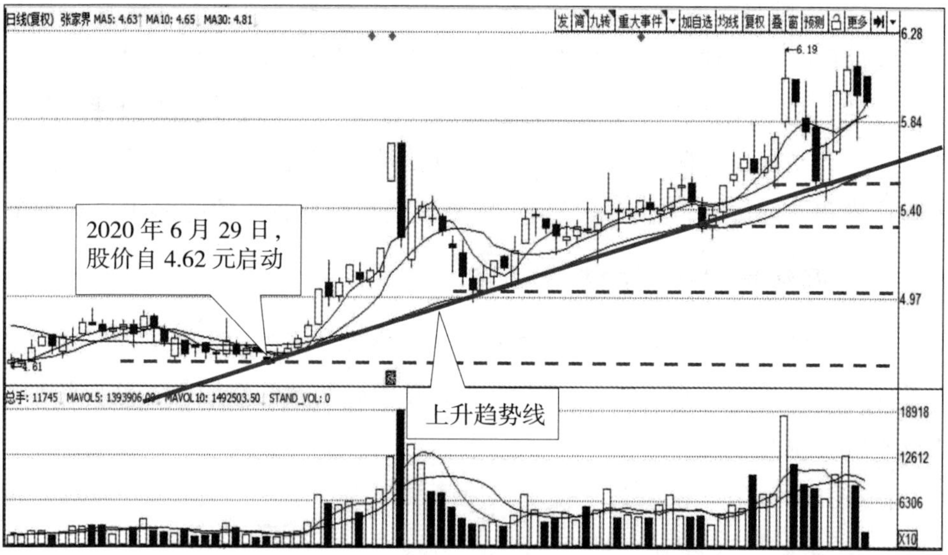

图 1–2　张家界（000430）日 K 线走势图

如图 1–2 所示，张家界（000430）的股价自 2020 年 6 月底启动快速上涨走势后，一直沿着上升趋势线逐波向上运行。每次回调的低点都位于趋势线附近，且后一个低点永远高于前一个低点。

2. *力量转化原理*

支撑位与阻力位互相转化的情况一次又一次重演，这种力量转化的背后，其实与筹码分布息息相关。筹码集中的点位必然阻力重重，股价如果能顺利向上突破这一位置，那么股价必将继续上涨。上涨之后回调至此位置时，又会有大量的承接盘涌入，因为大家相信股价还会上涨，此位置是最好的买入位。

如果股价真的向下突破了此位置，很多人将被套牢，于是当股价再次反弹至此位置时，这些套牢盘便会蜂拥而出，致使股价再次走低，如图 1–3 所示。

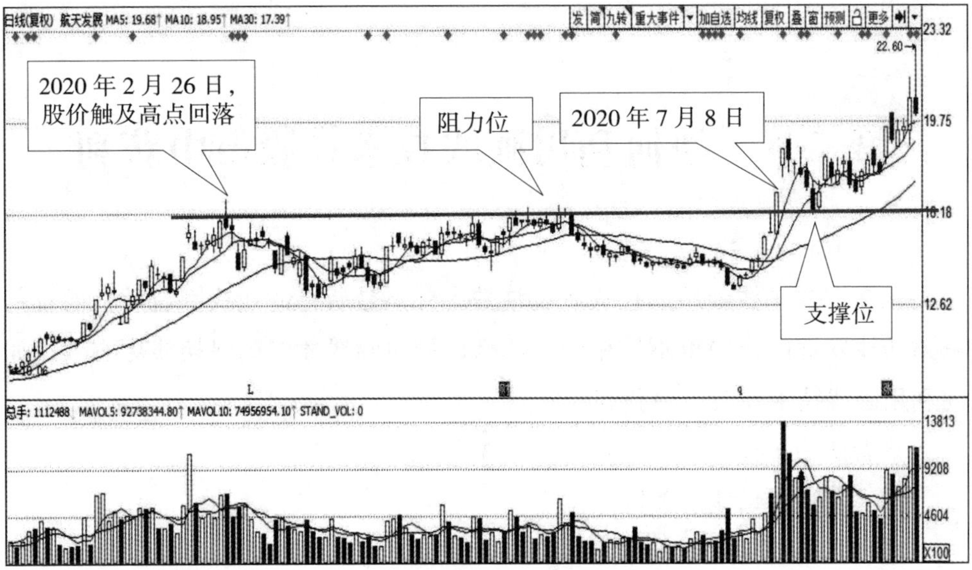

图 1–3　航天发展（000547）日 K 线走势图

如图 1–3 所示，航天发展（000547）的股价从 2020 年 2 月 26 日创下阶段高点后开始回调，该高点位置可能会对其后的股价上行产生一定的阻力。其后，该股股价几次来到这一高点附近，均因受到阻力重新回调。这说明该位置具有较强的阻力作用。

2020 年 7 月 8 日，航天发展的股价放量突破前期阻力位（放量是有效突破阻力位的必要条件，也是之后成为支撑位的重要条件）。从此该位置便成了股价的支撑位，股价多次下跌至此位置，都因受到支撑重新上涨。

3. 心理影响原理

历史会不断地重演，这是证券技术分析的基本公设，也是很多人坚持的基本分析逻辑。某一点位一旦构成对股价的支撑或阻力作用，那么，当股价再次回到这里时，一些投资者自然而然地会选择规避风险，于是这些点位的作用就被一次又一次地强化了。

第二节　如何利用画线技术在股市中获利

很多有过画线经历的投资者都清楚，并不是所有的切线都有效，而且每一条切线发挥的作用也不尽相同。那么，如何画线才能确保切线更有效，如何利用画线技术在股市中获利呢？

笔者认为，投资者必须做好以下 3 点。

第一，选择切线的关键点位。

第二，精确完成画线作业。

第三，利用多种技术分析工具佐证画线结论。

一、关键点位选择——选择最具价值的位置

画一条切线最少需要一个关键点，这个点的选择直接关系到切线发出的指示信号的准确性。也就是说，若想让切线起到预期的效果，必须先选对关键点。

例如，如果想画一条趋势线，那么至少需要两个调整的低点或两个上升的高点。如果想画一条水平线，则需要一个能够对股价起到明显支撑或阻力作用的点。

通常情况下，关键点多来自股价的阶段最低点和最高点，如图 1-4 所示。

如图 1-4 所示，仁和药业（000650）的股价在 2020 年 3 月进入振荡下行周期。在此期间，股价两次反弹到短期高点后回落。将两个高点之间用直线相连，就得到了一条阻力线。也就是说，这条直线会对未来股价上涨形成一定的阻力。

反之，如果股价能够顺利突破这条直线，则该线就会成为股价回调的支撑线。2020 年 6 月 3 日，股价放量突破阻力线后出现回调，不过该股股价回

调的力度相对较小。

其后，股价出现了一波快速上升走势。

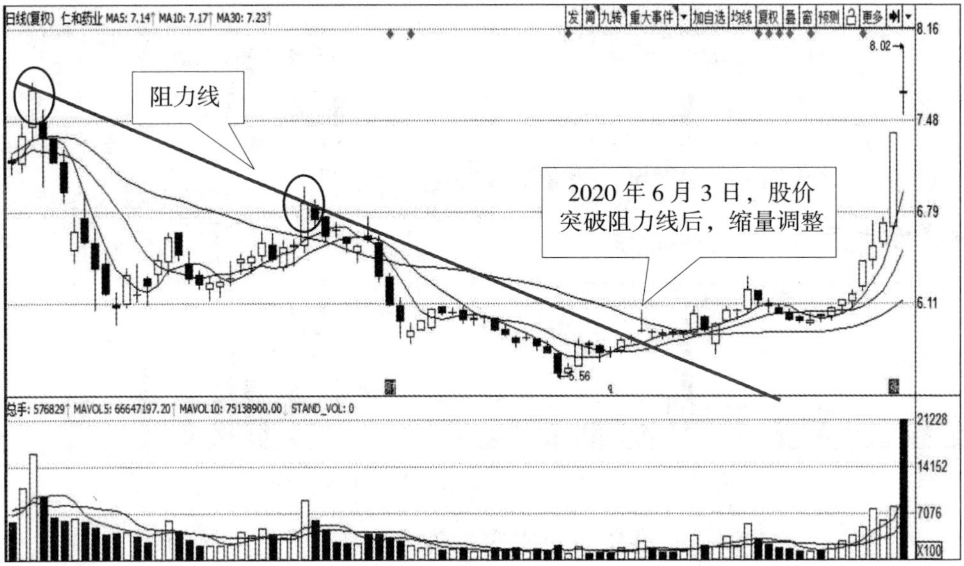

图 1–4　仁和药业（000650）日 K 线走势图

从图 1–4 中所画阻力线选择关键点的情况，可以看出以下两点。

第一，关键点往往是一些具有转折意味的点位，如短期高点、低点等。图 1–4 中的关键点位，选择的就是两个阶段高点。投资者应该注意：越是反复被证明有效的点位以及由该点位构成的切线，越具有交易指导意义。也就是说，如果是两个阶段高点形成的阻力线，其后，股价数次来到该阻力线位置，均因阻力线的压制而出现回调，那么，该阻力线的作用就会越来越强。

第二，关键点位的成交量放大或缩小越明显，那么其作用就会越强大。同时，如果出现功能互换，即阻力位与支撑位互换时，其作用仍将很强大，如图 1–5 所示。

如图 1–5 所示，中钨高新（000657）的股价在 2020 年 6 月初形成了阶段高点，在高点形成过程中，成交量出现了明显放大的过程，这就意味着，股价若想突破该高点位置构成的阻力线，成交量放大是必要条件。

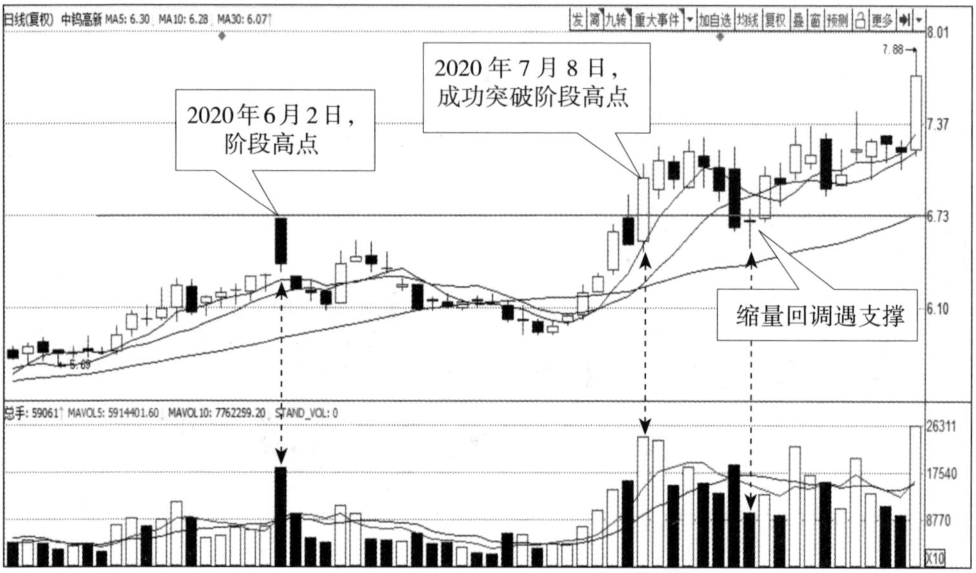

图 1–5　中钨高新（000657）日 K 线走势图

2020 年 7 月初，中钨高新的成交量连续放大，并一举突破了压制股价许久的压力线。其后，该压力线就变成了中钨高新的股价支撑线，股价回调至该位置，就会遇到很强的支撑力。

构筑阻力线的短期高点往往有成交量放大相配合，反之，构筑支撑线所需要的短期低点以成交量萎缩为最佳。

二、如何画线才能让切线更有效

有效的决策有赖于精准的切线。除了选准关键点位，投资者在绘制切线时，还需要注意以下 3 点。

1. K 线点位的选取

通常情况下，一根 K 线包括 4 个价格，即开盘价、收盘价、最高价和最低价。在画线时，一般以 K 线实体价格为准，即开盘价或收盘价，如图 1–6 所示。

如图 1–6 所示，正虹科技（000702）的股价从 2020 年 6 月中旬开始振荡上行。投资者可以通过股价上涨的高点绘制一条阻力线，以便确认股价上行的速度。图中实线是基于K线实体价格绘制的，而虚线则是基于K线上影线绘制的。从图中的切线绘制情况可以看出，由于K线的上下影线波动幅度较大，其指示股价走势的意义明显弱于K线实体。这也正是本书提倡使用K线实体画线的原因。

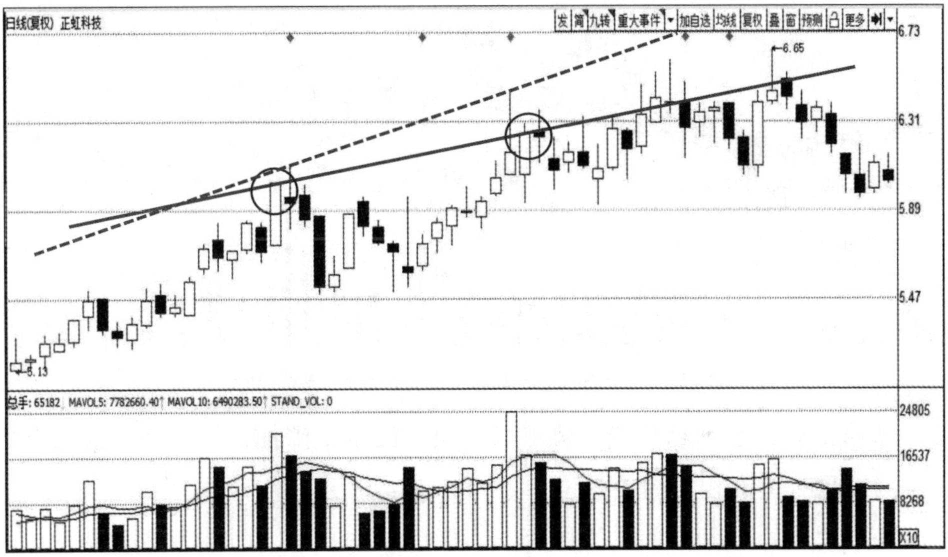

图 1–6 正虹科技（000702）日K线走势图

2. 切线的调整与修正

切线的绘制，并不是简单地找到关键点位画一条线了事，后续还要观察切线与K线走势之间的关系，研判切线有无调整的必要。当然，调整并不意味着切线绘制失败，也有可能是股价朝着更有利于自己判断的方向发展。

例如，股价沿着上升趋势线上涨时，股价上涨突然加速，那么，你只有改变上升趋势线的斜率，重新绘制切线，才能明确自己防御的重点，如图1–7所示。

图1–7中，实线为初次绘制的支撑线，虚线为调整后的趋势线。投资者按照切线的绘制方法初次绘制趋势线后，股价上涨速度加快，此时若不修正趋势线的倾斜角度，趋势线的作用将大打折扣，而且还可能因为自身固守原来的支撑位而白白丧失到手的利润。

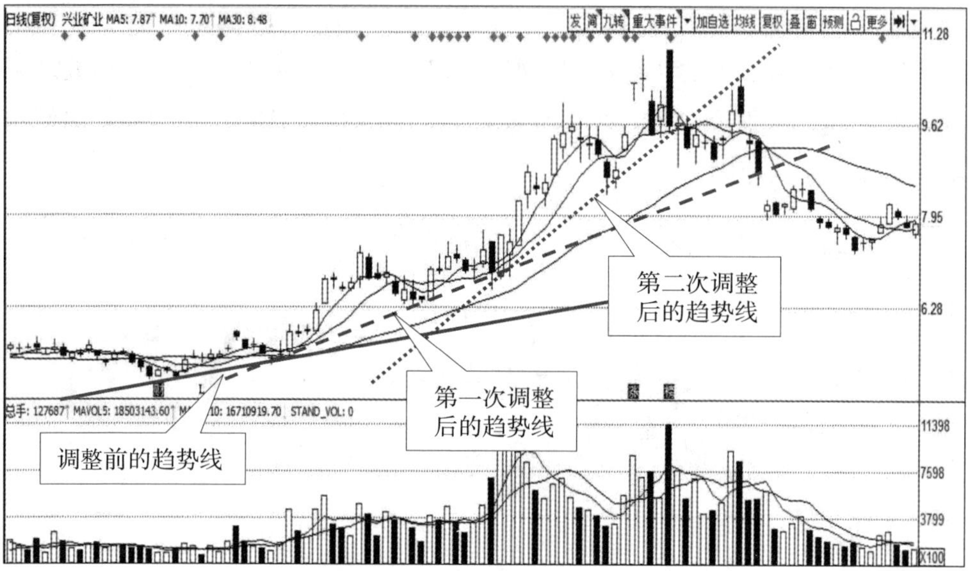

图 1–7　兴业矿业（000426）日 K 线走势图

从修正后的上升趋势线走势可以看出，股价上涨加速后，回调的低点更高。因而只有提高相应的止盈位，才能让自己赚更多的钱。

市场永远处于运动变化之中。绘制切线的目的就是为了捕捉这种变化，以便为我所用。如果趋势已经发生变化，自己却不做改变，受损失的只能是自己。

3. 切线作用的确认

切线的作用在于对股价构成支撑或压力，但是并不是股价一遇到切线，切线就会发生作用。市场本身具有很强的惯性，也就是说，股价自高点回落至支撑线位置时，有时会因为惯性的原因，价格稍稍跌破一点儿支撑线，之后再迅速被拉起，如图 1–8 所示。

如图 1–8 所示，长虹美菱（000521）的股价在 2020 年 6 月 4 日形成短期高点后回落，投资者可以该高点为基准绘制一条水平线。该水平线就是股价上行的阻力线。其后，该股股价携量突破阻力线，投资者此时宜买入该股。该股随后出现回调，原阻力线已经转变为股价支撑线。2020 年 7 月 17 日，股价在 K 线图上留下了一根带长下影线的小阴线，且当日股价一度跌破了支撑线。

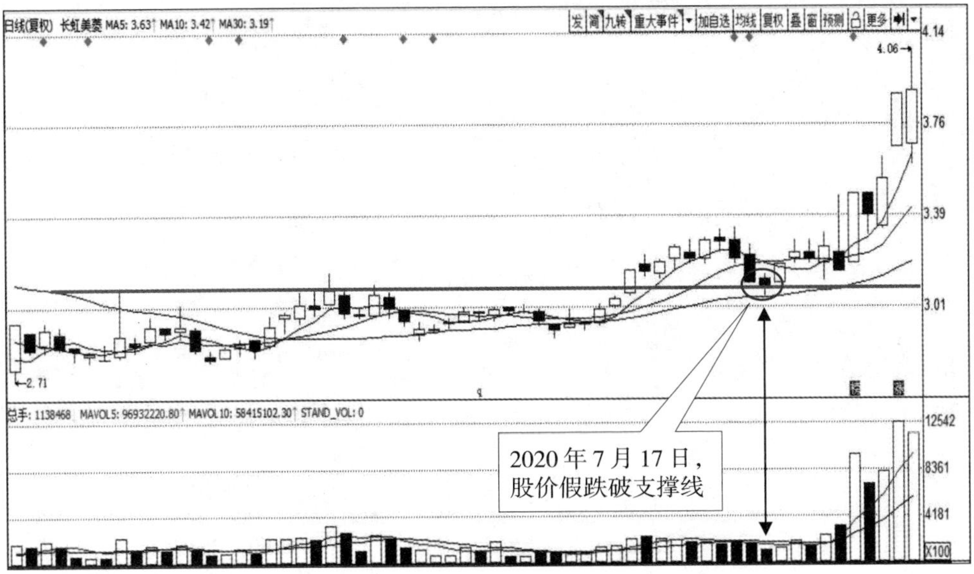

图 1–8　长虹美菱（000521）日 K 线走势图

次日，该股迅速收复支撑线。这说明支撑线仍然有效，本次破位只是一次主力制造的破位假象，投资者可以继续持有该股。

其实，很多投资者都在股价有效跌破和假跌破支撑位或阻力位的确认上吃过亏。有些专业投资者给出了“3 日突破有效”原则，即股价突破一个位置后能够停留 3 个交易日以上为真突破，否则为假突破。不过，在很多快速上涨或下跌行情中，如果要等到 3 个交易日之后再操作，可能机会已经错过去了，或者损失已经非常大了。

下面以图 1–8 中的下跌突破支撑线为例，提供 3 点识别真假突破的建议，仅供读者参考。

其一，真突破往往有成交量放大相配合，而图 1–8 中的假突破没有。

其二，真突破后股价反弹，收盘价应该在支撑线以下。

其三，真突破反弹时的成交量应该是萎缩的。

当然，任何事都没有绝对的。识别真突破还是假突破也不能太过机械，还需综合考虑股价上涨的速度、位置以及大盘环境等因素。

第二章

趋势线的画法与买卖点操作技巧

趋势线，是以道氏理论为基础演化而来的，是由交易者根据当前股价运行状态画出的一条能够对股价未来运行趋势作出预判的直线。毫无疑问，在所有切线中，趋势线是最重要的。

人们常说，做股票其实就是做趋势。若能看准趋势，则无往而不利。趋势线，就是一条帮助交易者研判股价运行趋势的直线。

第一节　趋势线的作用与基本原理

股价上涨时，每次回调至趋势线位置，便会重新上升。股价下跌时，每次反弹至趋势线位置，便会重新下跌。趋势线能够发挥这样的作用，与其表现形式和形成原理有关。

一、趋势线类型：上升趋势线与下降趋势线

在股价运动中，如果其包含的波峰和波谷都相应地高于前一个波峰和波谷，那么就称为上涨趋势。相反，如果其包含的波峰和波谷都低于前一个波峰和波谷，那么就称为下跌趋势。如果后面的波峰与波谷基本上都与前面的波峰和波谷持平的话，那么称为振荡趋势或者横盘趋势，或者称为无趋势。

趋势线主要包括上升趋势线、下降趋势线和横向趋势线 3 类，由于横向趋势出现的概率较低，本书不做深入讨论。

1. 上升趋势线

上升趋势线，是指在股价上涨趋势中，连接明显的支撑区域（最低点）的直线。一般情况下，上升趋势线一旦形成，就会对股价产生一定的支撑作用，如图 2-1 所示。

当股价回调到上升趋势线附近时，往往会有大量买盘涌入，从而使股价再次回升。不过，当股价跌穿趋势线且被验证突破有效时，那么上升趋势线的支撑作用将会消失。

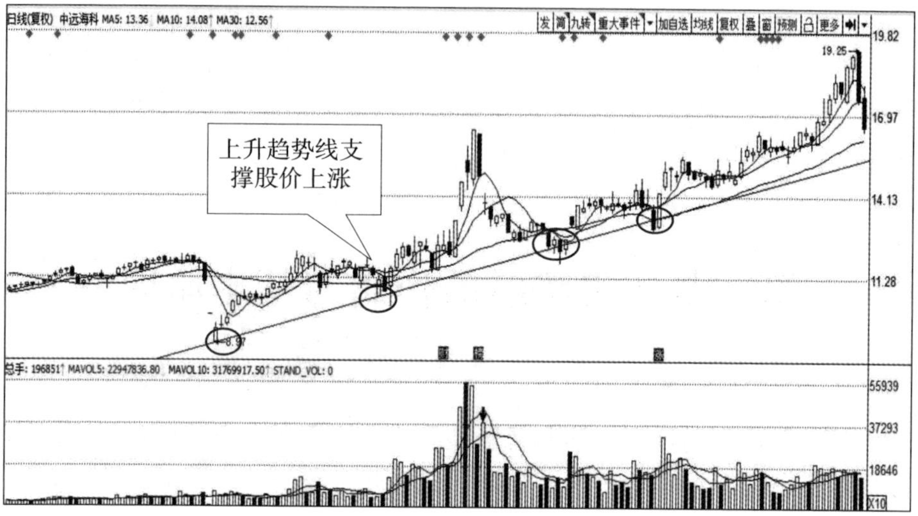

图 2–1　上升趋势线

在所有上升趋势线中，下面几种趋势线更为重要。

第一，趋势线标示的趋势周期越长，那么趋势线的支撑作用越强。

第二，股价沿趋势线上涨过程中，回调触及趋势线后上涨的次数越多，趋势线的作用越强。

第三，接近 45° 角的上升趋势线的支撑作用要强于其他角度的上升趋势线。

第四，上升趋势线连接的回调低点中，若有对应阶段成交量最低点（百日以上“地量”更佳）的，则该上升趋势线的支撑作用更强。

2. 下降趋势线

下降趋势线，是指在股价下跌趋势中，连接明显的阻力区域（最高点）的直线。一般情况下，下降趋势线一旦形成，就会对股价产生一定的阻力作用，如图 2–2 所示。

处于下跌过程中的股价，每次上涨到下降趋势线附近时，往往会有大量卖盘涌出，从而使股价再次回落。不过，当股价向上突破下降趋势线且被验证为有效突破时，那么下降趋势线的阻碍作用将会消失。

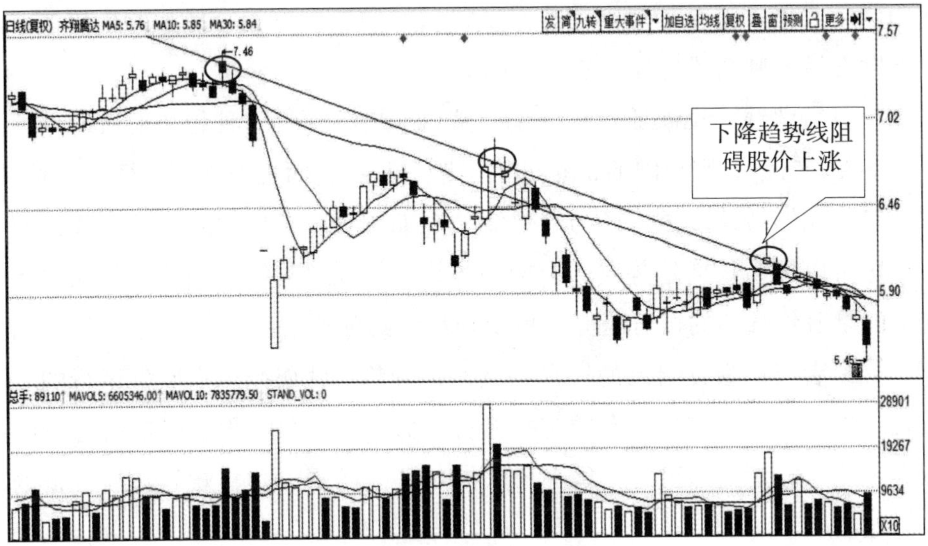

图 2-2　下降趋势线

在所有下降趋势线中，下面几种趋势线更为重要。

第一，趋势线标示的趋势周期越长，那么趋势线的阻力作用越强。

第二，股价沿趋势线下跌过程中，回调触及趋势线后下跌的次数越多，趋势线的作用越强。

第三，接近 45° 角的下降趋势线的阻力作用要强于其他角度的下降趋势线。

第四，下降趋势线所连接的反弹高点中，若有对应阶段成交量最高点（百日以上“天量”更佳）的，则该下降趋势线的支撑作用更强。

二、趋势线对股市的预判作用

对于交易者来说，趋势线在市场未来预判方面具有重要的作用。概括起来，主要包括两类：一是对股价未来整体走向的预判；二是对股价短期走势的预判、买卖点位的判断。

1. 研判股价运行趋势

顺势者昌，逆势者亡。股市是一个能够让你赚得钵满盆满，也能让你亏得一无所有的场所。如果你想要在股市中立足乃至盈利，首要的一条，必须准确判断股价的运行趋势。趋势对了，后面的操作也就容易了。趋势线，就是帮助交易者判断股价运行趋势方向的一种工具。

上升趋势线，反映股价正处于上涨过程中，而且这种趋势还可能继续保持。下降趋势线，则反映股价正处于下跌过程中，而且下跌行情还可能持续。这种趋势能够持续多久，还与趋势线的周期相关。具体说来，趋势线按照周期长短可以分为长期趋势线、中期趋势线和短期趋势线。当然，长期趋势线指示的是股价长期的运行趋势，短期趋势线则反映了股价短期的运行趋势。

交易者可以根据自己的操盘特点，结合趋势线研判未来股价运行的方向并设定操盘计划。例如，有的交易者喜欢做短线，只需根据短期趋势线的形态决定买入、卖出即可，无须考虑长期趋势线的形态。喜欢做长线投资的，则与之相反。

2. 研判买卖时机及点位

股价每次向趋势线靠拢，都是需要特别注意的时刻。如果股价有效突破（向上或向下）趋势线，那么原有趋势线将不再发挥作用，此时就是交易者转换交易策略的时刻。

下面来看一下雅克科技（002409）的案例，如图 2-3 所示。

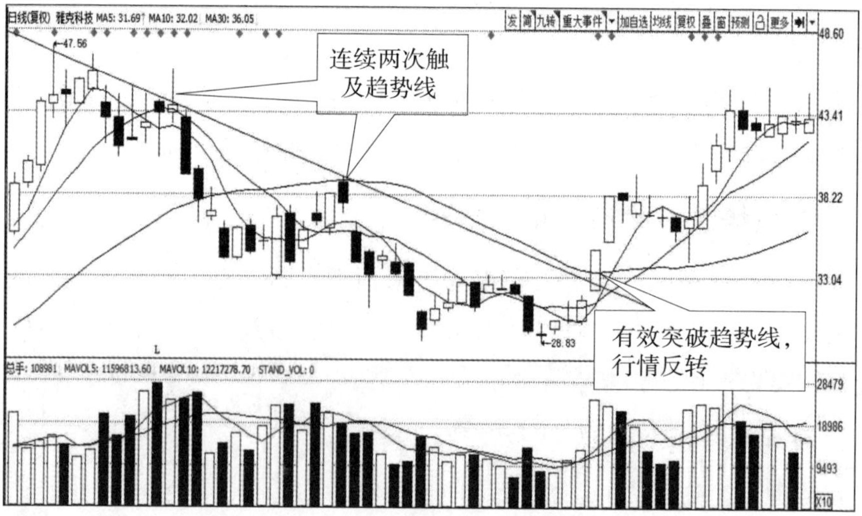

图 2-3　雅克科技（002409）

雅克科技（002409）自2020年2月19日创下阶段高点47.56元后开始下跌。在下跌过程中，股价出现了若干次反弹，其中几次大规模反弹的高点全部位于下降趋势线位置，由此可见下降趋势线的阻力作用。

在下跌趋势中，交易者应保持空仓或观望。如已被套牢，则可考虑波段操作，持股至下降趋势线位置时卖出。2020年4月17日，股价经过一系列小幅上涨后，成功突破下降趋势线，此时下降趋势线的阻力作用消失。交易者可转换投资策略，由空仓观望变为追涨买入。

三、趋势线为何会发挥神奇的作用

几乎所有从事交易的人都在使用趋势线，那么，趋势线为何会发挥如此神奇的作用呢？其一，多方博弈的结果；其二，心理作用的结果。

1. 多方博弈的结果

股市是一个多方博弈的场所。多空博弈，主力与散户之间的博弈，乃至新庄家与老庄家之间的博弈，不停地在股市中上演。股价则是多空博弈结果最直观的体现。当多方占据优势地位时，股价就会上涨；当空方占据优势地位时，股价就会下跌，这是非常自然的事情。趋势线则是反映多空双方力量强弱的分界线。

下面以上升趋势线为例进行说明，如图2–4所示。

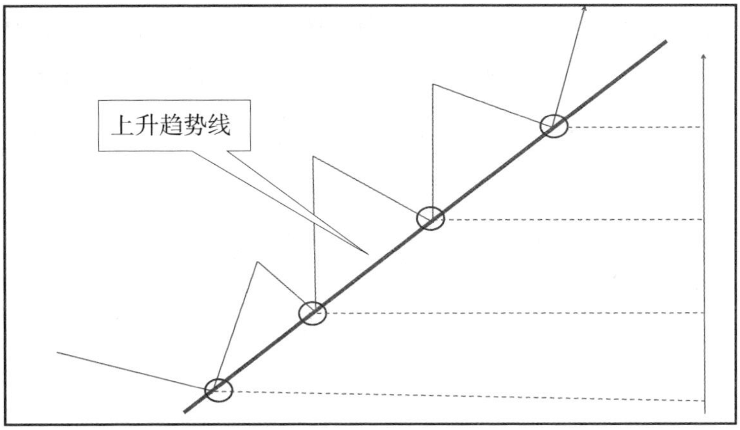

图2–4　上升趋势线

多方占据优势地位时，必然会拉动股价上涨。随着股价上升，获利盘也越来越多。当股价上升到一定高度时，盘中涌出的获利就会越来越多，空方此时会发力打压股价。为了之后能够顺利拉升，原来的多方也需要适当地打压股价，一方面降低持仓成本，另一方面可以逼出一定比例的获利盘，基于此，股价就会出现回调。

股价回调一定程度后，松动的获利盘已经消耗殆尽时，多方就会重新拉升股价。这时，股价 K 线图上就会形成一个明显的拐点，如此反复。一般来说，后面的拐点会明显高于前一个，这是多方从持仓成本角度考虑的。如果低于前一个拐点，可能导致后进入者的持仓成本低于自己，造成操盘计划失败。多个拐点连线，就构成了一条上升趋势线。下降趋势线的形成与此相反。

上涨趋势中，如果股价有效跌破上升趋势线，则说明多空力量对比发生了根本性的逆转，多方已经无力再次拉升股价。如果股价跌破上升趋势线，就会导致人气涣散，甚至股价下跌至主力持仓成本以下，空方力量开始占据优势地位，股价将从上涨趋势转为下跌趋势。此时，如果交易者手中持有股票，则需尽快出清。

2. 心理作用的结果

炒股本身就是一场心理战。趋势线形成后，无论对散户还是主力来说，都具有一定的暗示作用。在上涨过程中，股价回调到上升趋势线附近时，股价就会止跌上涨，于是空仓观望者便会进场抢筹，造成股价回升。在下跌过程中，股价反弹至下跌趋势线附近时，持仓者也会基于同样的考虑，抛出部分筹码，以防股价重归下跌通道。

这就如同一个物体被抛向空中，所有人都知道它会落下来，只是不清楚它的高点在哪里。股价也是同样的道理，无论是上涨还是下跌，都会有一个转折点。在没有人清楚这个转折点的位置时，趋势线就充当了这一指示性的角色。当股价下跌到此位置时，有可能会上涨；股价上涨至此位置时，有可能会下跌。

久而久之，经过无数散户和主力的反复强化，趋势线的作用也就越来越神奇有效了。

第二节 趋势线的画法——趋势线发挥效用的核心

趋势线通过股价的上涨、下跌、回调、反弹等运动力道反映其基本的运行方向。不过趋势线的作用大小，与投资者所画的趋势线质量密切相关。也就是说，趋势线画得越精确，通过观察股价与趋势线关系得到的判断就越准确。

一、上升趋势线的画法及指导意义

1. 上升趋势线的基本画法

画上升趋势线时，需要掌握以下几个要领。

第一，上升趋势线是以两个回调低点为关键点位所画的直线，因而投资者选择的第二个低点必须高于第一个。通常情况下，这两个下跌低点应该是股价两次回调后重新上涨的转折点。

第二，两个下跌低点之间必须有一定的距离，不能是两个紧紧相邻的低点。

第三，通过两个上升的低点连线所画的上升趋势线，必须经过第三个低点确认方为有效。该 K 线的实体或影线触及趋势线即可，稍有距离也不影响上升趋势线的有效性。

第四，画上升趋势线时，必须以 K 线实体为出发点，即以阳线的开盘价或阴线的收盘价为基点。

下面以科伦药业（002422）为例进行说明，如图 2–5 所示。

如图 2–5 所示，科伦药业（002422）的股价自 2020 年 2 月初出现振荡下跌走势。该股股价 4 月 29 日触底后反弹向上，并于 6 月 30 日再次创下了一段时间内的回调低点。同时，6 月 30 日形成的低点要高于 4 月 29 日，说明该股处于上升趋势中。

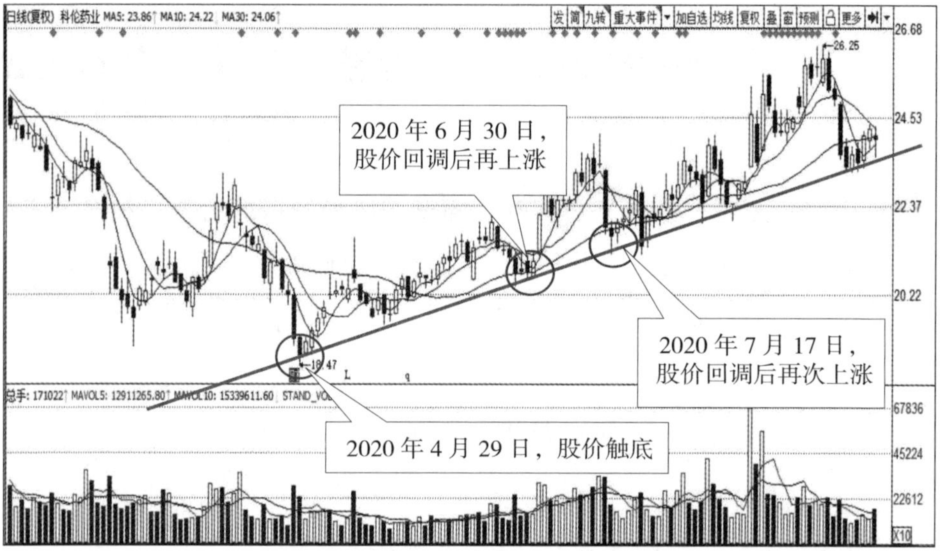

图 2-5　科伦药业（002422）日 K 线走势图

此时，投资者可以用 6 月 30 日的低点与 4 月 29 日形成的低点画出一条上升趋势线。7 月 17 日，股价回调几日后到达趋势线位置，因受趋势线的支撑重新上涨，说明该趋势线具有一定的支撑作用。

2. 画上升趋势线注意要点

画上升趋势线时，需要注意以下几个要点。

第一，上升趋势线画好后，可能会穿越一根或多根 K 线实体，但只要该 K 线实体没有完整地位于趋势线以下，就可以认定该趋势线是有效的。

事实上，在股价回调过程中形成的短期底部，往往相邻的几根 K 线价格趋近。这时，我们选择其中的最低价与其他的低点相连时，不可避免地会穿越某根 K 线实体。

图 2-5 中，选择以 4 月 29 日的 K 线收盘价（该价格为临近的几根 K 线实体的最低价）为基点，而趋势线事实上已经穿越了后一个交易日 K 线实体。

第二，在基准日价格的选择方面，历来有很多不同的意见。比如，有的投资者喜欢单纯地选择收盘价，包括阳线的收盘价，甚至最低价即下影线最低点。这些选择本身没有对错之分。不过，笔者倾向使用K线实体的最低点，即阳线的开盘价或阴线的收盘价。

第三，绘制上升趋势线时，还要考虑股价的除权、除息等问题。如果一只股票近期即绘制趋势线跨越的周期中出现除权或除息，投资者在绘制股价上升趋势线以前，应该将其复权，然后再绘制上升趋势线。

第四，为了保险起见，针对一波上涨行情，投资者可以画出多条上升趋势线。之后随着股价的变动不断地修正、取舍，直至确认趋势线对股价确有支撑作用为止。

第五，绘制技术指标的上升趋势线时，可以直接以技术指标线两次回调后上涨的转折点为关键点位。同时，第二个转折点必须高于第一个，否则不能称为上升趋势线。

3. 上升趋势线的指导意义

上升趋势线可以告诉投资者以下几项内容。

第一，股价处于上涨趋势中，投资者可以选择持股待涨，也可以选择波段操作。所谓波段操作，即股价出现回调时买入，股价回调至上升趋势线位置后反弹向上时卖出。

第二，股价沿趋势线上升的末端，往往会有一段加速上涨行情，即股价回调的低点要远远高于上升趋势线预设的价位。此时投资者可持股待涨，避免盲目操作踏错节奏。

第三，股价沿趋势线上升时，如果波动范围不大，投资者应耐心持股，避免频繁交易。

第四，股价沿趋势线上升时，如果有效跌破趋势线，则必须及时卖出。

二、下降趋势线的画法及指导意义

1. 下降趋势线的基本画法

画下降趋势线时，需要掌握以下几个要领。

第一，下降趋势线是以两个反弹高点为关键点位所画的直线，因而投资者选择的第二个高点必须低于第一个。通常情况下，这两个反弹高点应该是股价两次反弹后重新下跌的转折点。

第二，两个反弹高点之间必须有一定的距离，不能是两个紧紧相邻的高点。

第三，通过两个下跌的高点连线画出的下降趋势线，必须经过第三个低点确认方为有效。该 K 线的实体或影线触及趋势线即可，稍有距离也不影响下降趋势线的有效性。

第四，画下降趋势线时，必须以 K 线实体为出发点，即阳线的收盘价或阴线的开盘价为基点。

下面以众应互联（002464）为例进行说明，如图 2–6 所示。

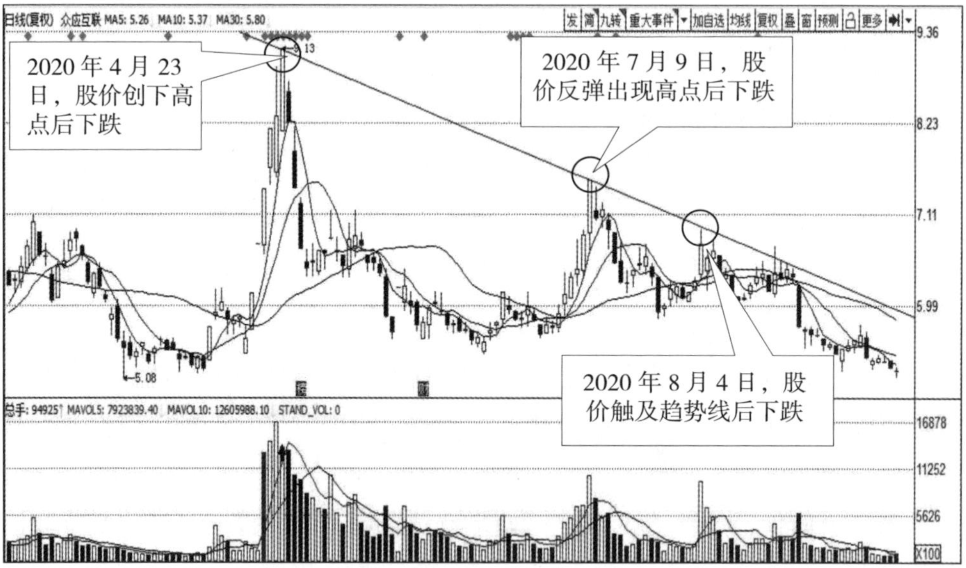

图 2–6　众应互联（002464）日 K 线走势图

如图 2–6 所示，众应互联（002464）从 2020 年 4 月 23 日创下阶段高点后开始走出了一波下跌行情，股价沿下降趋势线运行。

7 月 9 日，众应互联延续了前几日的反弹行情，以涨停报收。其后，该股股价再度回归下跌通道。7 月 9 日创出的高点要明显低于 4 月 23 日创下的高点，投资者可将 7 月 9 日的高点与 4 月 23 日的高点连接，画出一条下降趋势线。

8 月 4 日，股价盘整几日后再度上攻至趋势线位置，因受趋势线阻力作用重新下跌，说明该趋势线具有一定的阻力作用。

此后，该股一路沿着趋势线下跌，股价回调到趋势线附近时，都因受到趋势线的阻力作用重新下跌。

2. 画下降趋势线注意要点

画下降趋势线时，需要注意以下几个要点。

第一，与上升趋势线相似，下降趋势线画好后，可能会穿越一根或多根 K 线实体。但只要该 K 线实体没有完整地位于趋势线以上，就可以认定该趋势线是有效的。

事实上，在股价反弹过程中形成的短期顶部，往往相邻的几根 K 线价格趋近，这时选择其中的最高价与其他高点相连时，不可避免地会穿越某根 K 线实体。

第二，与上升趋势线相似，下降趋势线基准日价格的选择，也有很多不同的意见。比如，有的投资者喜欢单纯地选择收盘价，包括阴线的收盘价，甚至最高价即上影线最高点。这些选择本身没有对错之分，不过，笔者倾向使用实体的最低点，即阳线的开盘价或阴线的收盘价。

第三，绘制下降趋势线时，还要考虑股价的除权、除息等问题。如果一只股票近期即绘制趋势线跨越的周期中出现除权或除息，在绘制股价下降趋势线前应该将其复权，然后再绘制下降趋势线。

第四，为了保险起见，针对一波下降行情，投资者可画出多条下降趋势线，之后随着股价的变动不断地修正、取舍，直至确认趋势线对股价确有阻力作用为止。

第五，绘制技术指标的下降趋势线时，可以直接以技术指标线两次反弹后下跌的转折点为关键点位。同时，第二个转折点必须低于第一个，否则不能称为下降趋势线。

3. 下降趋势线的指导意义

下降趋势线可以告诉投资者以下几点内容。

第一，股价处于下降趋势中，投资者最好空仓观望。如果股价波动范围较大，投资者可考虑轻仓超短线交易，并设置好止损位，但持仓时间不可过久，以免被套。

第二，股价沿趋势线下降的末端，往往会有一段加速下跌行情，即股价反弹高点远远低于下降趋势线预设的价位，此时投资者可保持观望，股价即将下跌到底部。

第三，股价沿趋势线下跌时，如果没有特别强大的外力作用，股价下跌将会非常容易，而且还会有加速下跌的迹象。投资者必须学会耐心等待，不能见到股价偏离趋势线距离较大，便盲目进场交易去博取短期收益，因为这可能是股价加速下跌的信号。

第四，股价沿趋势线下跌时，如果放量突破趋势线压制，可以认为股价有改变运行趋势的可能。投资者宜密切关注股价动向，在合适的时机买入股票。

第三节　趋势线的调整与修正

股价总是处于运动变化之中，因而趋势线也必须随之不断地调整和修正。通常情况下，趋势线的调整和修正包括两种：其一，因股价上涨或下跌速度变化而进行调整；其二，因股价对趋势线的突破而进行调整。

一、因股价速度变化调整趋势线

股价沿着事先画好的趋势线运行过程中，有时会出现减速上涨或减速下跌的情况，这时投资者就需要考虑修正趋势线，以适应股价的变化速率。

1. 上升趋势线的调整及指导意义

股价沿某条上升趋势线振荡上涨时，如果股价上涨速度加快或减慢，那么原上升趋势线就无法准确地反映股价的变化，因此必须及时调整趋势线，如图 2–7 所示。

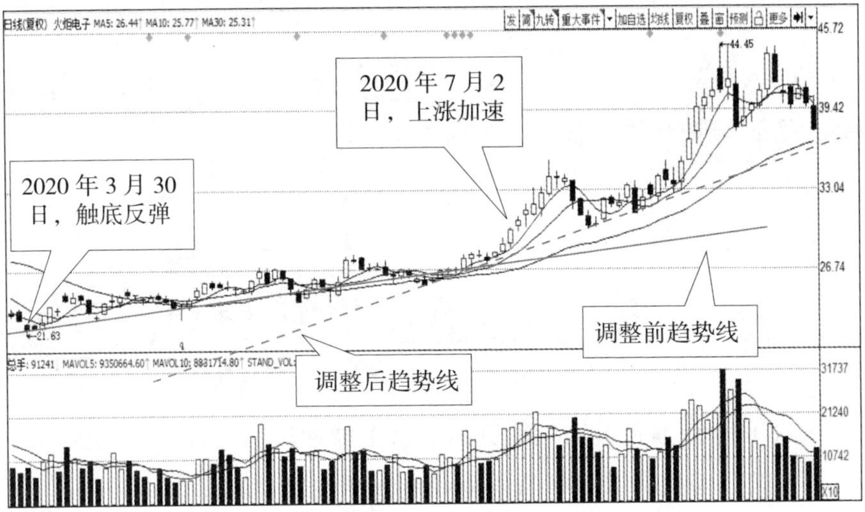

图 2–7　火炬电子（603678）日 K 线走势图

如图 2–7 所示，火炬电子（603678）的股价自 2020 年 3 月 30 日触底反弹，股价在上涨过程中形成了两次回调低点，且每个低点都高于前一个。投资者可以按照上升趋势线的画法，绘制一条上升趋势线。

7 月 2 日，该股股价开始大幅上涨。其后，股价回调的低点都高于上升趋势线。此时，投资者必须及时修正上升趋势线，以准确把握股价的回调与上涨，增加自己的利润。

（1）上升趋势线变得越来越陡峭。

上升趋势线如果变得越来越陡峭，说明股价上升的速度越来越快。此时，投资者只需持股待涨，无须波段操作，如图 2–8 所示。

如图 2–8 所示，恒润股份（603985）的股价自 2020 年 4 月中旬触底后开始振荡上涨。在此期间，股价每次回调的低点都高于前一次。投资者可以按照上升趋势线的画法，绘制一条缓慢上行的趋势线。

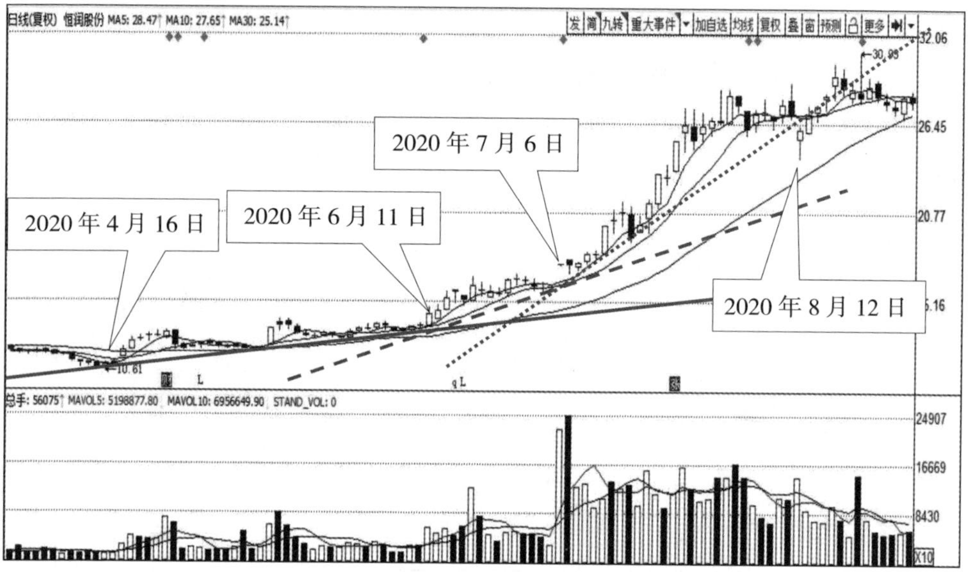

图 2-8　恒润股份（603985）日 K 线走势图

6 月 11 日，该股低开高走，其后股价上涨速度明显加快，股价回调的低点都高于上升趋势线，投资者宜重新绘制一条更陡峭的上升趋势线。

7 月 6 日，该股股价跳空以一字板涨停，其后股价再次加速拉升，其回落的低点更高，此时，投资者可以再次调整上升趋势线。

8 月 12 日，该股股价大幅跳空低开收出一根假阳线。这根假阳线跌破了上升趋势线，此时投资者宜卖出该股。

从图 2-8 中还可以得出以下几项结论。

第一，上升趋势线变得越来越陡峭时，股价上升的速度也会越来越快，这说明股价即将到达顶部，投资者宜密切跟踪。一旦股价出现筑顶迹象，宜迅速撤出。

第二，上升趋势线变得越来越陡峭时，两个关键点位（即上升过程中的回调低点）之间的距离可能会变得越来越近。

第三，调整上升趋势线的角度，本质上是为了提高投资者止盈位的设置（趋势线越来越陡峭，自然卖出点位也随之提升），避免投资者到手的利润白白流失。

（2）上升趋势线变得越来越平。

股价上涨的速度出现降低的情况时，股价有可能会跌破上升趋势线，此时投资者就需要重新绘制一条上升趋势线，如图 2-9 所示。

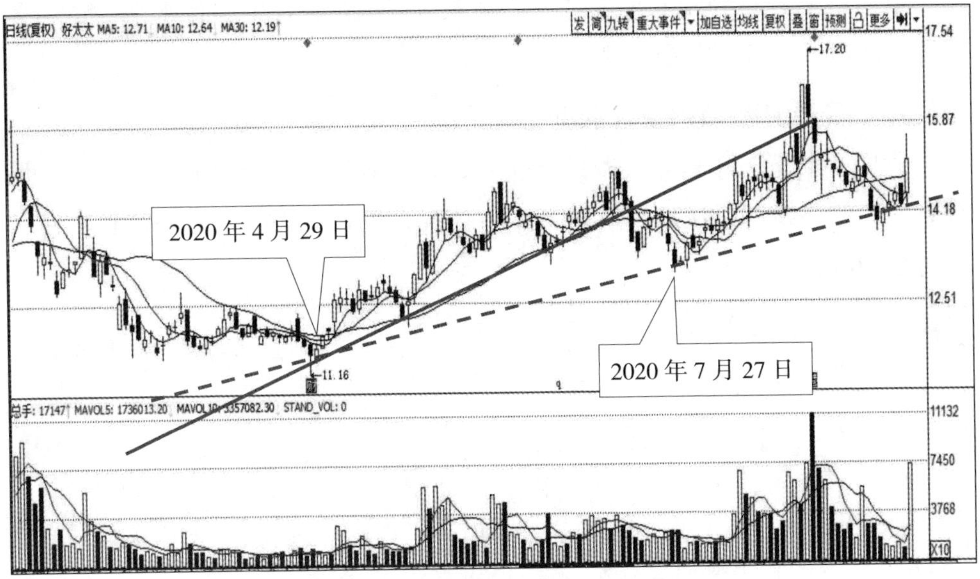

图 2-9　好太太（603848）日 K 线走势图

如图 2-9 所示，好太太（603848）的股价自 2020 年 4 月 29 日启动上涨行情。该股股价在启动上涨前经历了较长时间的振荡盘整，因而启动初期涨势较快。投资者按照上升趋势线的画法，可以绘制一条比较陡峭的上升趋势线。

7 月 27 日，该股股价自回调低位上涨后，涨势有所放缓。尽管股价仍在不断地创出新高，还是跌破了上升趋势线。此时，投资者并不能简单地卖出股票了事，还要综合考虑股价未来的趋势，毕竟股价仍在上涨区间。

此后股价回调的低点仍一个比一个高，但明显低于原有的上升趋势线，此时投资者宜重新绘制一条趋势线。

从图 2-9 中可以得出以下几项结论。

第一，上升趋势线变得越来越平缓时，说明股价上升的速度越来越慢。这也说明股价已从快牛切换为慢牛，投资者可以做好仓位控制，避免盈利损失。

第二，上升趋势线变平缓时，股价势必落后于上升趋势线，此时投资者应谨记：股价仍处于上涨区间，运行趋势并未改变，还可以继续持股。

第三，上升趋势线变平缓时，投资者可以根据自己的操作水平，适当参与波段操作，以求获利最大化。

2. 下降趋势线的调整及指导意义

股价沿某条下降趋势线振荡下跌时，如果股价下跌速度加快或减慢，那么原下跌趋势线就无法准确反映其压力情况，投资者必须及时调整趋势线，如图 2–10 所示。

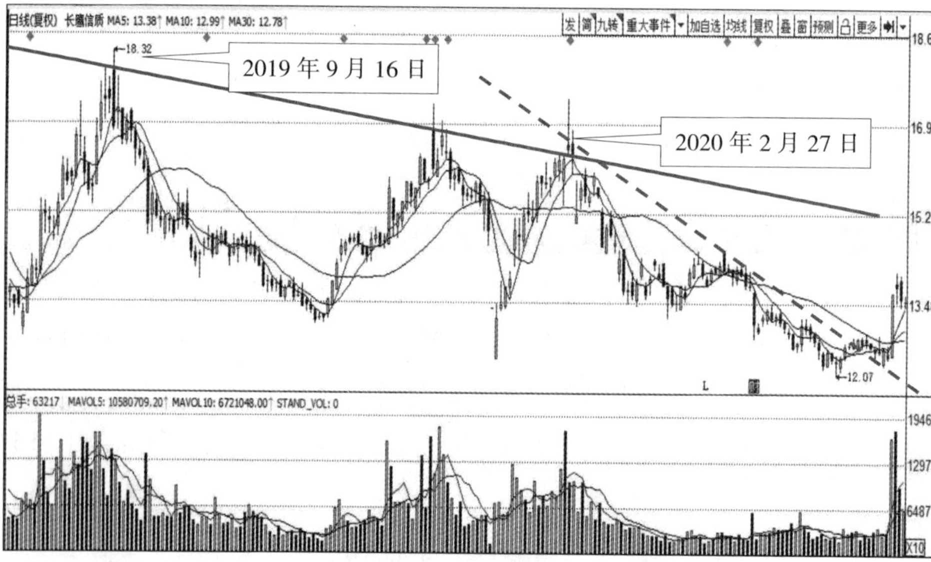

图 2–10　长鹰信质（002664）日 K 线走势图

如图 2–10 所示，长鹰信质（002664）的股价自 2019 年 9 月中旬开始启动了一波下跌走势。该股股价在下跌反弹过程中形成的高点一个比一个低。投资者可以按照下降趋势线的画法，绘制一条下降趋势线。

自 2020 年 2 月 27 日之后，该股下降趋势有所加快，股价反弹的高点远远低于下降趋势线。为了及时掌握股价走势，投资者宜重新绘制一条下降趋势线。

（1）下降趋势线变得越来越陡峭。

下降趋势线如果变得越来越陡峭，则说明股价下跌的速度越来越快。此时投资者只需密切关注股价变化，空仓观望，切勿买入，如图 2–11 所示。

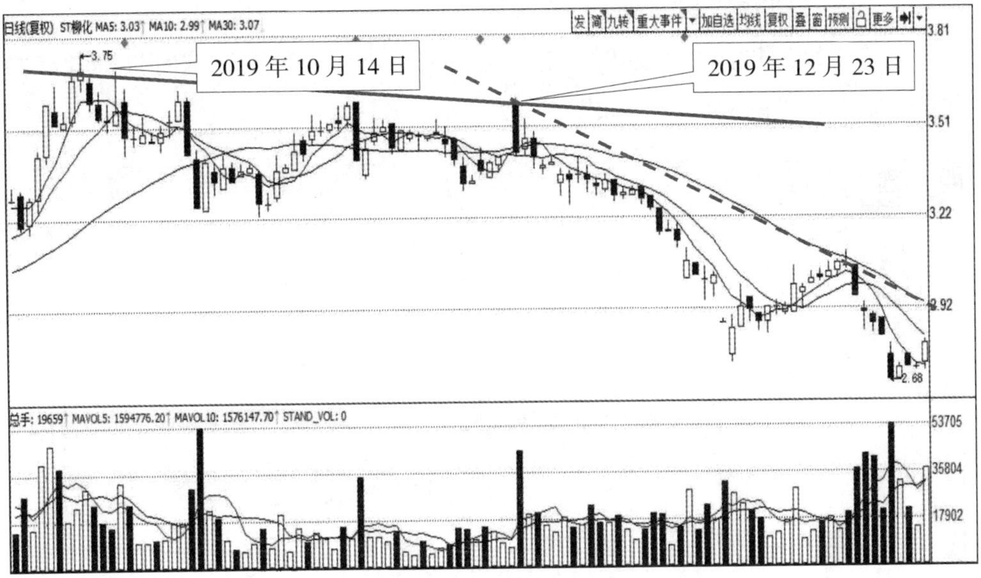

图 2–11　ST 柳化（600423）日 K 线走势图

如图 2–11 所示，ST 柳化（600423）的股价在 2019 年 10 月 14 日创下一段时间内的高点后出现振荡下跌走势。该股股价在下跌反弹过程中形成的高点一个比一个低，投资者按照下降趋势线的画法，可以绘制出一条下降趋势线。

12 月 23 日，该股平开低走，在 K 线图上留下一根大阴线。此后，股价出现了一波快速下跌走势，反弹的高点远远低于原趋势线位置，此时投资者必须重新绘制一条下降趋势线。

从图 2–11 中可以得出以下几项结论。

第一，下降趋势线变得越来越陡峭时，股价下跌的速度也越来越快，这说明股价即将到达底部，投资者宜密切跟踪。一旦股价出现反转迹象，宜迅速跟进。

第二，下降趋势线变得越来越陡峭时，两个关键点位（即下跌过程中的反弹高点）之间的距离可能会变得越来越近。

第三，只要股价处于下跌趋势中，投资者都不应该参与交易，除非是融券做空。

（2）下降趋势线变得越来越平。

股价下跌速度出现减速时，有可能会突破下降趋势线，这时投资者需要重新绘制一条下降趋势线，如图 2-12 所示。

图 2-12　彤程新材（603650）日 K 线走势图

如图 2-12 所示，彤程新材（603650）的股价在 2019 年 6 月 13 日创下阶段最高价 28.43 元后，开始启动一波振荡下跌行情。下跌初期，股价下跌态势非常迅猛，下降趋势线也非常陡峭。

12 月 13 日，股价创下阶段最低价后开始了一波反弹走势，且股价向上突破了下降趋势线的压制，不过反弹高点仍未突破该股前一反弹高点，说明股价仍处在下跌行情中。之后，股价重新开始了一波振荡下跌走势，反弹的高点仍旧一个比一个低。此时投资者可以重新绘制一条下降趋势线。

从图 2-12 中可以得出以下几项结论。

第一，下降趋势线变得越来越平缓时，表明股价下跌的速度越来越慢。

这也说明股价下降趋势还将持续，投资者需保持足够的耐心，切勿过早入场买入。

第二，下降趋势线变得越来越平缓时，两个关键点位（即下跌过程中的反弹高点）之间的距离可能会变得越来越远。

第三，尽管下跌速度有所减缓，但股价仍处于下跌趋势中，投资者不宜参与交易，即使融券做空也要谨慎。

二、因股价穿越调整趋势线

投资者画好趋势线后，有时股价在上涨或下跌过程中会出现突破趋势线的情况，这时就需要重新调整趋势线以适应股价的变化，如图 2–13 所示。

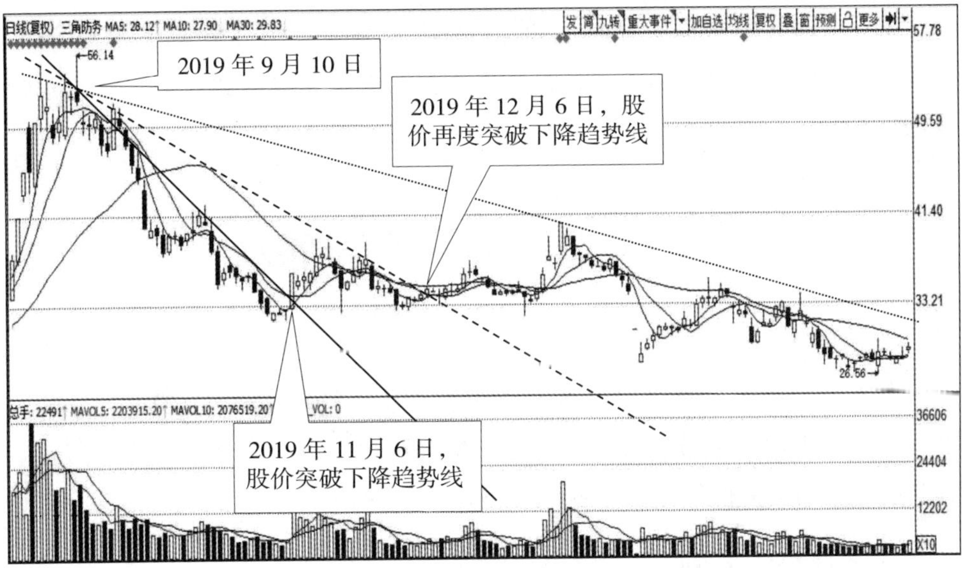

图 2–13　三角防务（300775）日 K 线走势图

如图 2–13 所示，三角防务（300775）的股价从 2019 年 9 月开始启动了一波下跌行情，并且股价在下跌过程中出现了突破下降趋势线的情况。

9 月 10 日，三角防务的股价创下一段时间内的最高点后，走出了下跌行情。投资者可以连接该股下跌过程中反弹的高点，画出下降趋势线。

11 月 6 日，该股平开高走，收出一根大阳线。这根大阳线成功突破了下降趋势线的压制，投资者宜保持对该股的关注。

该股经历了几个交易日的上涨，之后重新开始下跌，并在下跌过程中出现了新的反弹高点。这时，投资者可以根据股价的变化重新调整下降趋势线。

经过一段时间的下跌与振荡整理之后，12 月 6 日，该股股价再度向上突破下降趋势线。投资者应该密切关注股价的后期走势。

此后，该股股价重新进入下降通道，投资者可以根据最新反弹高点绘制一条新的下降趋势线。

股价穿越趋势线时，有两点需要注意。

第一，股价自上而下穿越上升趋势线时，只能说明行情有向坏的可能，但不能认定股价即将开始下跌。投资者可以卖出半仓股票，之后保持观望。

第二，股价自下而上穿越下降趋势线时，只能说明行情有向好的可能，但不能认定股价即将开始上涨，投资者不宜马上买入股票。

第四节　趋势线研判要点

不能用于指导交易的趋势线是没有意义的。绘制趋势线，就是为了更好地利用趋势线指导交易。通常情况下，研判趋势线的重点包括研判趋势、识别突破、识别交易信号以及预测股价波动范围等内容。

一、趋势的研判

趋势，就是事物发展的方向。股价趋势按照不同的分类标准，可以作如下划分。

第一，按照方向可以划分为上升趋势、下降趋势和横盘趋势。

第二，按照周期长短可以划分为长期趋势、中期趋势和短期趋势。

第三，按照趋势的影响程度可以划分为大趋势和小趋势等。

炒股票首先必须弄清楚股价所处的趋势。上涨、下跌或横盘看似显而易见，然而很多投资者经常在这上面犯错误。

先来看一下贝斯特（300580）的K线图，如图2-14所示。

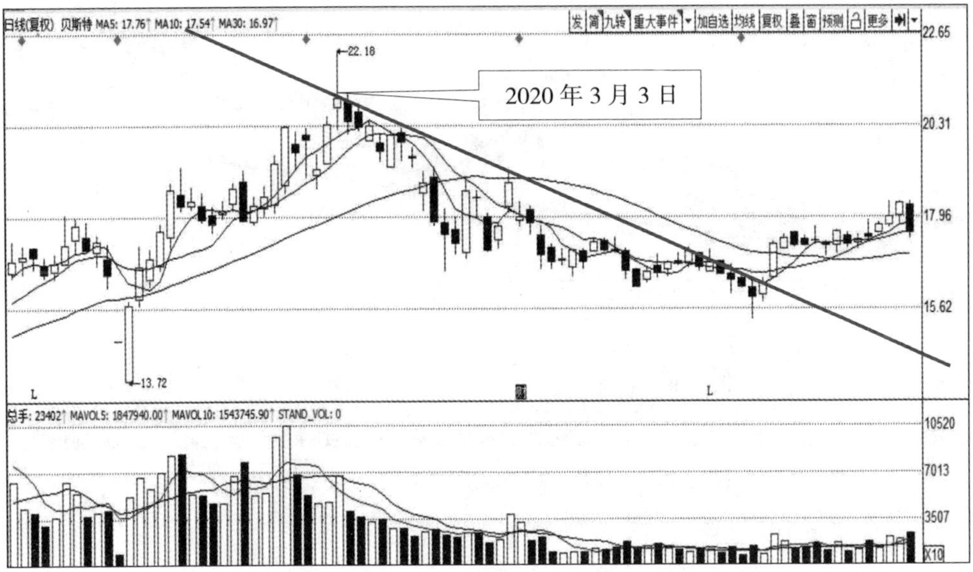

图2-14 贝斯特（300580）日K线走势图

图2-14为贝斯特（300580）2020年3月初到4月底的K线走势图。该股股价自2020年3月3日创下阶段高点22.18元后开始振荡下跌，股价每次反弹的高点都比前一个高点低一些。投资者按照下降趋势线的画法，可以绘制一条下降趋势线。

按照对这张K线图的理解，贝斯特的股价当前处于下跌趋势中，应该避免买入这类股票。然而事实真的如此吗？下面再来看一张贝斯特的K线图，如图2-15所示。

如图2-15所示，贝斯特（300580）的股价自2019年11月29日以阶段最低开盘价开盘后启动一波上涨走势，在股价上涨过程中，回落的低点一个比一个高。按照趋势线的画法，投资者可以绘制出一条上升趋势线。

2020年3月3日，股价创下阶段高点22.18元后回落至上升趋势线附近，因受到趋势线的支撑振荡上涨。在上涨行情的末端，该股股价还出现了一波快速上涨走势。

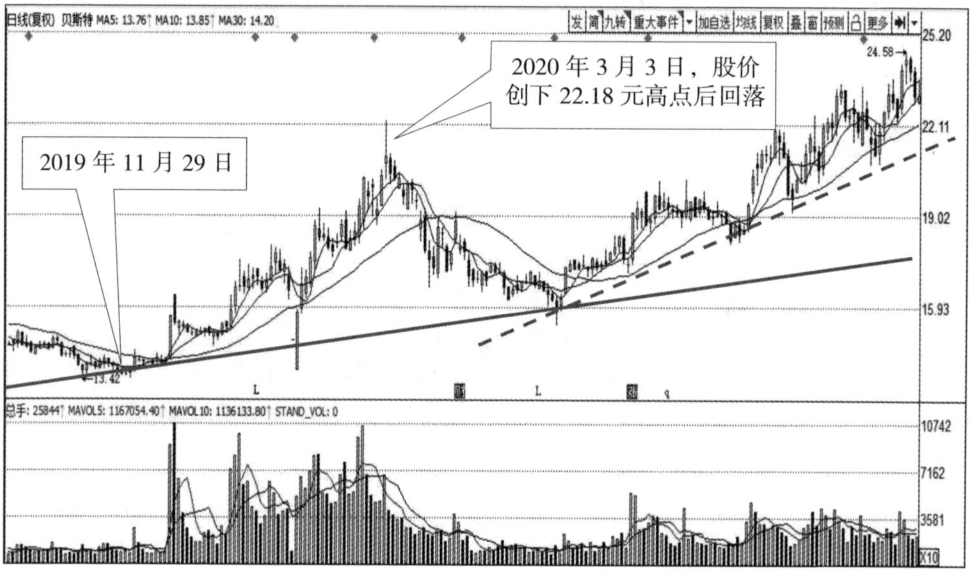

图 2–15　贝斯特（300580）日 K 线走势图

对比图 2–14 和图 2–15 可以发现以下几点。

第一，股价的运行趋势并不是固定的，而是要结合周期长短来考虑。股价运行趋势分为大趋势和小趋势，小趋势通常包含在大趋势之内。股价运行趋势又可以按照周期长短分为中长期趋势和短期趋势，短期趋势往往包含在中长期趋势之中。

在图 2–14 中，贝斯特的下降趋势实质上就是小趋势和短期趋势，这一趋势包含在图 2–15 中的上涨大趋势之内。

第二，小趋势或短期趋势受制于大趋势或中长期趋势。也就是说，如果一只股票的大趋势是上涨的，那么无论短期内股价如何振荡，最终都会趋向于上涨的；反之，则是倾向于下跌的。同样，投资者执行短线操作时，如果能够选择大趋势或中长期趋势向好的股票，那么操作起来就会容易很多，也安全很多。

第三，通常情况下，投资者研判股价运行趋势时，应以自身操作计划设定的周期为主，其他周期为辅。也就是说，投资者如果想短线操盘，应该以观察股价短期运行趋势为主，中长期运行趋势为辅。反之，投资者如果想长期持股，应该以观察股价长期运行趋势为主，短期运行趋势则可以忽略。

二、突破的识别：真突破与假突破

趋势线对股价具有重要的支撑或压力作用，因而股价沿着趋势线运行总是相对容易的。当股价向下或向上突破趋势线时，则意味着支撑或压力作用可能发生反转。不过，大多数投资者都有过这样的经历：一只股票的股价看似已经成功突破趋势线了，但是很快又重新回到了趋势线所表达的运行趋势当中，如图 2–16 所示。

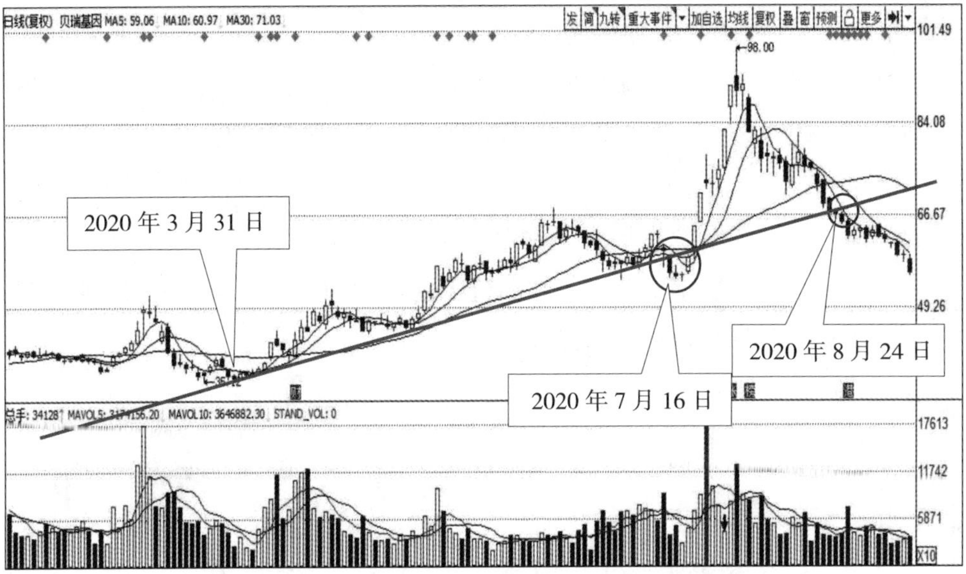

图 2–16　贝瑞基因（000710）日 K 线走势图

如图 2–16 所示，贝瑞基因（000710）的股价自 2020 年 3 月 31 日创下阶段收盘新低后启动了一波振荡上升行情。在此期间，股价一直沿上升趋势线振荡上涨，股价每次回调的低点都位于趋势线附近。

7 月 16 日，该股股价向下跌破了上升趋势线，此时投资者宜密切关注股价未来的走势，若股价进一步下跌，则可以卖出股票。其后，股价很快又回到了上升趋势线以上，说明该突破只是主力或庄家的一次震仓行为，属于假突破。

8 月 24 日，该股股价再次跌破上升趋势线，并且多日未能回到趋势线以上。这说明股价运行趋势有发生反转的可能，投资者宜卖出股票，保持观望。

图 2–16 中，股价沿上升趋势线上涨过程中，假突破和真突破各出现了一次。这无疑为投资者判断行情变化制造了障碍。如果假突破时卖出股票，那么投资者可能会损失后面股价上涨带来的利润。如果真突破时持有股票，那么投资者又可能丢掉到手的利润。如何判断真突破与假突破呢？

关于真突破与假突破的识别，可以参照如下几条标准。

1. 股价上涨或下跌的幅度

计算股价上涨或下跌幅度时，应以收盘价为基准。这是因为股价在盘中受到的影响因素较多，因而最低价和最高价的参考价值不大。

通常情况下，很多投资者喜欢把突破趋势线 3% 作为识别真突破和假突破的标志。也就是说，在股价上涨过程中，如果跌破上升趋势线超过 3%，那么可以考虑卖出股票。反之，在股价下跌过程中，如果向上突破下降趋势线超过 3%，就可以认定突破有效。如图 2–17 所示。

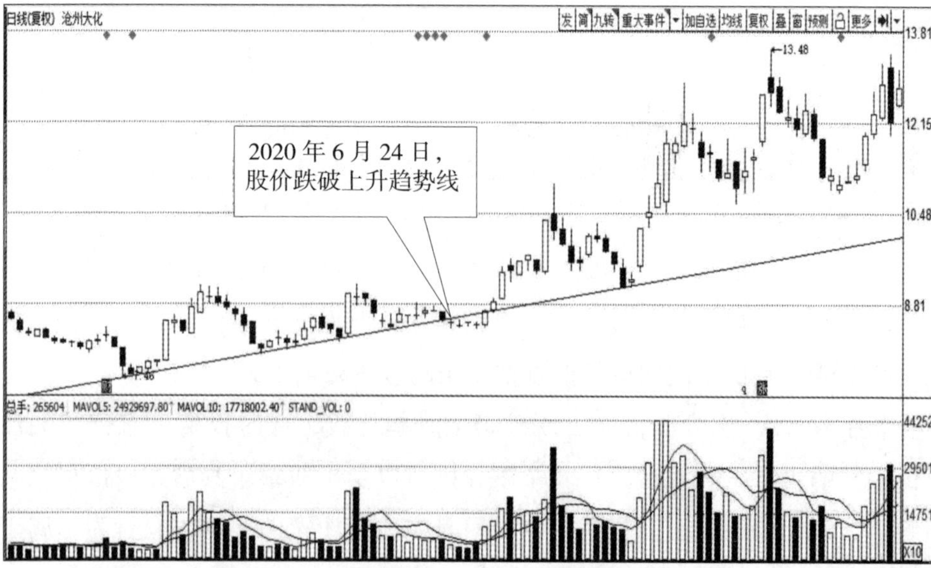

图 2–17　沧州大化（600230）日 K 线走势图

如图 2-17 所示，沧州大化（600230）的股价从 2020 年 4 月底开始启动了一波上涨行情，并且股价在上涨过程中出现了跌破上升趋势线的情况。

4 月 29 日，沧州大化的股价收出阶段新低后，开始了一波上涨行情。投资者可以连接该股上涨过程中的回调低点，绘出上升趋势线。

6 月 24 日，该股股价在前日下跌的基础上，收出一根小阴十字星线。随后的几个交易日内，该股股价一直在趋势线附近徘徊，下跌幅度没有超过 3%，成交量出现了萎缩态势，并且很快股价又重回趋势线上方。这说明此次突破是一次假突破，该趋势线对股价还具有一定的支撑作用。

沧州大化的股价回到趋势线上方后，继续沿着原来的趋势上涨，投资者可以继续持有该股，直到股价真正突破趋势线为止。

行情不同，股性不同，股价上涨或下跌速度不同，识别真假突破的标准也要有所差异。有的股票价格上涨或下跌波动比较剧烈，如果处于高速上涨期，那么日内上涨或下跌的波动幅度可能很大。针对这类股票，投资者可适当地将突破标准扩大至 5% 左右。反之，对于一些波动范围较小的股票，可以适当收缩临界点。

2. 三日过线法则

如果一只股票向上突破下降趋势线或向下跌破上升趋势线，并且 3 个交易日内没有重新回归原趋势线以内，则可认定为真突破；反之，则为假突破。

如图 2-18 所示，益丰药房（603939）的股价自 2020 年 3 月中旬开始启动了一波振荡上涨行情。股价在上涨过程中形成的低点一个比一个高，投资者据此可以绘制一条上升趋势线。

8 月 12 日，该股股价延续之前两个交易日的下跌态势，低开低走，收出了一根中阴线，这根阴线已经完全位于上升趋势线的下方。当日成交量并未出现放大态势，投资者如持有该股，可继续保持关注。

8 月 13 日，该股收出一根十字线，但这根十字线仍位于上升趋势线下方，投资者仍需保持关注。根据三日过线法则，投资者可再持股观察一日。若第三日股价仍不能回到趋势线上方，则可考虑卖出部分股票。

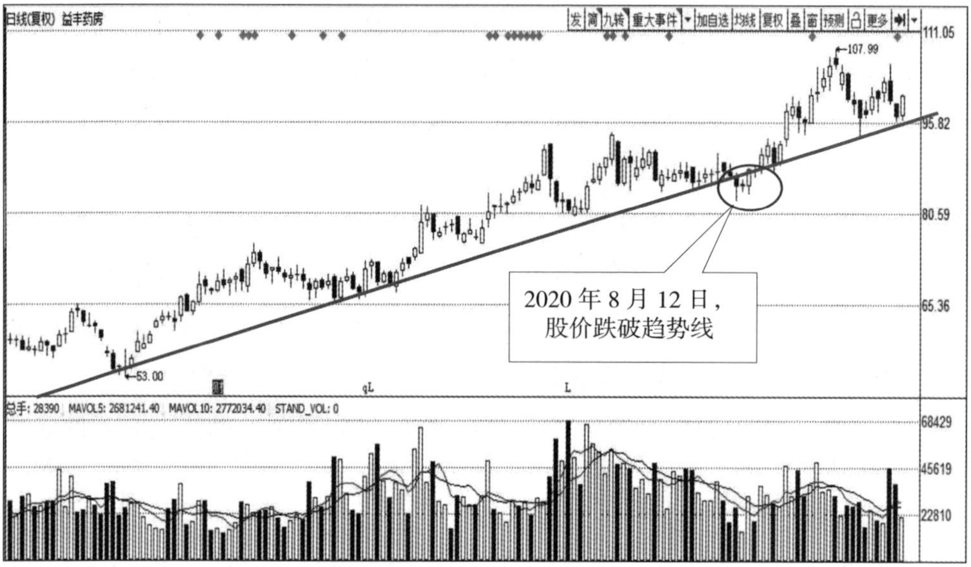

图 2-18　益丰药房（603939）日 K 线走势图

8 月 14 日，该股平开高走，成功站稳上升趋势线。这说明股价重回上升通道，之前的破位只是庄家或主力的一次暴力洗盘。

投资者依据三日过线法则判断股价真假突破趋势线时，应注意以下几点。

第一，控制止损位。无论做何种形态的股票，控制止损都是第一位的。很多急速上涨的股票，3 个交易日可能已经上涨或下跌很大的幅度了，因而投资者不能机械地等待 3 个交易日，而要结合自己的止盈位、止损位来综合考虑。也就是说，即使股价跌破上升趋势线不足 3 个交易日，但股价已经触及自己的止盈位或止损位了，那么应该首先止盈或止损。同时，主力也有可能故意让股价在上升趋势线的下方停留时间超过 3 个交易日，目的就是消磨投资者的耐心，此时投资者还需结合之前的跌幅和止损位来综合判断。

第二，股价真突破趋势线时，往往会伴随着成交量的放大。也就是说，股价向上突破下降趋势线或向下跌破上升趋势线时，如果没有成交量放大相配合，那么假突破的概率相对较高。

第三，股价真突破趋势线并不意味着其运行趋势发生了改变，也可能仅仅是转换一下涨跌的速度。

第四，无论是真突破还是假突破，投资者都必须给予足够的关注和重视。若股价跌破上升趋势线，投资者又无法辨别突破的真假时，可以考虑先卖出一部分股票。若股价向上突破下降趋势线，投资者只需静观其变。也许你的选择会错失初始阶段的丰厚利润，但可以保护自己本金的安全。

三、趋势线交易信号：买点与卖点

趋势线不仅可以反映股价运行的趋势，还可以提供一些交易信号。当然，如果能够将趋势线与成交量、MACD 指标结合分析，那么趋势线发出的信号将更加准确。

1. 上升趋势中买点与卖点的判断

在上升趋势中，股价每次下跌到趋势线位置，都是一个较好的买点。只要股价不跌破趋势线，投资者都可以继续持有该股。

如图 2-19 所示，三花智控（002050）的股价自 2020 年 3 月底启动了一波振荡上涨行情。在股价上涨过程中，回调的低点一个比一个高，投资者据此可以绘制一条上升趋势线。股价每次回调至趋势线后反转向上时，都是一次比较好的买点。

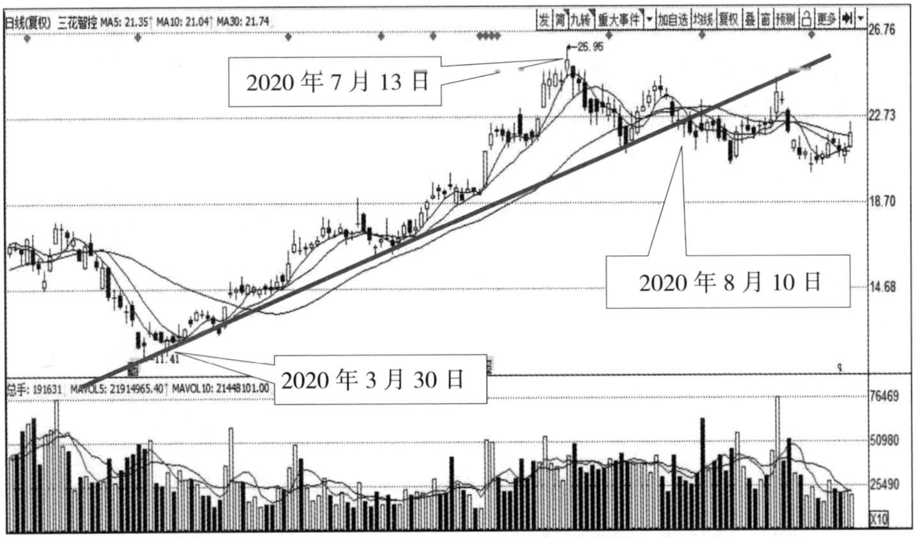

图 2-19　三花智控（002050）日 K 线走势图

7 月 13 日，该股股价自高位回落，与此同时，成交量出现了放大态势，说明股价短期有继续下跌的风险。

8 月 10 日，该股股价跌破上升趋势线，说明股价短期内向上的阻力较大，投资者最好全部清仓观望。

通过对图 2–19 中案例的研判，可以看出以下几点。

第一，股价沿上升趋势线上涨时，每次向趋势线靠拢后重新上升，都是一次比较好的买点。此时，如果成交量也能出现拐点更好，即股价回调时，成交量萎缩；股价重新上升时，成交量放大。

第二，股价携量跌破上升趋势线时，投资者最好卖出股票。尽管有些时候这种跌破属于假突破，或者股价休整一下可能重归上升通道，但从本金安全角度考虑，最好还是卖出股票，毕竟保全本金更重要。

第三，股价沿上升趋势线上涨过快，与趋势线距离过大时，往往会出现回调走势。投资者可以参照 MACD 指标以及均线等，及时卖出股票，回避风险。

第四，沿着上升趋势线上涨的个股，在上涨的后期，有一些个股股价上攻速度往往会加快。此时，若将原上升趋势线看成卖点，可能会损失较多的投资收益。针对这类股票，可及时修正上升趋势线，并将修正后的上升趋势线位置作为止盈位。

下面来看一下鸿远电子（603267）的案例，如图 2–20 所示。

如图 2–20 所示，鸿远电子（603267）的股价自 2020 年 4 月中旬启动了一波振荡上涨行情。在上涨过程中，股价回调的低点一个比一个高，投资者据此可绘制一条上升趋势线。股价每次回调至趋势线后反转向上时，都是一次比较好的买点。

6 月 22 日，该股股价低开高走，并以大阳线报收，此后该股股价上攻速度明显加快。为了投资收益能够平安落袋，投资者最好及时修正上升趋势线。

7 月 29 日，该股股价再度收出大阳线，标志着股价上攻再度提速，此时投资者宜再度修正上升趋势线。

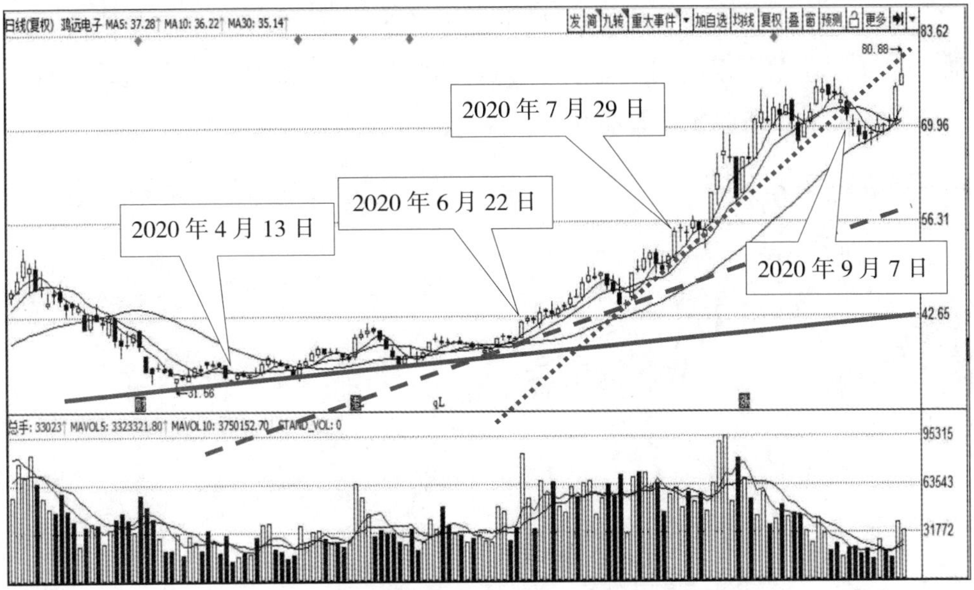

图 2-20 鸿远电子（603267）日 K 线走势图

9 月 7 日，该股股价跌破了最后修正的上升趋势线，投资者可部分出货。若 3 个交易日股价仍不能回到趋势线上方，或股价低于趋势线 3%，应该出清手中的筹码。

观察鸿远电子的止盈位变化可知，随着股价上攻速度加快，上升趋势线不断调整，使得止盈位不断抬升，这在一定程度上能够使投资者实现收益最大化。

2. 下降趋势中买点与卖点的判断

只能做多，不能做空，是我国股市的一个显著特点。正因如此，在下降趋势中，笔者是不建议投资者参与股票交易的。当然，当股价下跌速度较快、跌幅较深时，股价回升的概率确实很大，不过这种博反弹有些类似于刀口舔血，风险还是非常大的。

如图 2-21 所示，云南铜业（000878）的股价自 2020 年 1 月 3 日创下阶段高点后开始振荡下跌。在下跌过程中，股价出现了数次反弹，投资者按照下降趋势线的画法可以绘制出一条下降趋势线。

期间，2 月 4 日和 3 月 19 日的低点距离 30 日均线和下降趋势线的距离都非常远，存在一定的回归需求。激进型投资者可入场博反弹。这种操盘方法的风险极大，新股民尽量少参与。

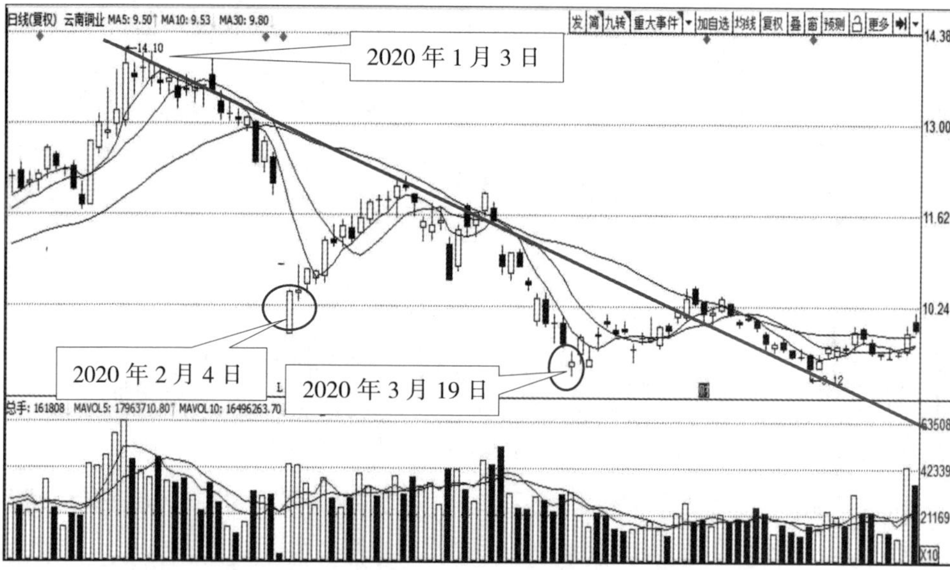

图 2-21　云南铜业（000878）日 K 线走势图

通过对图 2-21 中案例的研判，可以看出以下几点。

第一，股价沿下降趋势线下跌时，每次向趋势线靠拢后重新下跌，都是一次比较好的卖点。此时成交量如果能同步放大，则股价存在突破下降趋势线压制重归上涨走势的可能。

第二，股价携量向上突破下降趋势线时，投资者不要急于买进股票，待趋势确已反转后，方可进场交易。很多时候，主力或庄家为了引诱散户接盘，会故意做出假突破的形态。

第三，股价沿下降趋势线下跌过快，与趋势线距离过大时，往往会出现反弹走势，其反弹的高度由股价与趋势线之间的距离决定。

第五节 趋势线与K线形态综合研判买卖点

很多K线经典形态买点与卖点的识别，都是通过股价向上或向下突破趋势线来判断的。正因如此，利用趋势线与K线形态综合研判股票的买卖点，获取的交易信号可靠性更高。

一、上升三角形买点研判

上升三角形一般出现在一段向上行情之后。股价经过反复振荡形成一个三角形区域，当股价向上突破这一区域时，往往会继续上涨。

利用趋势线与上升三角形综合研判股票买点的方法如下。

第一，上升三角形区域实质上是由一条上升趋势线和一条水平趋势线构成的，并且上升趋势线与水平趋势线交汇于一点。当股价向上突破三角形区域时，也是突破水平趋势线之际，往往意味着股价将开始一轮快速上涨。

第二，当股价向上突破三角形区域时，如果成交量同步放大，则可增加股价突破的有效性，未来股价上涨的概率更大。

下面来看一下熙菱信息（300588）的案例，如图2-22所示。

如图2-22所示，2020年7月—8月，熙菱信息（300588）的日K线图上出现了上升三角形形态。

7月15日，处于上涨途中的熙菱信息在创出阶段高点后回落。此后，该股股价进入了横盘整理行情。在此阶段，股价上涨到某一位置附近时，都会遇到强大的阻力，因而在上方形成了一条水平的阻力线。股价回落的低点却呈现逐渐升高的趋势，将低点连接起来，近似一条上升趋势线。从形态上看，股价具有形成上升三角形的潜质。

8月25日，该股开盘后不久就开始放量拉升，当股价突破三角形上边线时，投资者应该果断买入。

图 2-22　熙菱信息（300588）日 K 线走势图

利用趋势线和上升三角形综合判断股价买点时，需要注意以下两点。

第一，当股价突破三角形上方的边线后，往往会有一个回调的动作。当股价回调到三角形上边线时，因受到支撑而掉头向上，这时就是该股的一个回抽买点。

第二，投资者按照上升三角形形态买入股票后，可以将止损位设置在三角形上方的边线位置。如果股价跌破这一位置，投资者应迅速卖出止损。

二、下降三角形卖点研判

下降三角形一般出现在一段向下行情之后。股价经过反复振荡形成一个三角形区域，当股价向下突破这一区域时，往往会有很大幅度的下跌。

利用趋势线与下降三角形综合研判股票卖点的方法如下。

第一，下降三角形区域实质上是由一条下降趋势线和一条水平趋势线构成的，并且下降趋势线与水平趋势线交汇于一点。当股价向下突破三角形区域时，也是突破水平趋势线之际，往往意味着股价将开始一轮快速下跌。

第二，当股价向下突破三角形区域时，如果成交量同步放大，则可增加股价突破的有效性，未来股价下跌的概率更大。

下面来看一下万通智控（300643）的案例，如图 2–23 所示。

如图 2–23 所示，自 2020 年年初开始，万通智控（300643）的股价就进入了一个下行通道，期间出现了下降三角形形态。

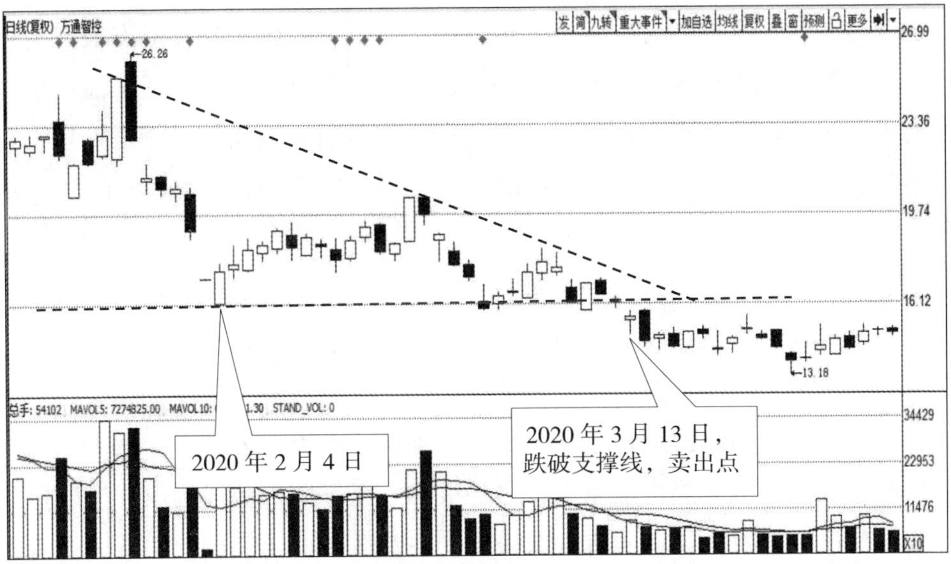

图 2–23　万通智控（300643）日 K 线走势图

2 月 4 日，万通智控的股价低开高走。其后，随着大盘反弹，股价出现了上涨走势，给人一种股价将结束下跌趋势的感觉。不过，经过一段反弹后，股价重新进入下跌通道，其后又出现了几次小规模的反弹。该股股价反弹的高点越来越低，将高点连接，就获得了一条下降趋势线，而回调的低点近乎形成一条直线。此时，该股股价的运行轨迹越来越近似一个下降三角形。

3 月 13 日，万通智控的股价跌破了下降三角形的下边线（支撑线），预示着股价将进入下跌之路，投资者应及时卖出股票。

利用趋势线和下降三角形综合判断股价卖点时，需要注意以下两点。

第一，当股价跌破三角形下方的边线后，往往会有一个回抽的动作。当股价回抽到三角形下方的边线时，因受到阻力而掉头向下，这时就是该股的一个卖点。

第二，投资者按照下降三角形形态卖出股票后，如果股价向上运行，并且突破了三角形下方的边线，则说明此形态失效，投资者可以考虑买入股票。

三、收敛三角形买卖点研判

收敛三角形又叫对称三角形，可以出现在任何行情中。其形态表现为：股价在一段时间内出现反复振荡整理局面，每次上升的高点都低于前一个高点，而每次下降的低点都高于前一个低点，于是股价波动的幅度越来越小。如果将这些高点和低点分别用直线连接，就形成了一个逐渐收敛的三角形形态。

收敛三角形一般出现在一段盘整行情之后。股价经过反复振荡，形成一个三角形区域。但股价向上或向下突破这一区域时，往往会有很大幅度的上涨或下跌。

利用趋势线与收敛三角形综合研判股票买卖点的方法如下。

第一，收敛三角形由一条上升趋势线和一条下降趋势线构成。当股价呈收敛三角形形态时，说明股价方向未定。一旦股价向上突破，并且成交量出现放大，则预示股价上涨的可能性较大。

第二，当股价向下突破三角形区域时，如果成交量同步放大，则可增加股价突破的有效性，未来股价下跌的概率更大。

第三，一般来说，收敛三角形形成后，如果股价选择向上突破，则必须伴随着成交量的放大，否则有可能是假突破。如果股价选择向下突破，成交量可能会略微放大，但如果放出巨量，则极有可能是主力制造骗线的洗盘动作，投资者应多加小心，谨防上当。

第四，收敛三角形向上突破后，股价上升到第一个高点价位附近才会遇到阻力。投资者通过这一高点画一条水平直线，可以以此来度量突破后的最小涨幅。如果股价向下突破，那么也可以基于同样的方法来预测最小跌幅。

下面来看一下石大胜华（603026）的案例，如图 2–24 所示。

如图 2–24 所示，2020 年 7 月—8 月，石大胜华（603026）的日 K 线图上出现了收敛三角形形态。

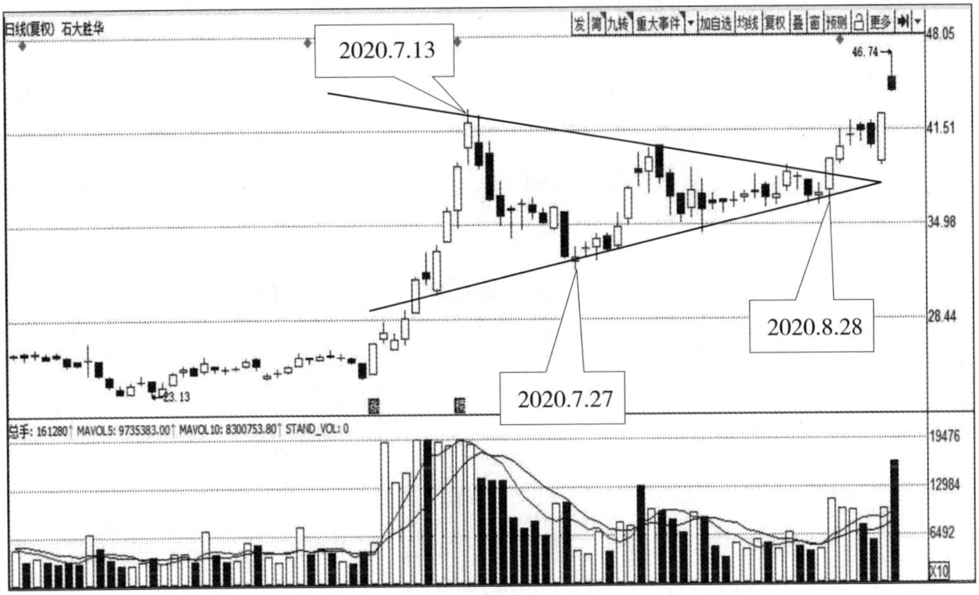

图 2-24　石大胜华（603026）日 K 线走势图

7 月 13 日，处于上涨途中的石大胜华的股价创出近期高点后，开始进行横向振荡。波动中，上涨的高点逐渐降低，近似一条下降趋势线；回调的低点逐渐升高，又近似一条上升趋势线。整体上来看，呈现出收敛三角形形态，并且成交量呈现减少趋势，说明多空双方势均力敌，但双方力量均消耗严重，后市走势具有不确定性。

这一整理走势持续了 1 个多月，8 月 28 日，该股以一根大阳线跌破了收敛三角形的上边线，预示着股价将继续上涨。看到这一信号，持币的投资者可考虑追涨入场。

利用趋势线和收敛三角形综合判断股价买卖点时，需要注意以下两点。

第一，收敛三角形是一种观望信号。在该形态形成的过程中，无论是持股的投资者，还是持币的投资者，都应该采取冷静观望的态度，不宜盲目操作。

第二，在上涨行情中出现收敛三角形形态，股价如果突破该形态的上边线，可以考虑买入。如果跌破该形态的下边线，应该尽快卖出。

四、上升楔形卖点研判

上升楔形又称上倾楔形，通常出现在下跌行情中。该形态表现为：在股价下跌过程中出现一小段向上的振荡整理行情，将反弹的高点和回落的低点分别用直线相连，两条直线方向相同且呈收敛状，从而形成一个向上倾斜的楔子形态。

上升楔形一般出现在一段大幅下跌后的振荡反弹过程中，股价经过振荡整理后向下突破的可能性非常大。

利用趋势线与上升楔形综合研判股票卖点的方法如下。

第一，上升楔形由一条上升趋势线和一条压力线构成。当股价跌破上升趋势线，即跌破上升楔形区域时，股价就会出现一波下跌行情。

第二，当股价向下突破上升楔形区域时，如果成交量同步放大，则可增加股价突破的有效性，未来股价下跌的概率更大。

第三，在上升楔形形成过程中，成交量一般会呈持续萎缩状态。在向下突破时，可能会有成交量的配合，也可能没有。在股价上升过程中，如果成交量持续放大，则不能看作是上升楔形，而应该视为反转形态。

第四，上升楔形形成的时间较长，一般至少需要 3 周（15 个交易日），有时甚至会持续 3 ～ 6 个月。持续的时间越长，下跌信号的可靠性越高，之后股价下跌的力度也会越强。

第五，在实际操作中，使用 RSI 指标的顶背离信号判断上升楔形比较有效。当股价不断创新高时，RSI 指标却没有同步创出新高，这时基本可以认为多方无力上攻，投资者应该卖出股票。

下面来看一下泰瑞机器（603289）的案例，如图 2-25 所示。

如图 2-25 所示，2019 年 12 月—2020 年 1 月，泰瑞机器（603289）的日 K 线图上出现了上升楔形形态。

2019 年 8 月，泰瑞机器开启一波下跌行情。11 月 29 日，该股收出一根小阳线，然后股价进入了整理行情。在波动中，该股反弹的高点和回落的低点都有逐渐上升的趋势，高点连线为股价上行的压力线，低点连线为上升趋势线。两条线呈收敛状，从而形成了一个上升楔形形态。

2020 年 1 月初，该股股价连续向上拉升，成交量随之放大，给人一种即将大涨的感觉。但当股价向上触及上升楔形的上轨后，立即反转向下，并于 1 月 21 日跌破上升楔形的下轨。这说明之前的上攻纯属主力的诱多行为，此时投资者宜卖出手中的股票。

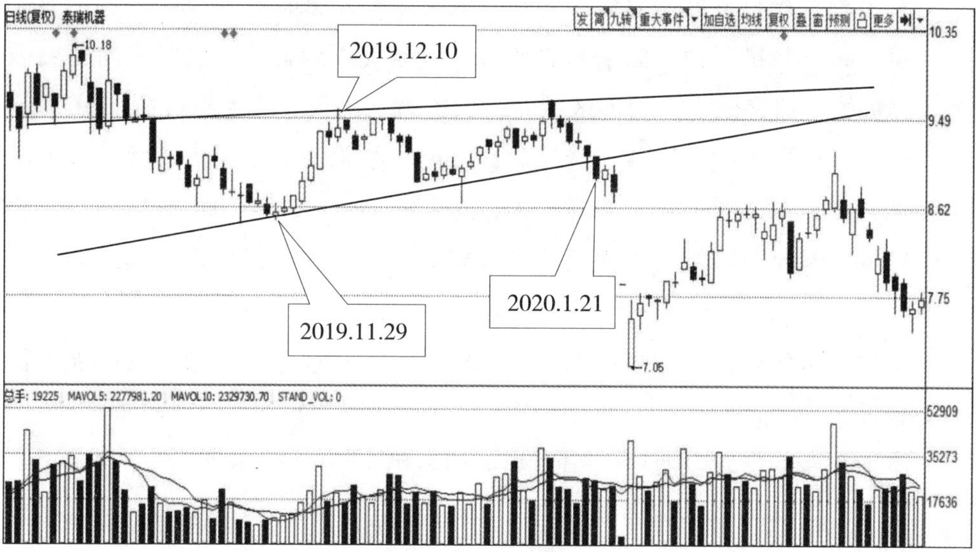

图 2-25　泰瑞机器（603289）日 K 线走势图

利用趋势线和上升楔形综合判断股价卖点时，需要注意以下两点。

第一，上升楔形只是一段漫长下跌过程中的反弹，注定只是昙花一现，不可能从根本上扭转股价下跌的趋势。

第二，在形成上升楔形的过程中，成交量往往会持续萎缩。市场趋势表现为缩量上涨的行情走势，如果成交量能够随着股价的走高不断增加，那么上升楔形也有演变成 V 形反转的可能。因此，在形成上升楔形的过程中，投资者要密切关注成交量的变化。

五、下降楔形买点研判

下降楔形又称下倾楔形，通常出现在上涨行情中。该形态表现为：在股价上升过程中，出现了一小段向下的振荡整理行情。将反弹的高点和回落的低点分别用直线相连，两条直线方向相同且呈收敛状，从而形成一个向下倾斜的楔子形态。

下降楔形一般出现在一段大幅上涨后的振荡整理过程中。股价经过振荡整理，向上突破的可能性非常大。

利用趋势线与下降楔形综合研判股票买点的方法如下。

第一，下降楔形由一条下降趋势线和一条支撑线构成。当股价向上突破下降趋势线，即突破下降楔形区域时，股价就会出现一波上涨行情。

第二，当股价向上突破下降楔形区域时，如果成交量同步放大，则可增加股价突破的有效性，股价未来上涨的概率更大。

第三，参照下降楔形买入股票的投资者，应该将止损位定在楔形的上边线上。

第四，下降楔形的形成时间较上升楔形稍短一些，但也至少需要两周（10个交易日）的时间。

下面来看一下联创股份（300343）的案例，如图 2-26 所示。

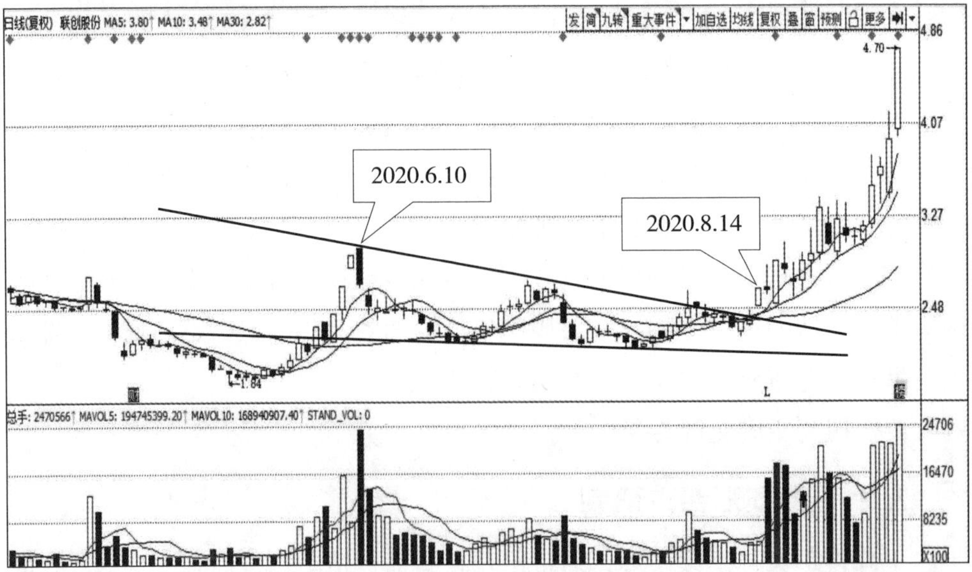

图 2-26　联创股份（300343）日 K 线走势图

如图 2-26 所示，2020 年 6 月—8 月，联创股份（300343）的日 K 线图上出现了下降楔形形态。

6 月 10 日，处于上涨行情中的联创股份的股价，在前一交易日涨停的前提下高开低走，在 K 线图上留下一根大阴线，说明空方将会加大打压力度，保守型投资者宜减仓。

此后，该股股价进入了整理走势。在波动中，该股反弹的高点和回落的低点都有逐渐下降的趋势。高点的连线为下降趋势线，低点的连线为股价的支撑线，两条线呈收敛状，从而形成了一个下降楔形形态。

下降楔形的下边线比上边线更趋于水平，并且在形态形成的过程中成交量逐渐萎缩，因而可以认为下方存在较强的支撑，股价很可能在调整结束后重回上升轨道。这时，持股的投资者不宜卖出股票，持币的投资者应该对其保持关注。

8 月 14 日，股价放量突破下降楔形的上边线，出现买点。投资者应该把握机会，积极买入。之后，该股出现了短期的横向移动，但没有出现回抽现象。经过短暂调整后，该股重新进入了上升通道。

利用趋势线和下降楔形综合判断股价买点时，需要注意以下两点。

第一，下降楔形只是一段漫长上涨过程中的整理，只是一个短暂的停留，不可能从根本上扭转股价上涨的趋势。

第二，下降楔形向上突破后，可能会出现一次向下回抽。如果股价在楔形的上边线获得支撑，则证明突破有效，投资者可再度买入股票。如果股价跌破这一位置，则需要考虑斩仓止损。

六、上升旗形买点研判

上升旗形通常出现在一段上涨行情之后，该形态表现为：股价在上升过程中出现了一小段振荡下跌行情，如果将下跌的低点和回升的高点分别用直线连接起来，就形成了两条向下倾斜的平行线，看上去就像一面迎风飘扬的旗帜。

上升旗形通常出现在一段上涨行情之后，属于上涨中继形态。当股价突破旗形上边线后，股价就会重新进入上涨趋势。

利用趋势线与上升旗形综合研判股票买点的方法如下。

第一，上升旗形由一条下降趋势线和一条支撑线构成。当股价向上突破下降趋势线，即突破上升旗形区域时，股价就会出现一波上涨行情。

第二，股价突破上升旗形区域时，如果成交量同步放大，则会增加突破的有效性。

第三，有时股价完成突破后还会出现回抽，以确认上升旗形上边线即下降趋势线的支撑作用。

第四，旗杆的长度，即从股价开始大幅快速上涨启动点（旗杆的形成点）到旗杆的顶点之间的垂直距离越大，那么后市上涨的幅度也就越大。这一距离也是上升旗形理论上的最小升幅。

第五，整个旗形（不包括旗杆）的形成时间应该在 4 周（20 个交易日）之内。但如果在 3 周（15 个交易日）内没有形成有效突破，投资者就要提高警惕，注意下跌风险。

第六，如果股价形成了上升旗形，但成交量并没有缩减，而是呈不规则状态甚至是放大趋势，则暗示市场悄然发生变化，行情可能继续向下。这时，投资者应卖出部分股票，轻仓观望。

下面来看一下新坐标（603040）的案例，如图 2-27 所示。

如图 2-27 所示，2020 年 7 月—8 月，新坐标（603040）的日 K 线图上出现了上升旗形形态。

7 月初，新坐标的股价经过微调后开始了加速上涨。7 月 10 日，该股收出一根带长上影线的小阳线，然后股价掉头向下，这一天的最高价也就成了该股走势的短期高点。

由此开始，新坐标走出了一段振荡下跌走势，成交量也呈现出逐渐萎缩的态势。将股价逐渐下降的高点连接，构成了一条下降趋势线，将逐渐下跌的低点连接，构成了一条支撑线，两条线共同形成了一个向下倾斜的平行四边形。这是典型的上升旗形形态，预示着后市将会上涨。看到这种形态后，投资者应继续持股，保持观望，不宜卖出股票。

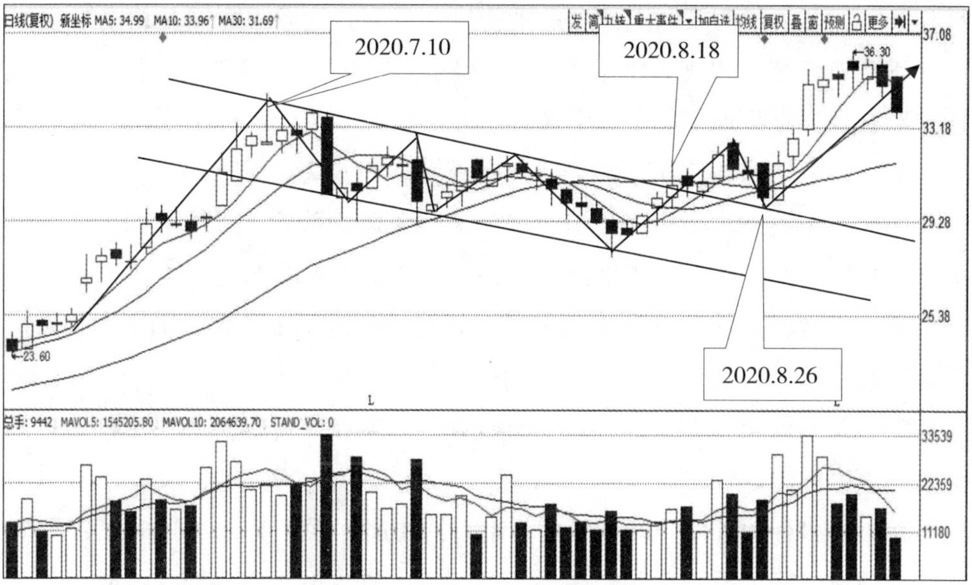

图 2-27 新坐标（603040）日 K 线走势图

8 月 18 日，股价成功突破上升旗形的上边线，上升旗形构筑完成。投资者可以在当日逢低买入。

8 月 24 日，新坐标的股价出现回抽走势。8 月 26 日，股价在旗形的上沿获得支撑后开始重新上涨，确认了之前突破的有效性。对于投资者来说，这又是一次绝好的买入机会，此时可以实施加仓操作。

利用趋势线和上升旗形综合判断股价买点时，需要注意以下两点。

第一，上升旗形形态中，旗杆的长度，即从股价开始大幅快速上涨启动点（旗杆的形成点）到旗杆顶点之间的垂直距离越大，那么后市上涨的幅度也就越大。这一距离也是上升旗形理论上的最小升幅。

第二，如果股价形成了上升旗形，但成交量并没有缩减，而是呈不规则状态甚至是放大趋势，则暗示市场悄然发生变化，行情可能继续向下。

七、下降旗形卖点研判

下降旗形通常出现在一段下跌行情之后，该形态表现为：股价在下跌过程中出现了一小段反弹行情，如果将反弹的高点和回落的低点分别用直线连接起来，就形成了两条向上倾斜的平行线，看上去就像一面倒置的旗帜。

下降旗形常常表现为中继形态，经常被庄家用来托盘出货。投资者看到这种形态时，应特别小心，以免被套。

利用趋势线与下降旗形综合研判股票卖点的方法如下。

第一，下降旗形由一条上升趋势线和一条阻力线构成。当股价向下跌破上升趋势线，即跌破下降旗形区域时，股价会出现一波下跌行情。

第二，股价跌破下降旗形区域时，如果成交量同步放大，则会增加跌破的有效性。

第三，有时股价跌破后还会出现反弹，以确认下降旗形下边线即上升趋势线的阻力作用。

第四，旗杆的长度，即从股价开始大幅快速下跌启动点（旗杆的形成点）到旗杆顶点之间的垂直距离越大，那么后市下跌的幅度也就越大。这一距离也是下降旗形理论上的最小跌幅。

第五，整个旗形（不包括旗杆）的形成时间应该在四周（20 个交易日）之内。如果在此期间没有形成有效突破，则股价有可能形成向上突破。

第六，一般情况下，下降旗形在开始形成时成交量会有所放大，但在形成过程中会呈现一种价量背离态势，即成交量没有随着股价的上升而放大。如果投资者在下降旗形快要形成前看到成交量突然放大的现象，就要警惕突然反转的走势。

下面来看一下新疆火炬（603080）的案例，如图 2–28 所示。

如图 2–28 所示，2019 年 12 月—2020 年 1 月，新疆火炬（603080）的日 K 线图上出现了下降旗形形态。

2019 年 10 月中旬，新疆火炬触顶后经过一波调整开始加速下跌。12 月 3 日，该股触底后股价开始反弹向上，这一日的最低价也就成了该股走势的短期低点。

之后，该股开始了一波振荡上涨行情。将其逐渐升高的高点连接就构成了一条压力线，将低点连接构成了一条上升趋势线。两条线共同形成了一个向上倾斜的平行四边形，这是典型的下降旗形形态。这时投资者应保持理智，不要盲目买入。

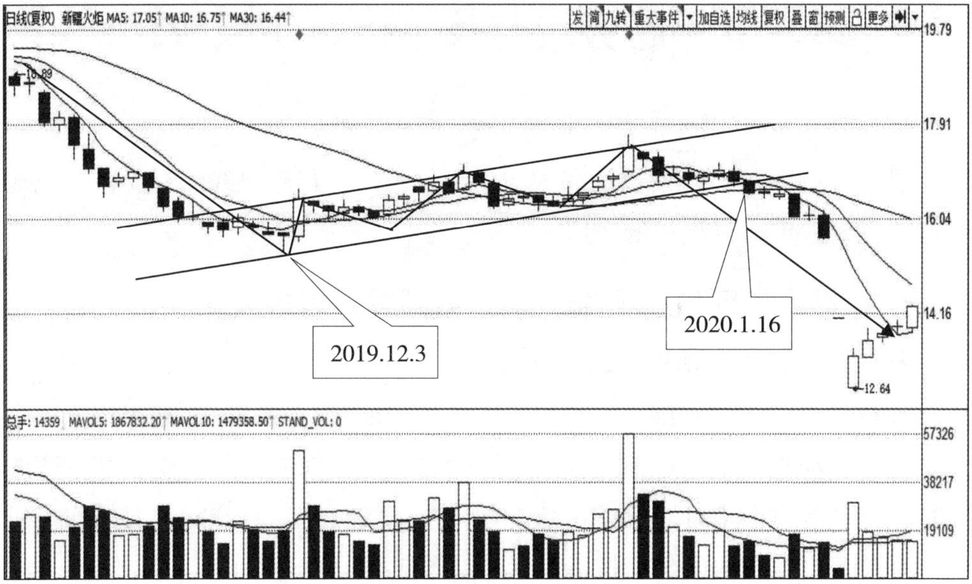

图 2–28　新疆火炬（603080）日 K 线走势图

2020 年 1 月 16 日，新疆火炬的股价延续了之前的跌势，并以中阴线跌破了上升旗形整理区域，投资者宜抓住这一卖出机会。

此后，该股股价出现了一波加速下跌走势。

利用趋势线和下降旗形综合判断股价卖点时，需要注意以下两点。

第一，当股价跌破下降旗形的下边线时，表示股价已经跌破了上升趋势线的支撑，这条支撑线已经变为阻力线。此时，投资者宜迅速卖出手中的股票。

第二，股价向下跌破下降旗形区域后，有时会有一个向上的反弹，但反弹力量较弱。作为持币的投资者来讲，是没有必要参与这类反弹的。但对于持仓的投资者来说，这次反弹是最后的出货良机。

第六节　趋势线与技术指标实战技法

技术指标除了自身发出的买入与卖出信号外，与趋势线结合分析，也能够起到预判股价运行趋势的作用。

一、趋势线与 MACD 指标综合研判股票买卖点

指数平滑异同移动平均线，英文简称为“MACD”，是由杰拉尔德•阿佩尔在移动平均线的基础上发展出来的一种趋向指标。该指标利用快速（短期）平滑移动平均线与慢速（长期）平滑移动平均线之间不断聚合和分离的特征，通过双重平滑计算出差离值，用以对市场行情走势和买卖时机作出研判，是股市中常用的中长期技术指标。如图 2-29 所示。

MACD 指标主要由正负差（DIFF）和异同平均数（DEA）两部分组成，其中 DIFF 是指标的核心，DEA 一般作为辅助。

DIFF 是快速平滑移动平均线（EMA1）与慢速平滑移动平均线（EMA2）之间的差值。快慢只是时间参数不同，快速是短期的，而慢速则是长期的。DEA 是 DIFF 的移动平均，也就是连续一段时间内 DIFF 的算术平均值，因此 DEA 有自己独自的时间参数，即平滑的天数（M）。

1. 利用 MACD 指标判断股票买卖点

通常情况下，可利用 MACD 指标以下特点判断股票的买卖点。

（1）MACD 指标向上突破 0 轴。

当 DIFF 线由下向上突破 0 轴，表明多头行情即将形成，是中长线第一个较为安全的买入点，投资者可逢低吸纳。当 DEA 线由下向上突破 0 轴，表明多头行情逐渐变强，是中长线第二个较为安全的买入点，此时投资者可以追涨买入。

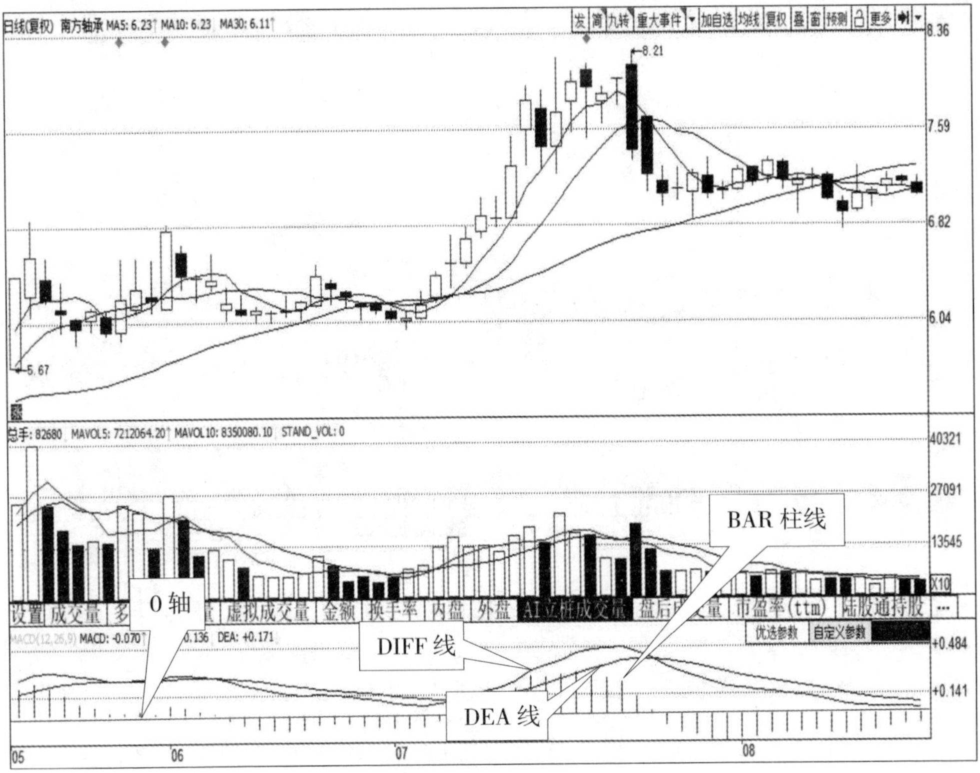

图 2-29 MACD 指标图示

如图 2-30 所示，瑞特股份（现名为国瑞科技，300600）的股价在 2020 年 5 月下旬随着大盘指数的回暖出现了一波快速振荡上涨行情。MACD 指标也随之不断走高，DIFF 快线自低位向上运行，并于 6 月 2 日率先向上突破了 0 轴，说明市场已经完全处于多头主导。此后的 6 月 5 日，DEA 慢线也向上突破了 0 轴，更加说明市场的强势，投资者宜加仓买入该股。

（2）MACD 指标向下跌破 0 轴。

当 DIFF 线由上向下跌破 0 轴，表明空头行情即将形成，是中长线第一个较为合适的卖出点，投资者应坚决择高卖出。当 DEA 线由上向下突破 0 轴，表明空头行情逐渐变强，是中长线第二个较为合适的卖出点，此时投资者应该将仓位沽空。

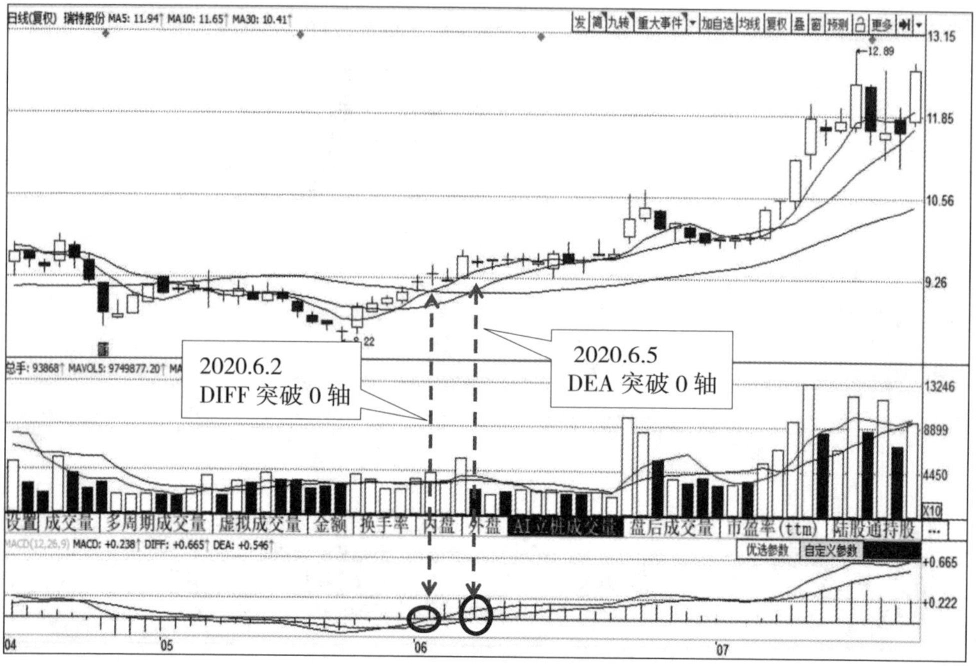

图 2-30　瑞特股份（现名为国瑞科技，300600）日 K 线走势图

如图 2-31 所示，2020 年 2 月下旬之后，随着大盘指数的调整，华测导航（300627）的股价出现了一波快速下跌行情。MACD 指标也随之不断走低，DIFF 快线自高位向下运行，并于 3 月 9 日率先跌破了 0 轴，说明市场已经完全处于空头主导。此后的 3 月 16 日，DEA 慢线也跌破了 0 轴，更加说明市场弱势，投资者宜清空手中的股票。

（3）MACD 指标形成金叉。

当 DIFF 和 DEA 均为正值时，DIFF 线向上突破 DEA 线，在 0 轴上方形成金叉，表示市场中买盘非常踊跃，上涨行情仍将继续。此时投资者可以追涨买入。

当 DIFF 和 DEA 均为负值时，DIFF 线向上突破 DEA 线，在 0 轴下方形成金叉，表示市场中的做空气氛开始减弱，持币者有低位吸纳的意愿，股价可能止跌反弹。此时，投资者需要借助其他技术指标来分析是否可以买入。

总而言之，MACD 指标在 0 轴上方形成金叉，才是可靠的买入信号。

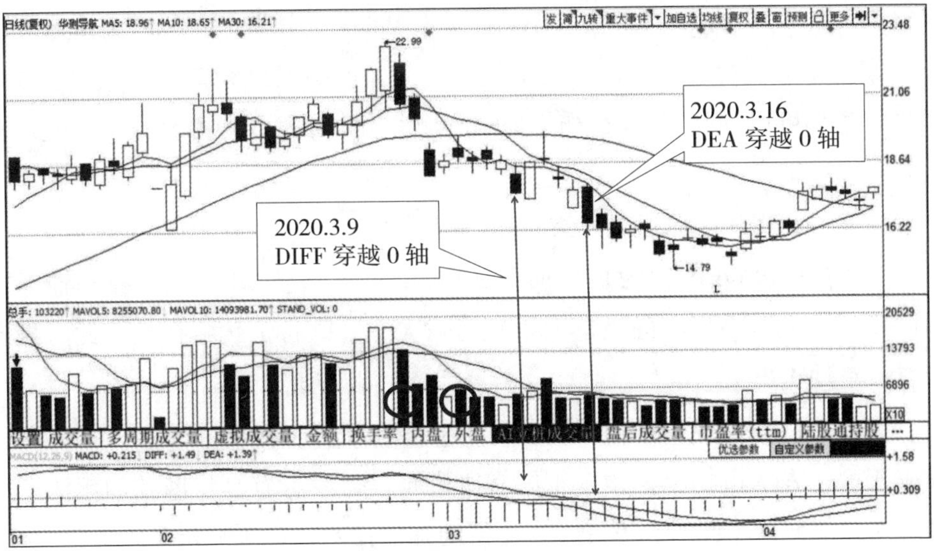

图 2-31 华测导航（300627）日 K 线走势图

如图 2-32 所示，2020 年 6 月底，东材科技（601208）的股价结束振荡整理之后，重新开始启动上攻模式。MACD 指标触底反弹，6 月 30 日，

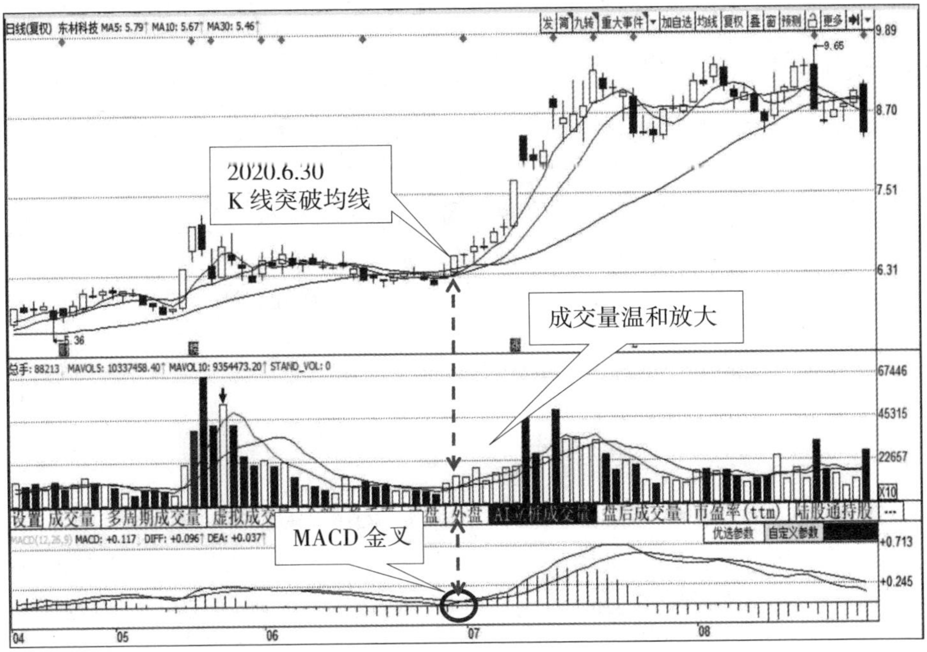

图 2-32 东材科技（601208）日 K 线走势图

MACD 指标在 0 轴上方附近出现黄金交叉。此时，该股股价刚刚完成对均线的突破，并位于均线上方，成交量同步放大，说明股价有企稳走好的迹象，这些信息都可以强化黄金交叉信号的准确性，此时投资者可放心买入或加仓该股。

（4）MACD 指标形成死叉。

当 DIFF 和 DEA 均为负值时，DIFF 线向下跌破 DEA 线，在 0 轴下方形成死叉，表示市场中的做空力量较为强大，下跌行情仍将持续。此时投资者应该杀跌卖出。

当 DIFF 和 DEA 均为正值时，DIFF 线向下跌破 DEA 线，在 0 轴上方形成死叉，表示市场上的做多氛围有所松懈，持股者有高位回吐的想法，股价可能滞涨回落。此时，投资者需要借助其他技术指标来分析是否应该卖出。

总而言之，MACD 指标在 0 轴下方形成死叉，才是可靠的卖出信号。

如图 2–33 所示，2020 年上半年，随着金融大盘股的上涨，国泰君安（601211）的股价走出了一波暴涨行情。MACD 指标中的 DIFF 快线和 DEA 慢线也同步上升。在该股股价连续几个交易日出现回调的基础上，7 月 16 日，DIFF 快线自上而下穿越 DEA 慢线，形成了高位死亡交叉形态，意味着股价

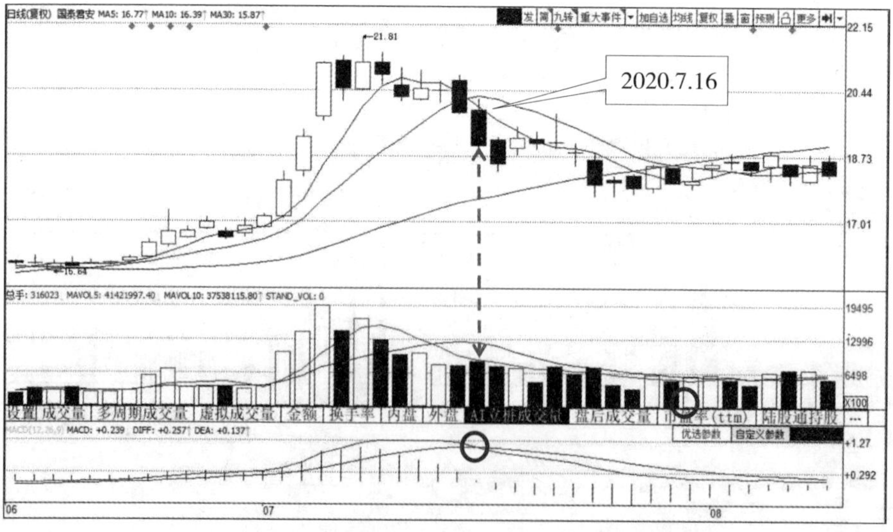

图 2–33　国泰君安（601211）日 K 线走势图

后市下跌的概率很大。此时，DIFF 快线和 DEA 慢线仍位于 0 轴上方，投资者可卖出大部分股票，留少许筹码。待 DIFF 快线跌破 0 轴时，可考虑清仓该股。

2. 上升趋势线与 MACD 指标综合判断股票买卖点

将 MACD 指标上升过程中 DIFF 线的最低点和次低点相连，就能得到一条 MACD 指标的上升趋势线。这条 MACD 指标的上升趋势线与普通的股价趋势线相似，也能反映股价的运行趋势。

通过判断 MACD 指标的运行趋势，可以在股价变化之前做出相应的买入或卖出决策。具体判断标准如下。

第一，当指标线跌破这条上升趋势线时，预示股价可能会出现一定幅度的下跌。

第二，MACD 指标上升趋势线也属于支撑线的一种，其斜率越大，代表多头实力越强，未来上涨的空间也越大。45º 是斜率的一个重要分界线，当趋势线斜率低于 45º 时，说明股价上升趋势较弱；反之，则较强。

下面看一下钢研高纳（300034）的案例，如图 2–34 所示。

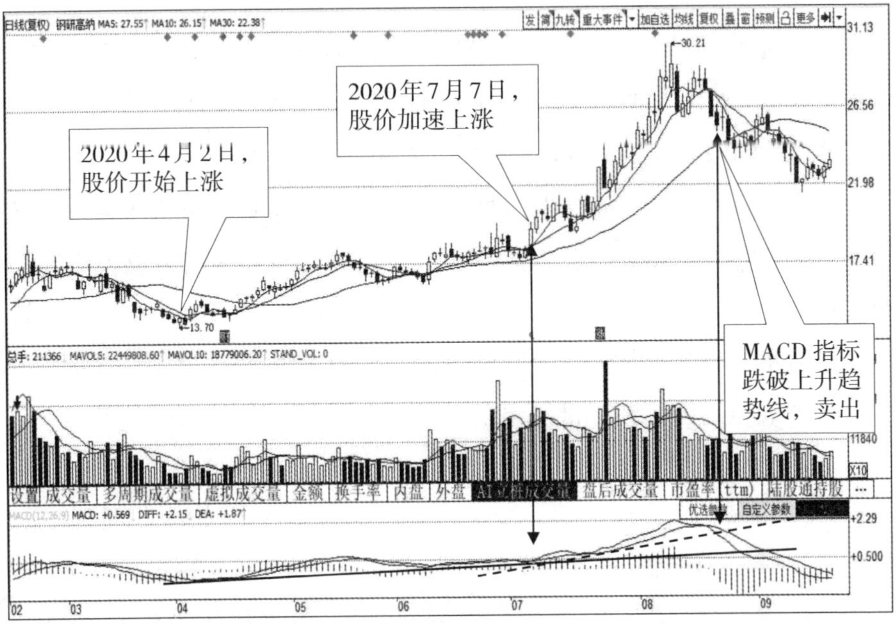

图 2–34 钢研高纳（300034）日 K 线走势图

2020 年 4 月 2 日，钢研高纳（300034）收出一根小阳线后，启动了一波上涨行情。与此同时，该股的 MACD 指标也同步出现了上涨行情。

在 MACD 指标上涨过程中，随着股价的振荡下跌，指标线也出现了回调低点。将最低点和次低点相连，就得到了一条 MACD 指标的上升趋势线。只要 MACD 指标没有跌破这条趋势线，投资者就可以继续持股。

7 月 7 日，钢研高纳的股价以大阳线报收，其后该股股价进入加速上涨周期，MACD 指标同步拐头向上。为了提升盈利水平，投资者可按照上升趋势线调整的方法，重新绘制一条上升趋势线。

8 月 21 日，钢研高纳的 MACD 指标跌破了上升趋势线，说明该股股价将要出现一波下跌走势，投资者最好卖出股票。与此同时，MACD 指标在此之前也出现了高位死叉，这都属于典型的卖出信号。

使用 MACD 指标上升趋势线判断股价卖点时，需要注意以下两点。

第一，结合 MACD 指标的金叉与死叉进行判断。当 MACD 指标跌破上升趋势线时，如果 MACD 指标在此之前出现了死叉，则可增加股价下跌的概率。

第二，结合成交量分析卖点。MACD 指标跌破上升趋势线时，如果成交量同步放大，也可说明未来股价下跌的可能性很大。

3. 下降趋势线与 MACD 指标综合判断股票买卖点

将 MACD 指标下跌过程中的最高点和次高点相连，就得到一条 MACD 指标的下降趋势线。这条 MACD 指标的下降趋势线与普通的股价趋势线相似，也能反映股价的运行趋势。

通过判断 MACD 指标的运行趋势，可以在股价变化之前做出相应的买入或卖出决策。具体判断标准如下。

第一，当指标线向上突破这条下降趋势线时，预示股价可能会出现一定幅度的上涨。

第二，MACD 指标下降趋势线的斜率越大，代表空头实力越强，下跌的空间也越大。45° 是斜率的一个重要分界线，当趋势线斜率小于 45° 时，说明股价下跌趋势较弱；反之，则较强。

下面看一下天和防务（300397）的案例，如图 2-35 所示。

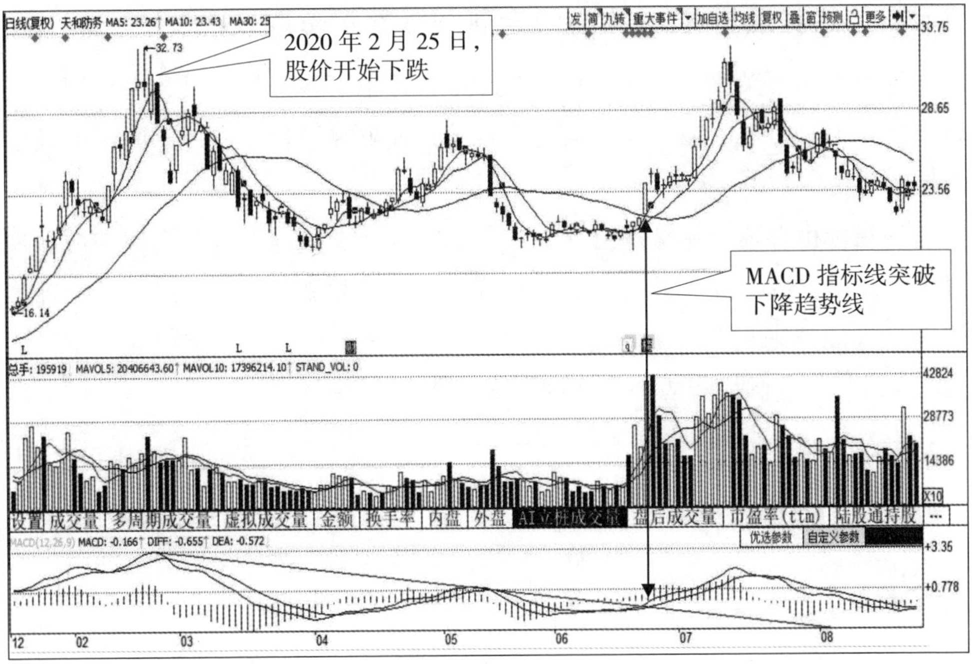

图 2-35 天和防务（300397）日 K 线走势图

2020 年 2 月 25 日，天和防务（300397）收出一根带长上影线的阳线后，启动了一波下跌行情。与此同时，该股的 MACD 指标也同步出现了下跌行情。

在 MACD 指标下跌过程中，随着股价的振荡上涨，指标线也出现了反弹高点。将最高点和次高点相连，就得到一条 MACD 指标的下降趋势线。只要 MACD 指标没有向上突破这条趋势线，投资者就只能保持观望。

6 月 22 日，天和防务的股价放量上攻，MACD 指标也同步向上突破了下降趋势线，说明该股股价将要出现一波上涨走势，投资者可积极入场做多。

使用 MACD 指标下降趋势线判断股价买点时，需要注意以下两点。

第一，结合 MACD 指标的金叉与死叉进行判断。当 MACD 指标向上突破下降趋势线时，如果 MACD 指标在此之前出现了金叉，则可增加股价上涨的概率。

第二，结合成交量分析卖点。MACD 指标向上突破下降趋势线时，如果成交量同步放大，也可说明未来股价上涨的可能性很大。

二、趋势线与 KDJ 指标综合研判股票买卖点

随机指标，英文简称为“KDJ”，是一种中短线分析工具，主要用来反映市场上买卖力量的强弱和超买超卖现象，能够在股价上升或下降之前发出准确的买卖信号。

该指标由乔治·兰恩博士首创，是根据统计学原理，将某个周期内出现过的最高价、最低价及最后一个收盘价作为基本数据，来计算最后一个计算周期的未成熟随机值 RSV，然后根据平滑移动平均的方法来确定 K 值、D 值与 J 值，并绘制成相应的曲线图。如图 2–36 所示。

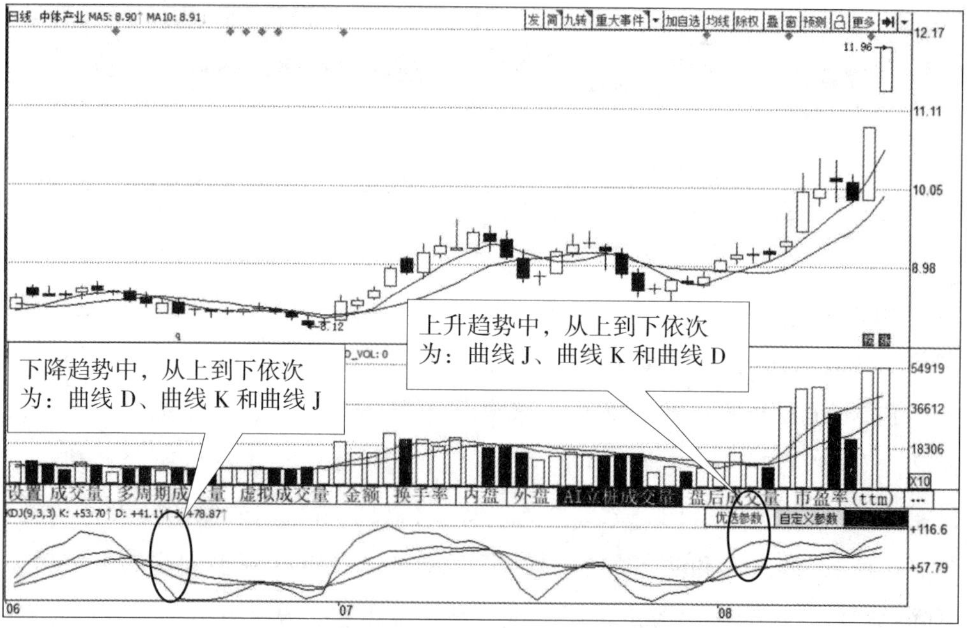

图 2–36　KDJ 指标图示

炒股软件中，KDJ 指标的默认参数通常为 9 日、3 日、3 日，表示 RSV 值统计的是 9 日内的最高价、最低价及收盘价等情况，K 线为 RSV 值的 3 日移动平均线，D 线为 K 线的 3 日移动平均线。J 值本意为 D 值与 K 值之间

的乖离，通常作为辅助指标出现。

1. 利用 KDJ 指标判断股票买卖点

（1）KDJ 指标超买。

当股价在高价位区域波动，这时 KDJ 指标线（尤其是曲线 D）进入 80 以上的超买区，投资者要注意风险。当 KDJ 指标线在超买区发生转折时，投资者应该考虑卖出。

如图 2-37 所示，2020 年 7 月 22 日，兴齐眼药（300573）的股价经过多日振荡上升后拉出一根光头大阳线，KDJ 指标中的曲线 D 进入到 80 以上的超买区。此时，投资者要警惕滞涨风险，可提前一步实施减仓操作。

次日，该股收出一根流星线，表明股价上攻无力，上方存在较重抛压，此时投资者应以沽空为主。在接下来的两天内，KDJ 指标形成死叉，曲线 D 跌破 80 位置，这两种情况都进一步证实之前的卖出是正确的。

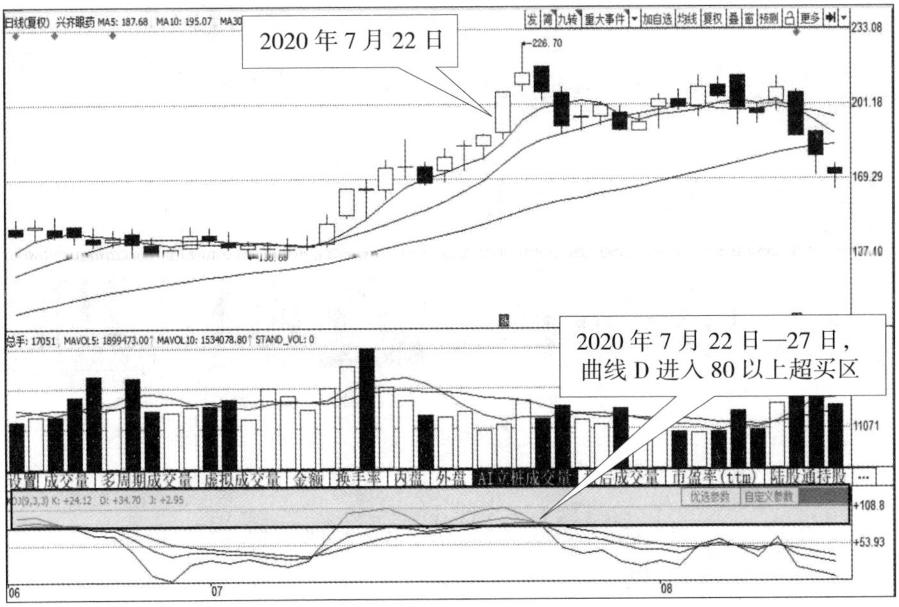

图 2-37　兴齐眼药（300573）日 K 线走势图

（2）KDJ 指标超卖。

当股价在低价位区域波动，这时 KDJ 指标线（尤其是曲线 D）进入 20

以下的超卖区，投资者应加大关注力度。当KDJ指标线在超卖区发生转折时，激进的投资者可适时建仓。

如图2–38所示，2020年2月3日，随着大盘暴跌，新希望（000876）的股价直接以跌停开盘，并持续到收盘，KDJ指标中的曲线D进入到20以下的超卖区域。此时，投资者要密切关注股价动态，激进的投资者可以提前介入布局。

2月5日，曲线D向上翘头，并突破20位置，进入到常态区间，且KDJ指标形成了低位金叉形态，这都属于典型的买入信号，短线投资者可积极入场。

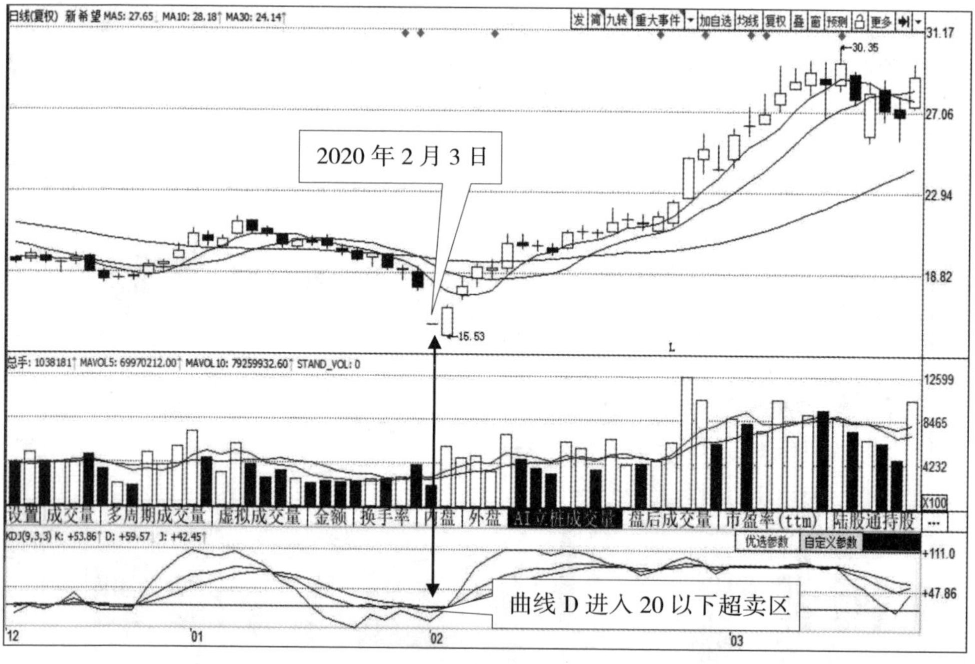

图2–38　新希望（000876）日K线走势图

（3）KDJ指标低位金叉。

当K值和D值均小于30，曲线K从下向上穿越曲线D，则KDJ指标形成低位金叉，表示短期内人气聚集，股价有上涨的可能，是买入信号。在低位时，曲线K和曲线D可能会多次金叉。短时间内形成金叉的次数越多，买入信号越强烈。

如图 2–39 所示，2020 年 5 月下旬，处于下跌行情中的辽宁成大（600739）加快了下跌步伐，KDJ 指标中的曲线 D 进入到 20 以下的超买区。5 月 28 日，辽宁成大创出了 15.96 元的阶段新低，KDJ 指标依然显示超卖。

6 月 1 日，辽宁成大 KDJ 指标中的曲线 K 向上穿越曲线 D，形成了低位金叉。此时，投资者可以适量买入。之后，该股进入了反弹行情，KDJ 指标的三条曲线也不断向上攀升，投资者可择机追涨买入。

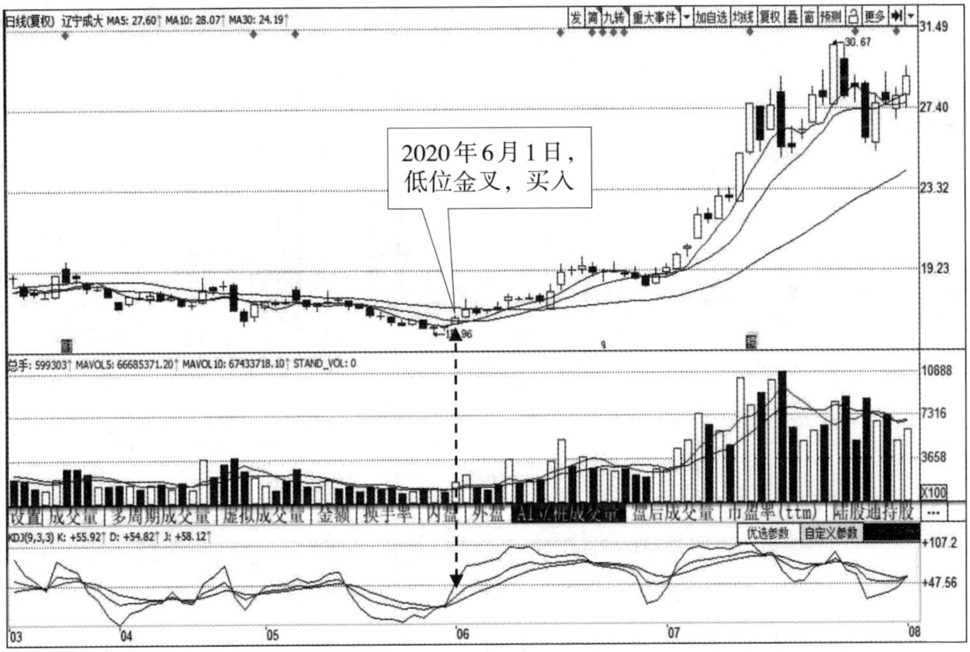

图 2–39 辽宁成大（600739）日 K 线走势图

（4）KDJ 指标高位死叉。

当 K 值和 D 值均大于 70，曲线 K 从上向下穿越曲线 D，则 KDJ 指标形成高位死叉，表示短期内人气涣散，股价有下跌的可能，是卖出信号。在高位时，曲线 K 和曲线 D 可能会多次死叉。短时间内形成死叉的次数越多，卖出信号越强烈。

如图 2–40 所示，2020 年 8 月 27 日，中体产业（600158）KDJ 指标中

的曲线 K 自上而下穿越曲线 D，形成了死叉。该死叉位于 80 线附近，属于成色较高的死亡交叉，是较为可靠的卖出信号，投资者宜卖出全部或部分手中的股票。

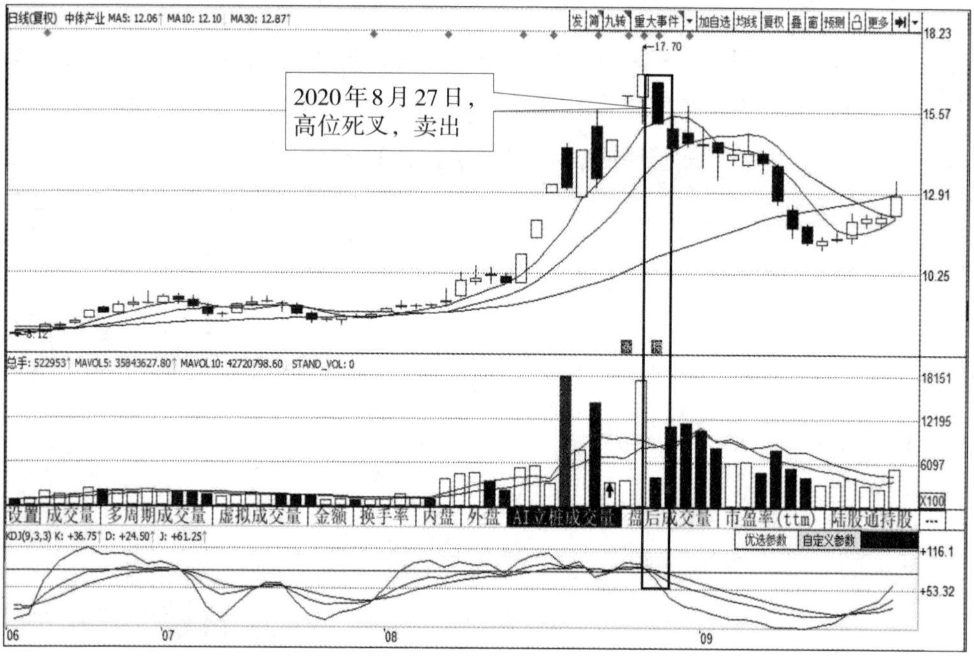

图 2-40　中体产业（600158）日 K 线走势图

2. 上升趋势线与 KDJ 指标综合判断股票买卖点

将 KDJ 指标上升过程中指标线的最低点和次低点相连，就得到一条 KDJ 指标的上升趋势线。这条 KDJ 指标的上升趋势线与普通的股价趋势线相似，也能反映股价的运行趋势。

通过判断 KDJ 指标的运行趋势，可以在股价变化之前做出相应的买入或卖出决策。具体判断标准如下。

第一，当指标线跌破这条上升趋势线时，预示股价可能会出现一定幅度的下跌。

第二，KDJ 指标上升趋势线也属于支撑线的一种，其斜率越大，代表多头实力越强，未来上涨的空间也越大。45° 是斜率的一个重要分界线，当趋势线斜率小于 45° 时，说明股价上升趋势较弱；反之，则较强。

第三，为 KDJ 指标绘制上升趋势线时，应该以曲线 D 的低点或 KDJ 金叉点位为基准进行绘制，毕竟曲线 J 和曲线 K 过于灵敏，缺乏稳定性。

下面看一下荃银高科（300087）的案例，如图 2-41 所示。

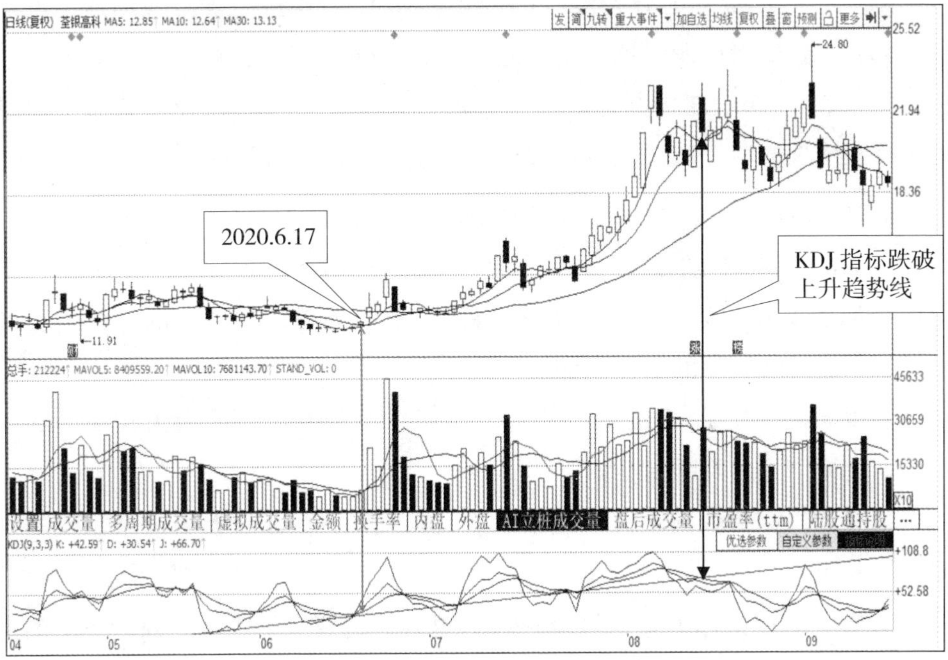

图 2-41　荃银高科（300087）日 K 线走势图

2020 年 6 月初，荃银高科（300087）的股价经过一波调整后触底反弹。6 月 17 日，该股收出一根小阳线，与此同时，该股 KDJ 指标中的曲线 D 拐头向上，且 KDJ 指标同步出现低位金叉，这属于典型的看多信号。此后，KDJ 指标与股价同步进入上升通道。

随着股价振荡上涨，KDJ 指标中的曲线 D 也出现了回调低点。将最低点和次低点相连，就得到了一条 KDJ 指标的上升趋势线。只要 KDJ 指标中的指标线 D 没有跌破这条趋势线，投资者就可以继续持股。

8 月 14 日，该股 KDJ 指标中的曲线 D 跌破了上升趋势线，说明该股股价将要出现一波下跌走势，投资者最好卖出股票。尽管该股随后仍有一波上冲，但很快就由上涨趋势转变成了下跌趋势。

使用 KDJ 指标上升趋势线判断股价卖点时，需要注意以下两点。

第一，结合 KDJ 指标的金叉与死叉进行判断。当 KDJ 指标跌破上升趋势线时，如果 KDJ 指标在此之前出现了死叉，则可增加股价下跌的概率。

第二，KDJ 指标上升趋势线的修正。如果 KDJ 指标线出现加速上涨或减速上涨，投资者应及时修正上升趋势线，以使其符合股价运动的规律。

第三，由于 KDJ 指标比较灵敏，波动速度较快，所以投资者画上升趋势线时，所选的两个回调低点最好能有一定的距离。

3. 下降趋势线与 KDJ 指标综合判断股票买卖点

将 KDJ 指标下跌过程中指标线的最高点和次高点相连，就得到一条 KDJ 指标的下降趋势线。这条 KDJ 指标的下降趋势线与普通的股价趋势线相似，也能反映股价的运行趋势。

通过判断 KDJ 指标的运行趋势，可以在股价变化之前做出相应的买入或卖出决策。具体判断标准如下。

第一，当指标线向上突破这条下降趋势线时，预示股价可能会出现一定幅度的上涨。

第二，KDJ 指标下降趋势线的斜率越大，代表空头实力越强，下跌的空间也越大。45° 是斜率的一个重要分界线，当趋势线斜率小于 45° 时，说明股价下跌趋势较弱；反之，则较强。

第三，为 KDJ 指标绘制下降趋势线时，应该以曲线 D 的低点或 KDJ 死叉点位为基准进行绘制，毕竟曲线 J 和曲线 K 过于灵敏，缺乏稳定性。

下面来看一下成飞集成（002190）的案例，如图 2-42 所示。

2020 年 3 月 4 日，成飞集成（002190）的股价收出一根中阳线后，启动了一波下跌行情。与此同时，该股的 KDJ 指标也同步出现了下跌行情。观察该股的 KDJ 指标可以发现，3 月 4 日 KDJ 指标的高点低于之前高点时的点位，这本身就是多方实力不济的一种表现。

在 KDJ 指标下跌过程中，随着股价的振荡，也出现了反弹高点。将曲线 D 的最高点和次高点相连，就得到了一条 KDJ 指标的下降趋势线。只要 KDJ 指标中的曲线 D 没有向上突破这条趋势线，投资者就只能保持观望。

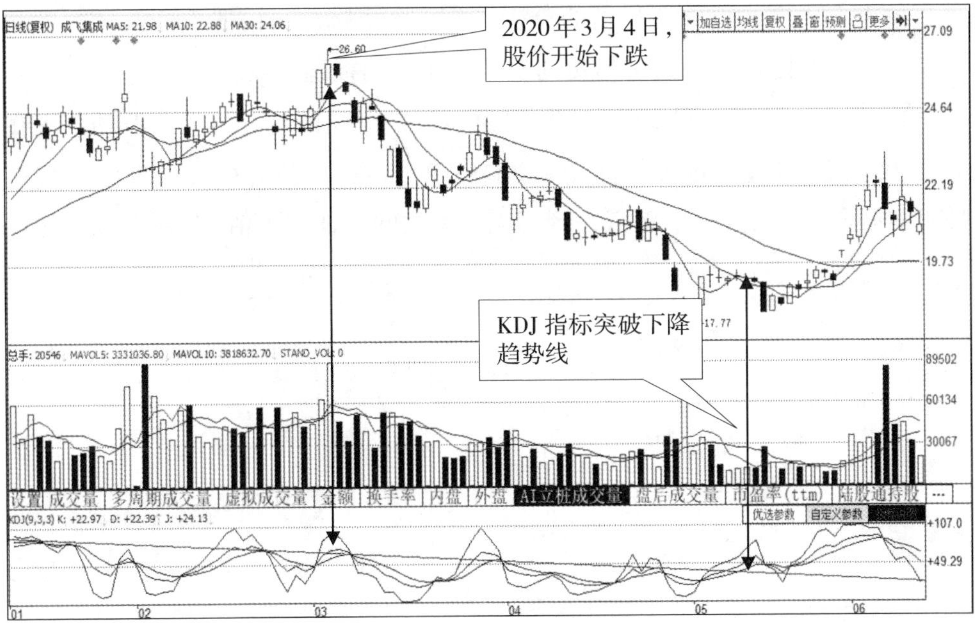

图 2-42　成飞集成（002190）日 K 线走势图

5 月 14 日，成飞集成的 KDJ 指标向上突破了下降趋势线，说明该股股价将要出现一波上涨走势，投资者宜注意该股走势。一旦股价反弹，就可以迅速买入该股。

使用 KDJ 指标下降趋势线判断股价买点时，需要注意以下 3 点。

第一，结合 KDJ 指标的金叉与死叉进行判断。当 KDJ 指标向上突破下降趋势线时，如果 KDJ 指标在此之前出现了金叉，则可增加股价上涨的概率。

第二，KDJ 指标下降趋势线的修正。如果 KDJ 指标线出现加速下跌或减速下跌，投资者应及时修正下降趋势线，以使其符合股价运动的规律。

第三，由于 KDJ 指标比较灵敏，波动速度较快，所以投资者画下降趋势线时，所选的两个高点最好能有一定的距离。

三、趋势线与 CCI 指标综合研判股票买卖点

顺势指标，英文简称为“CCI”，由美国股市分析家唐纳德•兰伯特所创，是一种重点研判股价偏离程度的分析工具。该指标用目前股价的波动程度和常态分布范围比较进行超买超卖的研判，用以捕捉趋势反转点。

CCI 指标看起来非常简单，仅仅由一条指标线构成。与很多波动范围在 0～100 之间的超买超卖指标（如 KDJ、RSI 等）不同，CCI 指标的运行区域没有限制，可以是从负无穷大到正无穷大之间的任何数值。如图 2-43 所示。

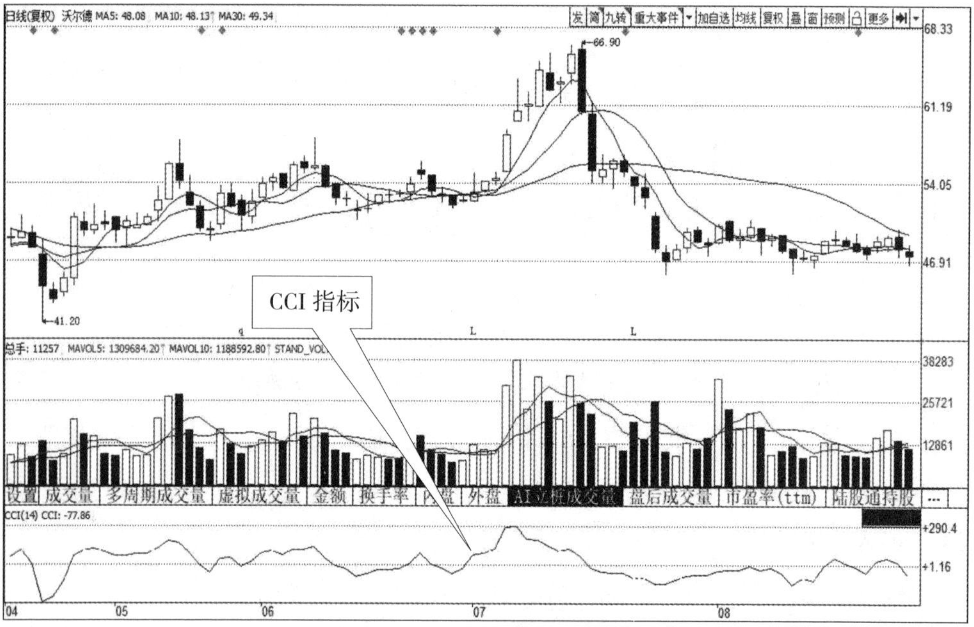

图 2-43　CCI 指标图示

CCI 指标的计算比较复杂。不过由于炒股软件已经普及，所以投资者并不需要细究其计算方法，只需要了解该指标的作用并能熟练运用就可以了。

1. 利用 CCI 指标判断股票买卖点

（1）CCI 指标向上突破 +100。

当 CCI 指标由下向上突破 +100 线进入非常态区间，表明股价脱离常态进入异常波动的非常态走势，投资者可以实施中短线买入策略。如果股价同

时在成交量放量配合下出现较大幅度的涨升，则买入信号更为可信。

如图 2-44 所示，2020 年 8 月 24 日，易事特（300376）的股价放量小幅上涨，同日该股的 CCI 指标由下向上穿越了 +100 位置进入到非常态区间，说明场外资金开始进场买入。该股在短期内仍有继续上涨的潜力，投资者可以适量买入。

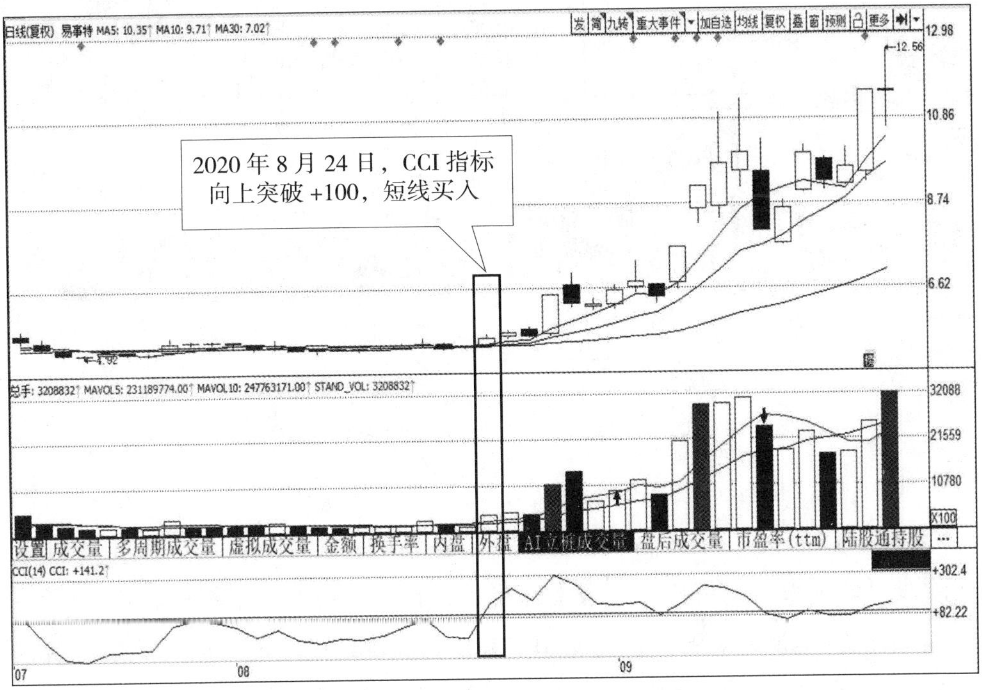

图 2-44 易事特（300376）日 K 线走势图

（2）CCI 指标向下跌破 +100。

当 CCI 指标从上向下跌破 +100 线，重新进入常态区间，表明股价的上涨阶段可能结束，市场将进入盘整或下跌行情，投资者应及时逢高派发。

如图 2-45 所示，2020 年 7 月中旬，瑞芯微（603893）的股价上攻乏力，而且成交量也开始递减。7 月 14 日，该股股价高位振荡并以小阴线报收，当天 CCI 指标由上向下穿越了 +100 位置进入到常态区间。这是股价将进入下跌行情的先兆，因此持股者应果断卖出，以免遭受更大损失。

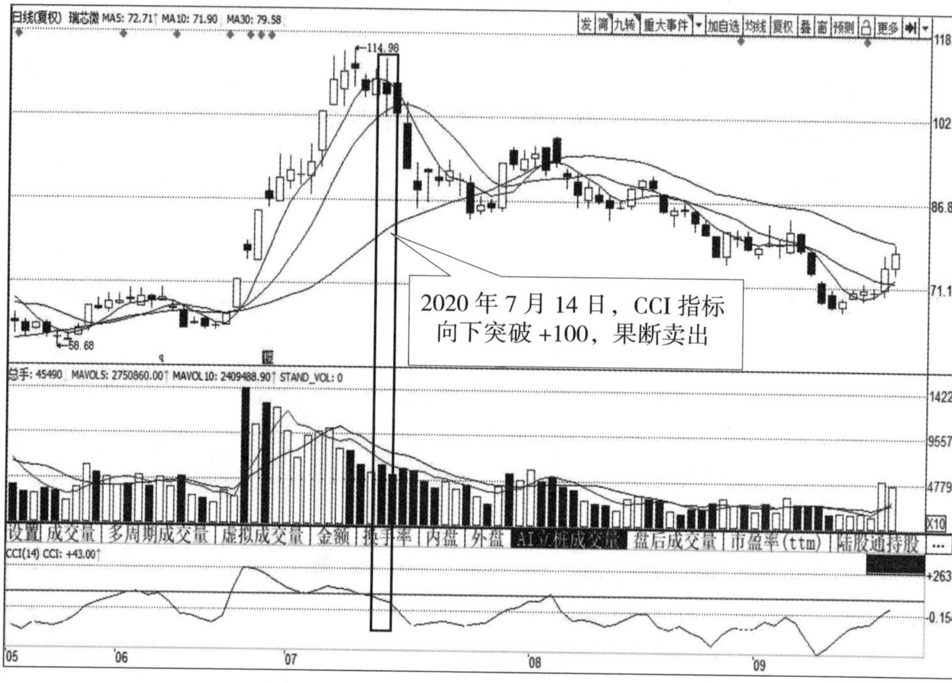

图 2-45 瑞芯微（603893）日 K 线走势图

（3）CCI 指标向上突破 -100。

当 CCI 指标从下向上突破 -100 线，重新进入常态区间时，表明股价探底阶段可能结束，又将进入一段上涨行情，投资者可以适量买入。

如图 2-46 所示，浙江鼎力（603338）的股价经过之前的加速下跌之后，2020 年 3 月 20 日出现企稳反弹迹象。同一天 CCI 指标由下向上突破了 -100 位置，说明这波下跌探底行情即将结束，股价可能反弹向上。投资者可以在当天尾盘或次日适量买入。

此后，该股股价经过几个交易日的盘整后，正式进入上升通道。

（4）CCI 指标向下跌破 -100。

当 CCI 指标从上向下跌破 -100 线，进入非常态区间时，表明股价已经结束盘整，重新步入下跌之路。这时股价将进入一个较长的探底过程，投资者应以空仓观望为主。

如图 2-47 所示，2020 年 9 月 2 日，处于下跌行情中的博实股份（002698）

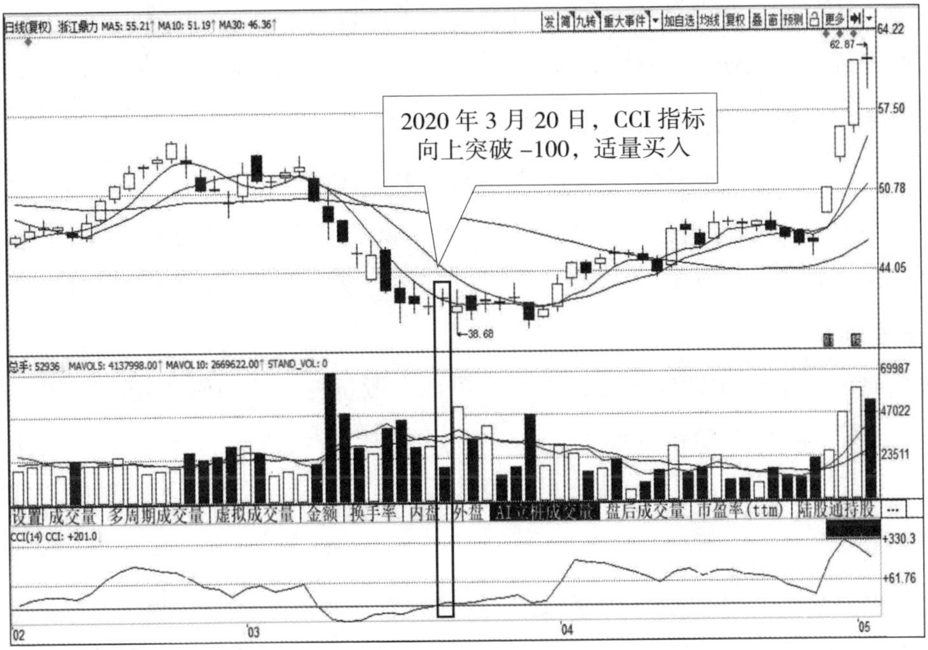

图 2-46 浙江鼎力（603338）日 K 线走势图

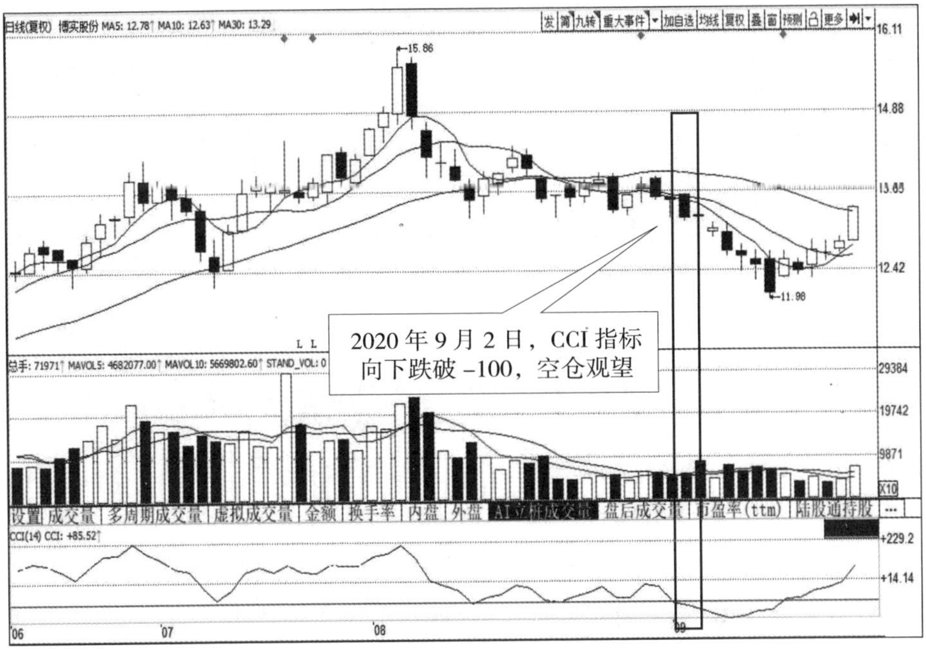

图 2-47 博实股份（002698）日 K 线走势图

经过几个交易日的横向盘整后，出现加速下跌迹象。当天该股的 CCI 指标从上向下跌破了 -100 位置，说明股价将有一个漫长的探底过程。此时，持币者宜保持空仓观望，而持股者应果断止损。

2. 上升趋势线与 CCI 指标综合判断股票买卖点

将 CCI 指标上升过程中的最低点和次低点相连，就得到一条 CCI 指标的上升趋势线。这条 CCI 指标的上升趋势线与普通的股价趋势线相似，也能反映股价的运行趋势。

通过判断 CCI 指标的运行趋势，可以在股价变化之前做出相应的买入或卖出决策。具体判断标准如下。

第一，当指标线跌破这条上升趋势线时，预示股价可能会出现一定幅度的下跌。

第二，CCI 指标上升趋势线最低点的选择标准，是 CCI 指标位于 -100 线以下。也就是说，如果最低点位置过高，那么上升趋势线将失去支撑意义。

下面看一下指南针（300803）的案例，如图 2-48 所示。

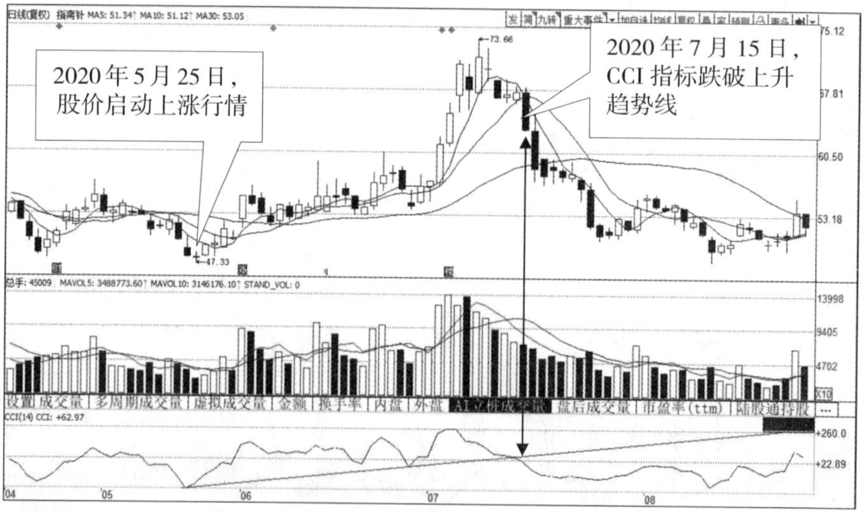

图 2-48　指南针（300803）日 K 线走势图

2020 年 5 月底，指南针（300803）的股价启动了一波上涨行情。与此同时，该股的 CCI 指标也出现了振荡上涨行情。

在 CCI 指标上涨过程中，随着股价的振荡回落，指标线也出现了回调低点。将最低点和次低点相连，就得到了一条 CCI 指标的上升趋势线，并且 CCI 指标下跌的最低点达到 –200 点后开始回升。只要 CCI 指标没有跌破这条趋势线，投资者就可以继续持股。

7 月 15 日，指南针的 CCI 指标跌破了上升趋势线，说明该股股价将要出现一波下跌走势，投资者最好卖出股票。

使用 CCI 指标上升趋势线判断股价卖点时，需要注意以下两点。

第一，结合 CCI 指标上穿 –100 线进行判断。当 CCI 指标自下而上穿越 –100 线时，表示股价已经从下跌趋势转为上涨趋势，此后如果 CCI 指标一直沿着上升趋势线运行，投资者就可以一直持股。

第二，结合成交量分析卖点。CCI 指标跌破上升趋势线时，如果成交量同步放大，也可说明未来股价下跌的可能性很大。

3. 下降趋势线与 CCI 指标综合判断股票买卖点

将 CCI 指标下跌过程中的最高点和次高点相连，就得到一条 CCI 指标的下降趋势线。这条 CCI 指标的下降趋势线与普通的股价趋势线相似，也能反映股价的运行趋势。

通过判断 CCI 指标的运行趋势，可以在股价变化之前做出相应的买入或卖出决策。具体判断标准如下。

第一，当指标线向上突破这条下降趋势线时，预示股价可能会出现一定幅度的上涨。

第二，CCI 指标下降趋势线最高点的选择标准，是 CCI 指标位于 +100 线以上。也就是说，如果最高点位置过低，那么下降趋势线将失去阻力作用。

下面看一下吉艾科技（300309）的案例，如图 2–49 所示。

吉艾科技（300309）的股价在 2020 年 5 月 28 日收出一根光头大阳线后，启动了一波下跌行情。与此同时，该股的 CCI 指标在此之前已经率先开启了振荡下跌行情。

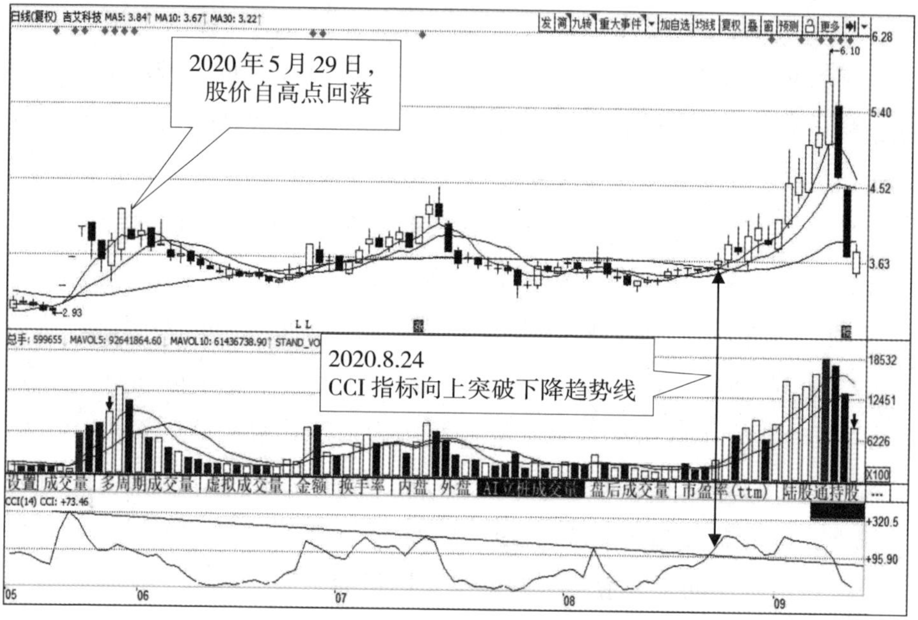

图 2-49　吉艾科技（300309）日 K 线走势图

在 CCI 指标下跌过程中，随着股价的振荡下跌，指标线也出现了反弹高点。将最高点和次高点相连，就得到了一条 CCI 指标的下降趋势线，并且 CCI 指标的最高点达到了 +320 以上。只要 CCI 指标没有向上突破这条趋势线，投资者就只能保持观望。

8 月 24 日，吉艾科技的 CCI 指标向上突破了下降趋势线，说明该股股价将要出现一波上涨走势。与此同时，观察该股的日 K 线走势可知，当日 K 线向上突破了多条均线，并且成交量温和放大，这都属于典型的看涨形态，投资者可考虑追涨买入。

使用 CCI 指标下降趋势线判断股价买点时，需要注意以下两点。

第一，结合 CCI 指标下穿 +100 线进行判断。当 CCI 指标自上而下穿越 +100 线时，表示股价已经从上涨趋势转为下跌趋势。此后如果 CCI 指标一直沿着下降趋势线运行，投资者就需要持币观望。

第二，结合成交量分析卖点。CCI 指标向上突破下降趋势线时，如果成交量同步放大，也可说明未来股价上涨的可能性很大。

第三章

水平线的画法及买卖点操作技巧

水平线，是指与水平面平行的直线。在K线图中，是指以某一关键点位为核心绘制的水平直线。

第一节　水平线基本原理

水平线，本质上就是一条阻力线或支撑线。股价向水平线靠拢时，要么受到水平线的阻力向下运行，要么受到水平线的支撑向上运行。

一、水平线的形式：阻力线与支撑线

按照水平线发挥的作用，可将其分为水平阻力线和水平支撑线两种。

1. 阻力线

阻力线，是指以某一价位为核心对股价上涨有阻力作用的直线。在股价上涨过程中，达到某一价位附近时，如果遇到大量抛盘，导致股价下跌，那么以此价位为核心绘制的水平直线就是阻力线。如图 3-1 所示。

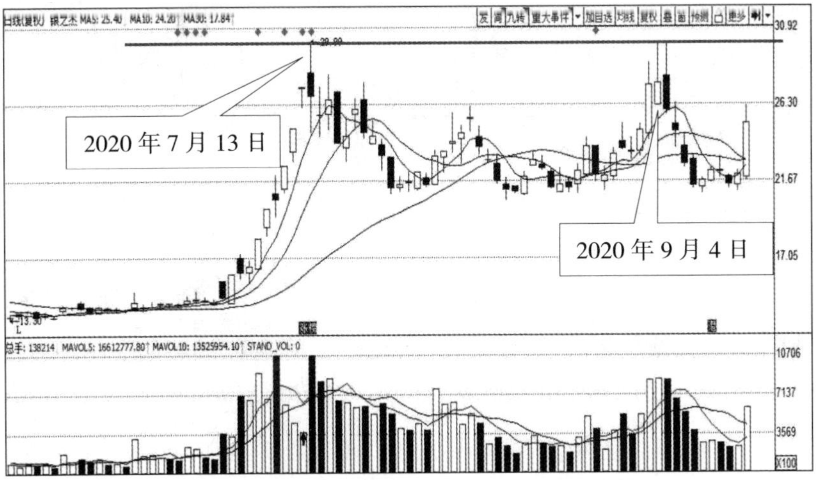

图 3-1　银之杰（300085）日 K 线走势图

如图 3–1 所示，2020 年年中，银之杰（300085）的股价经历了一波振荡上涨行情。7 月 13 日，该股股价创下了阶段最高点 29.99 元后开始回调。在股价回调之后，曾出现了几次反弹走势，不过在股价上涨至 29.99 元附近时，均受到该位置的阻力重新下跌。尤其是 9 月 4 日，该股股价已经上涨至 29.88 元。由此可见，该位置对股价的阻力作用非常大。

在所有阻力线中，下面几条尤为重要。

第一，阻力线持续的时间越长，阻力作用越显著。

第二，股价上涨至阻力线附近回调的次数越多，阻力作用越显著。

第三，股价阻力线核心价位形成时，成交量越大，阻力作用越显著。

2. 支撑线

支撑线，是指以某一价位为核心对股价下跌有支撑作用的直线。在股价下跌过程中，达到某一价位附近时，如果遇到大量买盘，导致股价上涨，那么以此价位为核心绘制的水平直线就是支撑线。如图 3–2 所示。

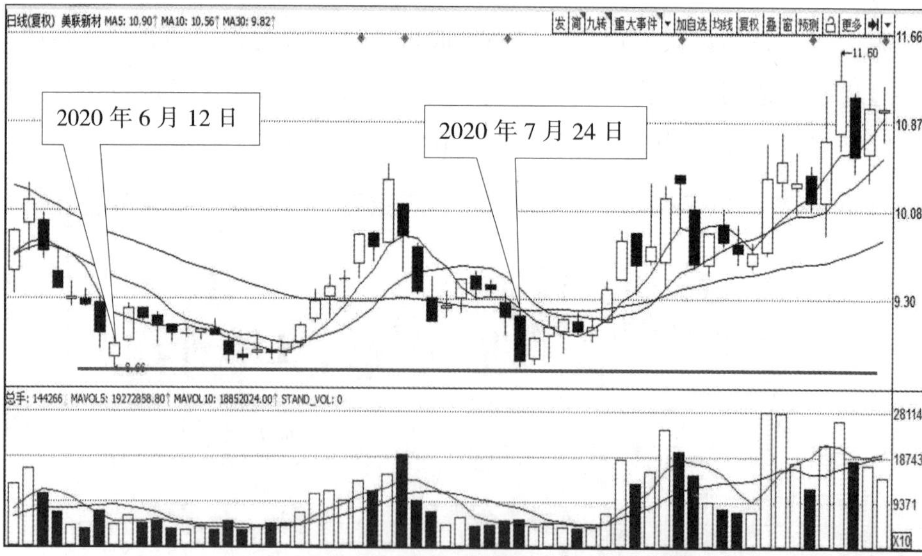

图 3–2　美联新材（300586）日 K 线走势图

如图 3–2 所示，2020 年 6 月—7 月，美联新材（300586）的股价出现了振荡盘整走势。6 月 12 日，该股股价曾下跌到 8.66 元，随后出现了一波小幅度的上涨。

其后，该股股价几次来到 8.66 元附近，特别是 7 月 24 日，股价再次以长阴报收，大幅下挫至 8.68 元价位时，因受到该位置的支撑再度上涨。由此可见，该位置对股价走势有巨大的支撑作用。

在所有支撑线中，下面几条尤为重要。

第一，支撑线持续的时间越长，支撑作用越显著。

第二，股价下跌至支撑线附近反弹的次数越多，支撑作用越显著。

第三，股价支撑线核心价位形成时，成交量越小，支撑作用越显著。

3. 阻力线与支撑线的转化

阻力线与支撑线并不是绝对的，而是可以相互转化的。股价向上突破阻力线后，阻力线就变成了支撑线；股价向下跌破支撑线，那么支撑线也会转变为阻力线。如图 3–3 所示。

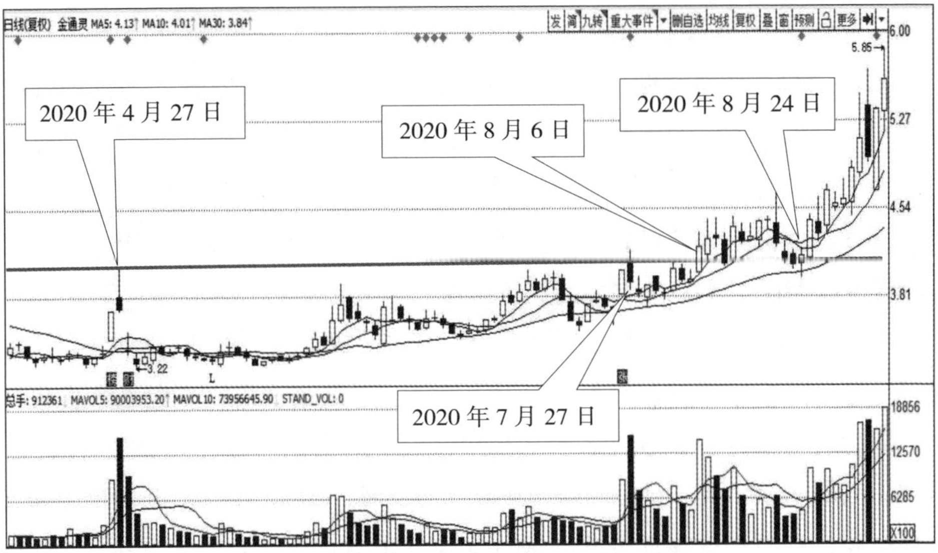

图 3–3 金通灵（300091）日 K 线走势图

如图 3–3 所示，从 2020 年上半年开始，金通灵（300091）的股价出现了一波振荡上涨行情。4 月 27 日，该股股价达到阶段高点 4.06 元后出现下跌。其后该股股价数次上攻均无果而终。尤其是 7 月 27 日，该股当日 K 线的上影线已经远远突破了 4.06 元，但终因后力不足，重归阻力线以下。

8 月 6 日，该股高开高走，一举携量突破阻力线。此时，该条阻力线已经转化为支撑线。8 月 24 日，该股股价自高位下跌至支撑线附近时，因支撑线的巨大支撑作用重新上涨。

阻力线与支撑线相互转化过程中，下面几条尤为重要。

第一，阻力线的阻力作用越强，转化为支撑线后的支撑作用也越强，反之亦然。

第二，股价向上突破阻力线时，成交量放大越明显，其后该阻力线转化为支撑线后的支撑作用越强，反之亦然。

二、水平线对股市预判的指导意义

水平线对股市的预判作用与趋势线相似，但也略有不同，主要包括阻力位与支撑位判断、买卖点选择以及股价运行趋势的判断 3 种。

1. 阻力位与支撑位判断

阻力位与支撑位判断，是水平线最基本也是最重要的功能。阻力位与支撑位在一定程度上影响着股价上涨或下跌的空间与幅度。

投资者买入一只股票前，必须首先熟悉该股短期、中期以及长期的阻力位与支撑位情况。换句话说，一个人只有认为股价下方有强大支撑，上方阻力较轻或没有阻力时，才会乐意买入股票。

当然，也有一些人尽管看到股价上方有强大阻力，却坚信股价本轮上涨能够冲破该阻力。不过，对于未曾发生的事实，还是应该以本金安全为要。

阻力位与支撑位的划定，对于短线投资者而言也具有非比寻常的意义。很多短线投资者喜欢依据股价的阻力位与支撑位划定股价短期内的上涨或下跌空间，以便根据盘面变化、股价支撑与阻力情况，及时采取买入或卖出操作。

2. 买卖点选择

股价每次向水平线靠拢时，都是特别需要注意的时刻。如果股价有效地向上突破阻力线，那么股价上涨的可能性会很大，股价突破阻力位的点位即是该股买点。反之，如果股价有效地向下跌破支撑线，那么股价下跌的可能性会很大，股价向下跌破支撑位的点位即是该股卖点。如图 3–4 所示。

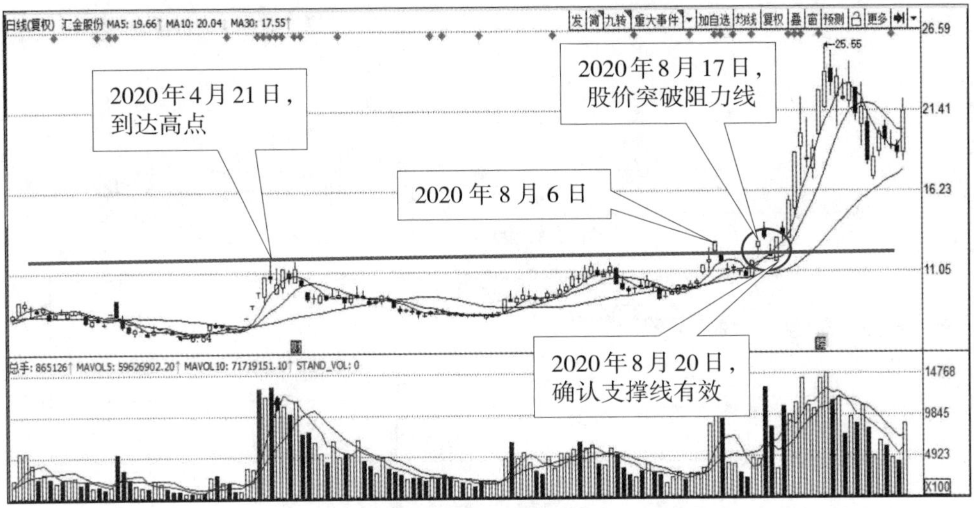

图 3–4　汇金股份（300368）日 K 线走势图

如图 3–4 所示，汇金股份（300368）的股价自 2020 年 4 月开始振荡上涨。4 月 21 日，该股股价到达阶段高点 11.81 元后开始下跌。其后，股价几次上涨至阻力线附近时，均因阻力线压制重归下跌。此时，投资者不宜买入该股。

8 月 6 日，该股股价携量向上突破阻力线压制，投资者可做好入场准备，一旦股价站稳阻力线就可以入场。不过，次日该股股价又跌破了阻力线，因此投资者还需进一步观望。

8 月 17 日，该股股价经过几个交易日的调整后，重新带量突破阻力线。其后的 8 月 20 日，股价回调至阻力线附近时，因受到支撑向上运行，说明该水平线已经由阻力线转为支撑线，投资者可积极入场做多。

3. 运行趋势判断

水平线与股价运行趋势的判断，主要是通过股价与水平线相对位置关系来实现的。

（1）通过支撑线判断趋势。

在股价运行过程中，遇到支撑线的点位越来越高，说明股价处于上行趋势；反之，则处于下行趋势。如图 3–5 所示。

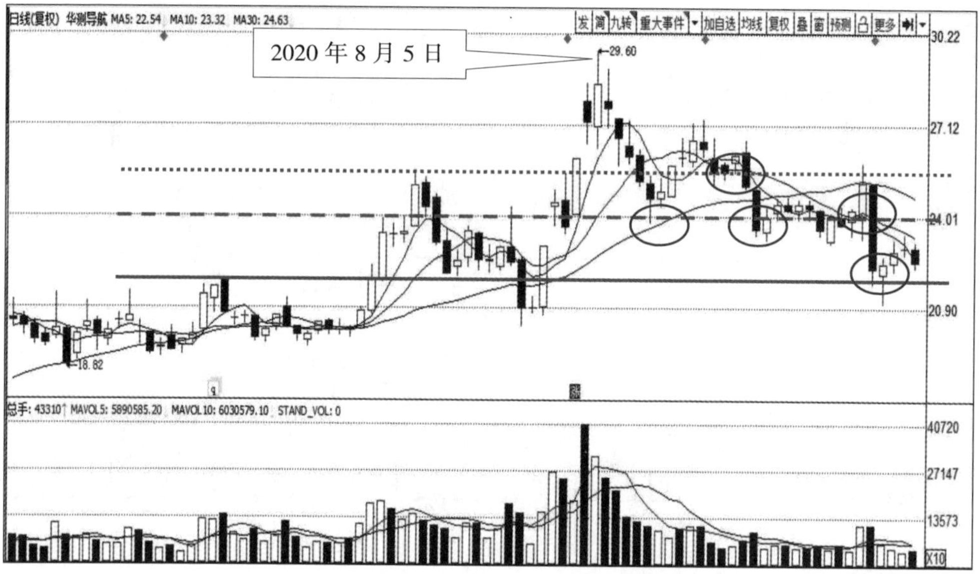

图 3–5　华测导航（300627）日 K 线走势图

如图 3–5 所示，2020 年 8 月 5 日，华测导航（300627）的股价创下阶段高点 29.60 元后开始一路下跌。在股价下跌过程中，一连跌破了由前期高点构筑的三条支撑线，说明该股跌势非常迅猛，投资者宜回避该股。同时，三条支撑线一条比一条价格低，说明该股股价处于下降趋势中。

（2）通过阻力线判断趋势。

在股价运行过程中，如果遇到的阻力线点位越来越高，则说明股价处于上行趋势；反之，则处于下行趋势。如图 3–6 所示。

如图 3–6 所示，2020 年 4 月底，西水股份（600291）的股价完成筑底后开始启动上涨。在上涨过程中，股价连续突破两条由前期高点构筑的阻力线，并且这两条阻力线一条比一条价格高。这说明股价上涨势头非常猛烈，同时也说明股价正处于一个良好的上升趋势中。

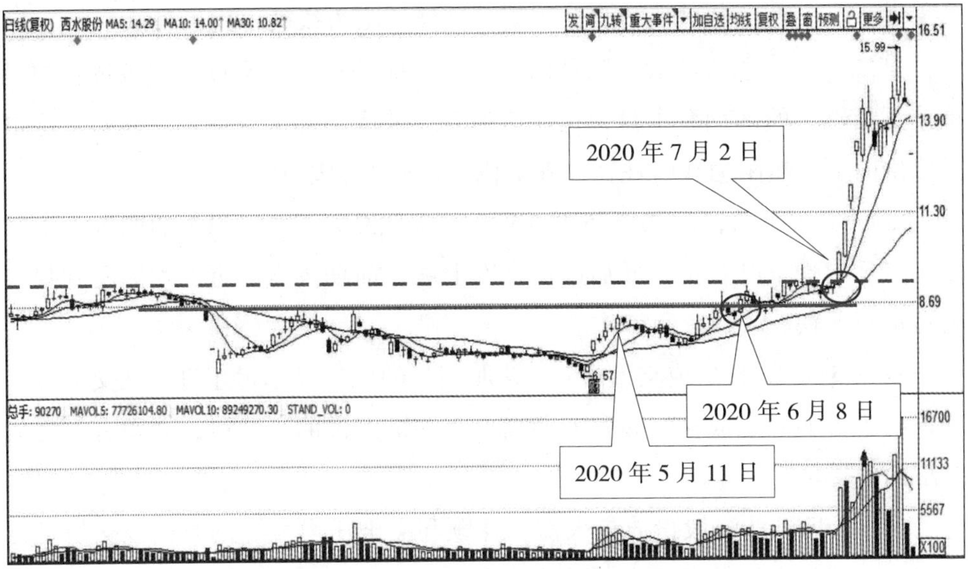

图 3–6　西水股份（600291）日 K 线走势图

三、水平线的形成原理

水平线之所以能够屡屡成为股价的支撑线或阻力线，是与其关键点位的形成过程密不可分的。而这个关键点位的形成，又基于这样两方面原因：其一，筹码分布；其二，心理作用。

1. 筹码分布

水平线都是以前期高点或低点为关键点位所画的直线，实质上就是一条筹码分布线。

（1）前期高点的形成。

每个高点，都是股价由上涨状态变为下跌状态的转折点。在这个点位，庄家或主力出货最多，散户接盘也最多，所以我们看到一个又一个阶段高点所对应的成交量往往都是非常高的。也就是说，每个前期高点都积累了一定程度的套牢盘。

这些被套牢的投资者只有一个心愿，那就是解套。当股价自下而上来到前期高点位置时，套牢盘会蜂拥而出，于是就出现了两种结果。

其一，一些股票的股价自此回落，这样该阻力线就得到了确认。

其二，一些股票的股价顺利向上突破了前期点位，不过在突破过程中必须接下足够多的前期套牢盘，这样该阻力线就成了新的支撑线。其实，这也是股价向上穿越阻力线时往往伴随着成交量放大的原因。

如图 3–7 所示，2020 年 5 月 15 日，沙河股份（000014）的股价创下阶段高点后出现下跌行情。此后股价多次上涨至前期高点附近，均因受到强大阻力重新下跌。

观察 5 月 15 日的成交量可知，该股当日的成交量远远超过其他交易日。这说明股价如果想成功突破以前期高点为关键点位的压力线，必须有与之相匹配的成交量。

6 月 2 日，沙河股份放量大涨，并顺利突破压力线。同时，该交易日的成交量也明显高于前期高点时的成交量。这说明该股突破压力线时，已经吸纳了前期的套牢盘。

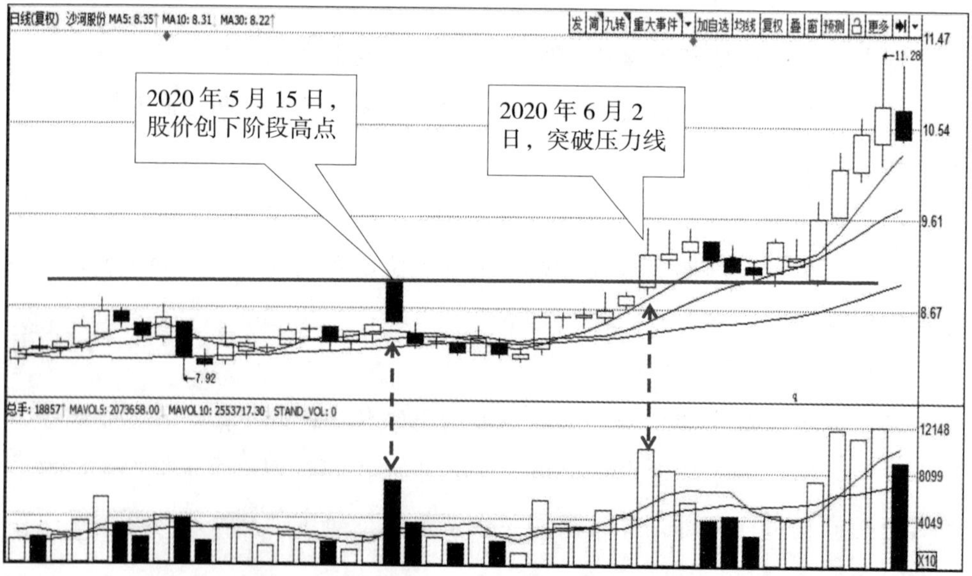

图 3–7 沙河股份（000014）日 K 线走势图

（2）前期低点的形成。

每个低点都是股价由下跌状态变为上涨状态的转折点。在这个点位，庄家或主力开始吸筹，而一些持股不坚定的散户开始割肉离场。但毕竟这里的价位较低，愿意离场的散户很少，所以我们看到一个又一个阶段低点对应的成交量都是非常低的。其实，如果能够出现绝对低量（即地量），那么股价可能就会开始上涨。

由于庄家或主力以及一些比较看好该股票的散户开始陆续建仓，股价后期上涨也是必然的。其后，股价下跌至此位置时，愿意卖出的人就会减少，毕竟该离场的早已经割肉离场了。前期建仓的主力或庄家出于护盘的目的，也会进场买入，此时股价就会恢复上涨，该位置也就成了股价的支撑线。

不过，由于各种原因，庄家或主力不愿意护盘或无力护盘，导致股价跌破支撑线时，股价往往会继续下跌一定的空间，成交量也会随之放大。

如图 3–8 所示，2020 年 4 月 28 日，锦富技术（300128）的股价创下了 2.99 元的阶段最低价。与此同时，相比之前几个交易日，该股的成交量出现了放大，说明主力恐吓起到了一定的作用，很多投资者开始割肉离场了。

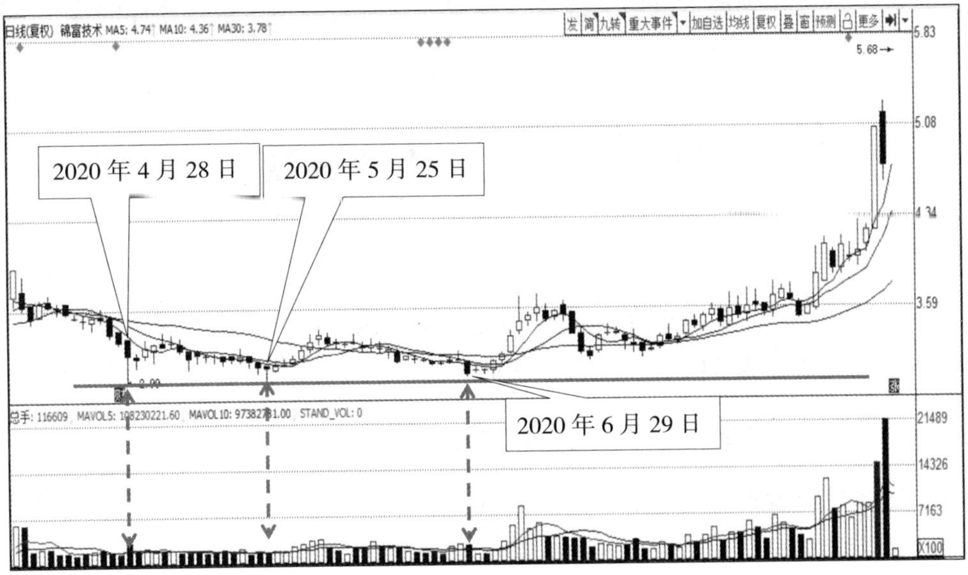

图 3–8　锦富技术（300128）日 K 线走势图

此后该股出现了振荡走势，股价几次下跌至 4 月 28 日创下的低点位置时，都因受到支撑再度上涨。观察 5 月 25 日和 6 月 29 日前后的成交量可知，在股价接触前期低点位置之前或之后的交易日，成交量都出现了明显的萎缩。特别是 6 月 30 日，成交量创下了阶段最低点。由此可见，该支撑线具有较强的支撑作用。此后股价即将启动一波上涨行情。

通常情况下，以前期低点为关键点位绘制的阻力线或支撑线，其作用要弱于以前期高点为关键点位绘制的阻力线或支撑线。

2. 心理作用

同趋势线一样，阻力线与支撑线的作用多次被证明有效后，很多投资者当然不愿意冒险去挑战它。因而当股价自下而上来到阻力线附近时，卖出者自然比较多。如此一来，阻力线的作用就会越来越强大。

当股价自上而下来到支撑线附近时，很多场外投资者也都对支撑线的作用坚信不疑，便会纷纷入场抢筹，股价就会出现上涨，于是支撑线的作用也就一点一点地被放大了。

不过，投资者利用支撑线和阻力线买卖股票时，还应时刻考虑这样一点：庄家或主力也在观察这条阻力线或支撑线，并且想利用这条线挣你的钱。

第二节　水平线的画法

水平线的画法比较简单，就是选择一个关键点位，通常为某一阶段的最高价或最低价，然后向右画一条水平的直线。

一、上升趋势中水平线的画法及指导意义

很多投资者买入股票后，对股价在什么位置会遇到阻力，以及什么时候卖出股票拿捏不准，这时就可以借助水平线来分析决策。

正如前文所述，前期的高点和低点都有可能对股价上涨造成一定的压力。因此，投资者可将处于上升期的股价上方所面临的阻力线一一画出，并根据阻力情况判断是否需要卖出股票。如图 3–9 所示。

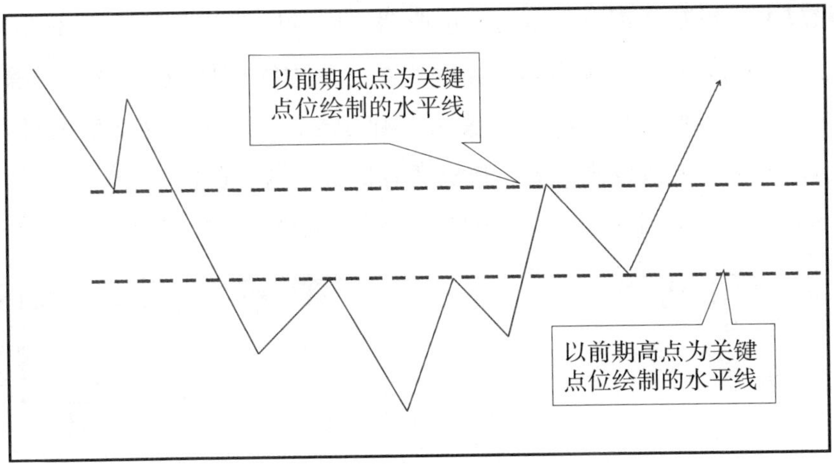

图 3-9　上升趋势中的水平线

1. 绘制上升趋势中水平线应注意的问题

绘制上升趋势中的水平线，应注意以下几个问题。

第一，趋近原则。越是近期形成的高点或低点，对股价上行的压力越大。因而由这些关键点位构筑的平行线，对股价的阻力作用会更大。

第二，趋同原则。前期高点或低点中，相差不大的点位可以看成同一点位。

第三，要点优先。如果股价在前期运行中形成了数个高点或低点，那么可以按照这些点位的重要性排序，选择其中比较重要的点位，并据此绘制水平线。重要性筛选可参看这样几条：其一，股价在此位置数次遇阻或遇支撑；其二，该点位的成交量是否够大；其三，该点位是否为整数点位，如 10 元、20 元、30 元等；其四，该点位为前期最高价。

第四，水平线的绘制与趋势线不同，水平线的基准点并不一定要求使用 K 线实体，上下影线对应的点位亦可。

2. 上升趋势中水平线的指导意义

利用水平线进行股票投资交易时，应注意观察以下几点。

第一，力量强弱。如果股价突破某一阻力线遇到的阻力较强，并且成功突破，则该阻力线转换为支撑线后，也会具备较强的支撑力量。

第二，突破遇阻。如果股价突破某一阻力线遇阻转而下跌，并且下跌时成交量放大，投资者需考虑暂时卖出股票以回避风险。

第三，突破成功。如果股价携量突破某一阻力线成功，投资者可考虑加仓。

第四，防范假突破。股价突破某一阻力线后，如果迅速回落至阻力线下方，则视为突破失败或假突破，投资者宜做好准备，随时清仓。

下面来看一下新力金融（600318）的案例，如图 3-10 所示。

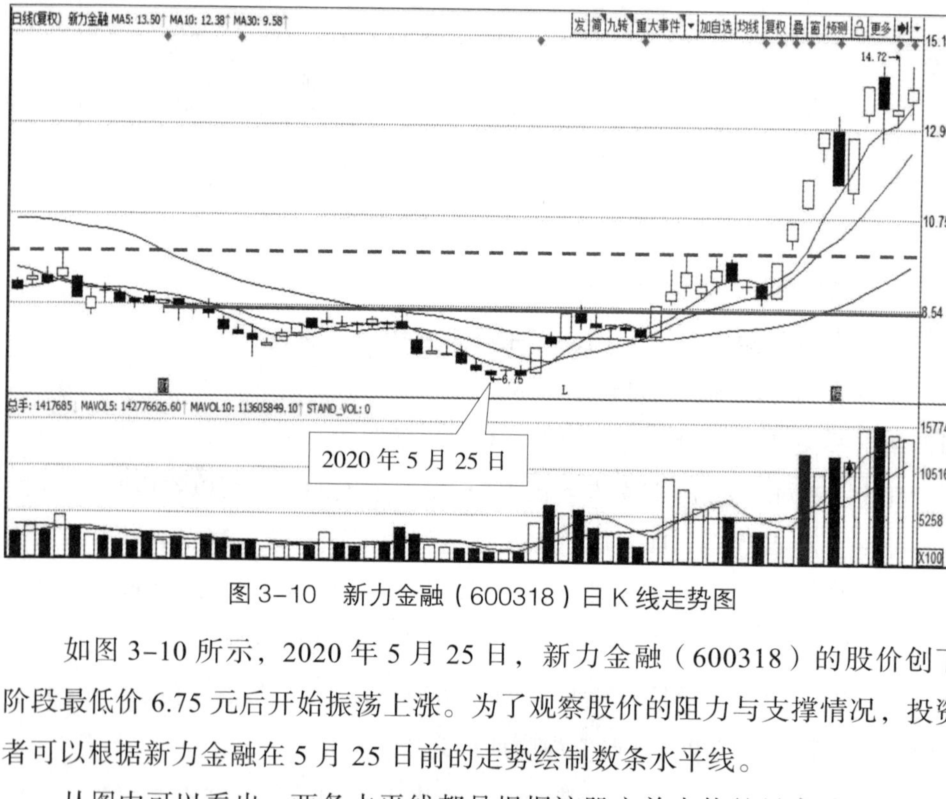

图 3-10　新力金融（600318）日 K 线走势图

如图 3-10 所示，2020 年 5 月 25 日，新力金融（600318）的股价创下阶段最低价 6.75 元后开始振荡上涨。为了观察股价的阻力与支撑情况，投资者可以根据新力金融在 5 月 25 日前的走势绘制数条水平线。

从图中可以看出，两条水平线都是根据该股之前走势的最高价绘制的，在 5 月 25 日之后的走势中，股价在有些水平线附近遇到了强大阻力。不过，该股股价最后均放量突破了这些阻力线，说明该股股价处于强势上行通道。

二、下降趋势中水平线的画法及指导意义

股票价格自高点下跌后，很多投资者就会产生抄底的想法，却对股价是否到底或股价是否会产生反弹存在疑惑。投资者如果能够在股价下降趋势中

准确地绘制水平线，并巧妙地加以利用，就可以解除这一疑惑。

正如前文所述，前期的高点和低点都有可能对股价下跌有一定的支撑作用。因此，投资者可将处于下降期的股价下方可能遇到的支撑线一一画出，并根据支撑情况判断是否可以买入股票。如图 3–11 所示。

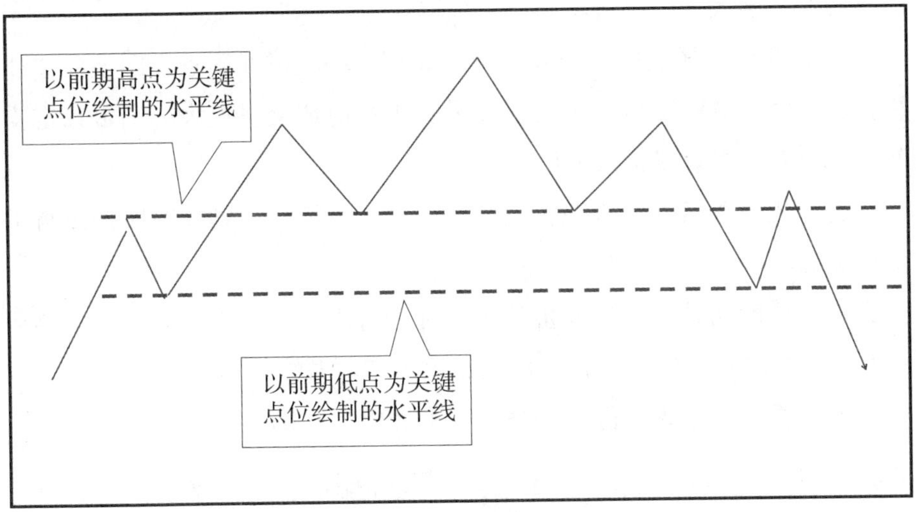

图 3–11　下降趋势中的水平线

1. 绘制下降趋势中水平线应注意的问题

绘制下降趋势中的水平线应注意的问题，与绘制上升趋势中的水平线相似，也包括以下几个方面。

第一，趋近原则。越是近期形成的高点或低点，对股价的支撑作用越大。

第二，趋同原则。前期高点或低点中，相差不大的点位可以看成同一点位。

第三，要点优先。如果股价在前期的运行中形成了数个高点或低点，那么投资者可以按照这些点位的重要性排序，选择其中比较重要的点位，并据此绘制水平线。重要性筛选可参照这样几条：其一，股价在此位置数次遇阻或受到支撑；其二，该点位的成交量是否够大；其三，该点位是否为整数点位，如 10 元、20 元、30 元等；其四，该点位为前期最低价。

第四，水平线的绘制与趋势线不同，水平线的基准点并不一定要求使用 K 线实体，上下影线对应的点位亦可。

2. 下降趋势中水平线的指导意义

利用水平线进行股票投资交易时，应注意观察以下几点。

第一，力量强弱。股价下跌至某一支撑线，并且经过若干次激烈交锋未见分晓。最终该支撑线未能支撑股价时，该支撑线转变为阻力线后，其阻力作用也会非常强大。

第二，下跌遇强支撑。如果股价下跌至某一支撑线附近，因该支撑线的作用重新上涨，并且下跌时成交量萎缩，上涨时成交量放大，则可认定支撑有效，投资者可以短线买入该股。

第三，支撑失败。如果股价携量跌破某一支撑线，则该股股价还将进一步下跌。

第四，避险法则。如果股价处于下降趋势中，那么投资者应尽量避免买入股票。在下降趋势中博反弹，风险远远大于收益。

下面来看一下华鑫股份（600621）的案例，如图 3-12 所示。

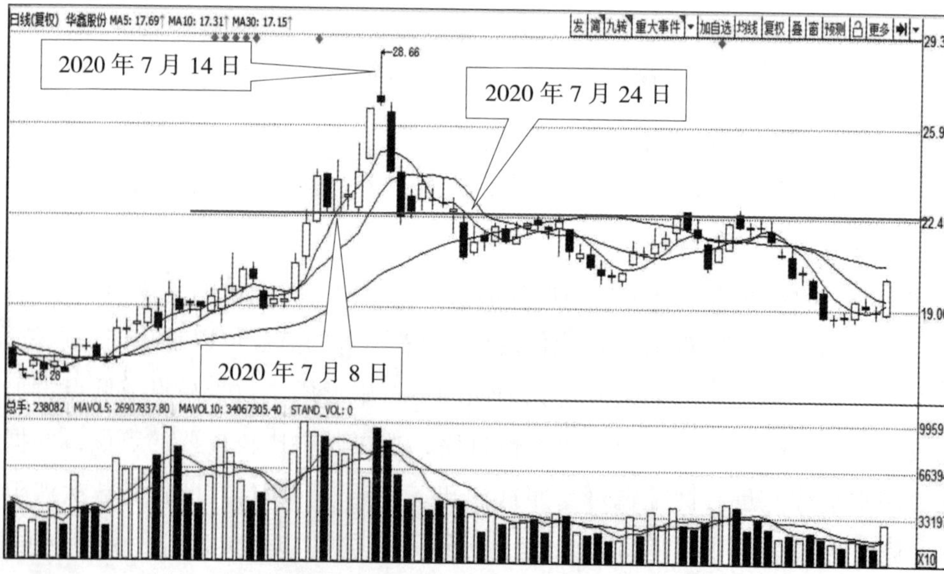

图 3-12　华鑫股份（600621）日 K 线走势图

如图 3-12 所示，2020 年 7 月 14 日，华鑫股份（600621）的股价创下阶段最高价 28.66 元后开始振荡下跌。为了观察股价的支撑与阻力情况，投资者可以根据该股 7 月 8 日的开盘价（回调低点）位置绘制一条水平线。

其后在振荡下跌过程中，该股股价先是在该水平线位置受到了一定的支撑，但 7 月 24 日股价跌破了该水平线，说明该水平线已经由支撑线变成阻力线。之后该股股价曾经连续 3 次上攻至该水平线附近，均因该水平线的阻力重新下跌，由此可见该水平线阻力之强。

第三节 水平线的研判

水平线，从某种意义上来说，就是一条股价强弱的分界线。股价若处于水平线上方运行，说明股价呈强势；股价若处于水平线下方运行，说明股价呈弱势。

实战交易中，对水平线的研判主要包括两个方面：其一，水平线的突破；其二，支撑与阻力的转化。

一、真突破和假突破

股价有效突破水平线的判断标准包括以下几条。

第一，股价跌破水平线或向上突破水平线，并且股价在 3 个交易日内未回到原位置。

第二，股价向下跌破水平线或向上突破水平线时，跌幅或涨幅达到 3 个百分点，成交量出现明显放大态势（1 倍以上），则说明此时的突破为真突破。

第三，股价向下跌破水平线出现反弹走势，反弹至水平线位置时，因水平线阻力重新下跌，说明此次突破为真突破。

第四，股价向上突破水平线出现回调走势，回调至水平线位置时，因水平线支撑重新上涨，说明此次突破为真突破。

下面看一下西藏珠峰（600338）的案例，如图 3–13 所示。

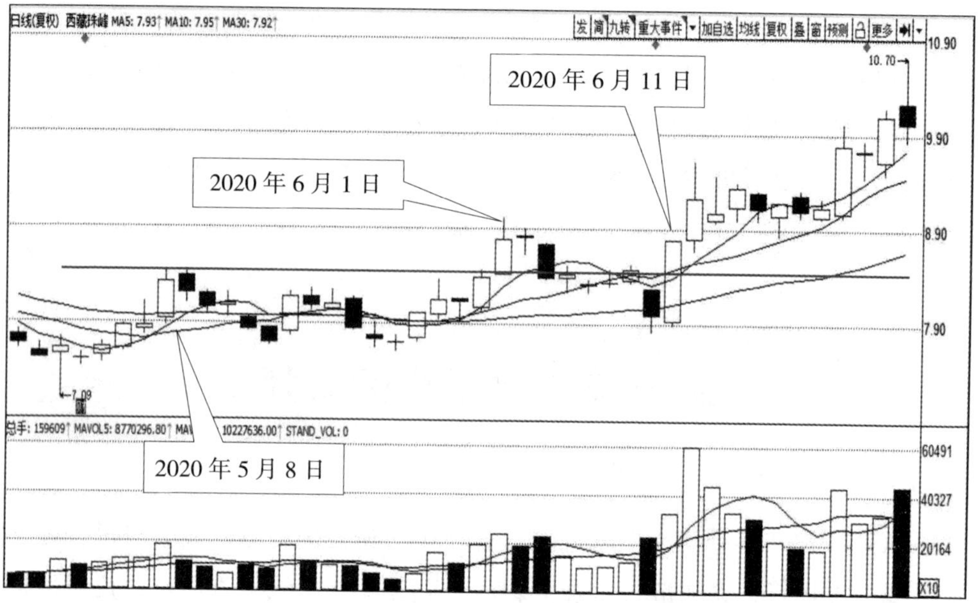

图 3–13　西藏珠峰（600338）日 K 线走势图

如图 3–13 所示，2020 年 5 月 8 日，西藏珠峰（600338）的股价创下阶段高点后出现下跌走势。投资者可以该日最高点为基点绘制一条水平线。该股股价随后出现了若干次反弹上涨，但每次上涨至水平线附近时，都因水平线的阻力而下跌。

6 月 1 日，该股股价在前日上涨的基础上再度放量上攻，并站稳在该阻力线上方，说明股价有结束盘整的可能。投资者需要密切关注该股其后的走势，以判断此次突破属于真突破还是假突破。

6 月 3 日，该股股价大幅回调，并回归阻力线下方。也就是说，股价位于阻力线上方未超过 3 个交易日，此次突破为假突破，投资者可继续观察该股其后的走势。

6 月 11 日，该股放量涨停，并突破了水平线位置，说明此次突破很可能成为真突破，投资者需密切关注。

其后股价连续 3 个交易日并未回到阻力线下方，说明此次突破为真突破。

二、支撑与阻力的转化

水平线对股价有支撑与阻力作用，并且这两种作用是可以相互转化的，具体判断标准如下。

第一，股价运行于水平线下方时，水平线对股价具有很强的阻力作用。如果股价能够放量突破水平线的压制，且回调不下破水平线，则说明该水平线对股价的阻力作用已经转化为支撑作用。其后，若股价再次调整到水平线位置，该线就会对股价产生一定的支撑作用。

第二，股价运行于水平线上方时，水平线对股价具有很强的支撑作用。如果股价能放量跌破水平线的支撑，且反弹未能突破水平线，则说明该水平线对股价的支撑作用已经转化为阻力作用。其后，若股价再次反弹至水平线位置，该线就会对股价产生一定的阻力作用。

下面来看一下环旭电子（601231）的案例，如图 3–14 所示。

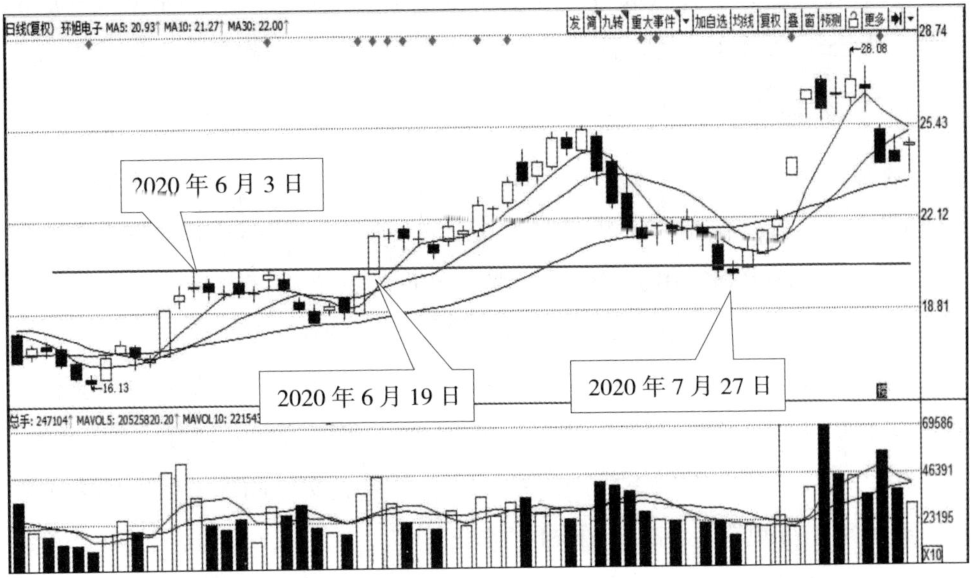

图 3–14　环旭电子（601231）日 K 线走势图

如图 3–14 所示，2020 年 6 月 3 日，环旭电子（601231）的股价创下阶段高点后出现下跌走势。投资者可以该日最高点为基点绘制一条水平线。该股股价随后出现了若干次反弹上涨，但每次上涨至水平线附近时，都因水平线的阻力而下跌。

经过几个交易日的盘整后，6月19日，该股股价放量突破了水平线位置，说明此次突破很可能是真突破。其后股价并未跌破水平线，更加验证了此次突破的真实性。这也说明该水平线对股价的阻力作用已经转化为支撑作用。

7月27日，环旭电子的股价回调至水平线附近，因受水平线的支撑再度上涨，说明这条水平线已经具有较强的支撑作用了。

第四节　利用水平线判断股票买卖点

水平线，是一条反映股价支撑位与阻力位的重要直线。将水平线与底部或顶部形态结合起来分析，往往可以更加准确地判断股票的买卖点。

一、M顶卖点研判

M顶又称双重顶，出现在一段上涨行情的末尾。该形态有两个明显的价格高峰，并且两个高峰的最高点大致处于同一价位上，形状就像一个英文字母“M”。M顶形态发出的是一个行情反转向坏的卖出信号。

利用水平线与M顶形态综合研判股票卖点的方法如下。

第一，投资者可以在M形顶中间回落的低点处画一条水平线。股价如果跌破水平线，就说明股价将要展开一波下跌，投资者最好离场。

第二，股价自高点向下跌破水平线时，如果成交量同步放大，则未来股价下跌的可能性更大。同时，在M顶形态中，如果后一个顶低于前一个顶，那么未来股价下跌的可能性会增大。

第三，M顶两个顶点的相隔周期越长，在顶部的成交量越大，后市下跌的可能性也越大。

第四，M顶的最高点与水平线之间的垂直距离越大，通常表示未来股价下跌的幅度越大。

第五，如果在低价位区域出现与 M 顶类似的形态，那么极有可能是下跌中继的矩形整理形态，这时投资者切勿将其按照 M 顶形态进行操作。

下面看一下天健集团（000090）的案例，如图 3–15 所示。

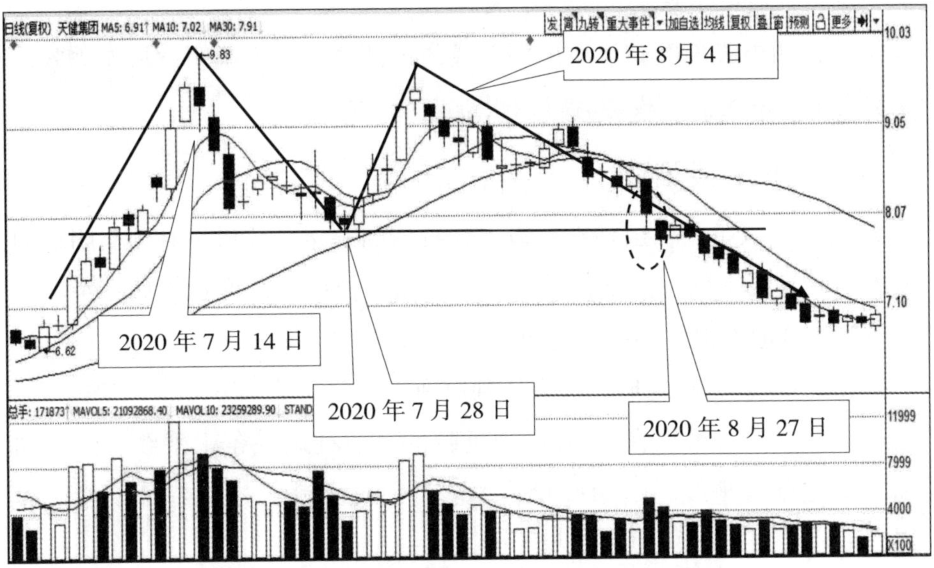

图 3–15　天健集团（000090）日 K 线走势图

如图 3–15 所示，2020 年 7 月—8 月，天健集团（000090）的日 K 线图上出现了 M 顶形态。

2020 年 6 月，振荡整理之后的天健集团的股价开启了新一轮上涨行情。经过一番持续快速上涨，7 月 14 日，该股股价收出一根上影线很长的中阴线。股价也在创出 9.83 元的近期新高后开始回落，从而形成了 M 顶的第一个高峰。

7 月 28 日，该股股价在下跌过程中获得支撑而反弹。但这次反弹持续时间较短，8 月 4 日，该股重新开始向下，形成了第二个高峰。不过这次的高峰低于前一个高峰，并且成交量显著减少，出现 M 顶形态的可能性较大。因此，从第二个顶点下落的过程中，投资者应实施减仓操作以规避风险。此时，投资者可沿着股价反弹向上的拐点位置绘制一条水平线，作为股价强弱的分界线，即若股价跌破此位置则卖出股票。

8 月 27 日，该股股价跌破水平线位置，收出一根大阴线，M 顶构筑完成，这时投资者应该将仓位全部清空。

应用水平线判断 M 顶形态卖点时，应注意以下两点。

第一，在 M 顶形态形成过程中，如果第二个顶的成交量小于第一个顶的成交量，则后续下跌的可能性更大。

第二，如果股价突破该股前期形成的顶部位置，则说明此形态失效，后续走势有上涨的可能，投资者可以跟进买入该股。

二、W 底买点研判

W 底又称双重底，出现在一段下跌行情的末尾。该形态有两个明显的价格低谷，并且两个低谷的最低点大致处于同一价位上，形状就像一个英文字母“W”。该形态发出的是一种行情向好的买入信号。

利用水平线与 W 底形态综合研判股票买点的方法如下。

第一，投资者可以在 W 底中间反弹的高点处画一条水平线。股价如果向上突破这条水平线，说明股价将要展开一波上涨，投资者可以考虑买入股票。

第二，股价自低点向上突破水平线时，如果成交量同步放大，则未来股价上涨的可能性更大。同时，在 W 底形态中，如果后一个底高于前一个底，那么未来股价上涨的可能性会增大。

第三，W 底的两个低点间隔周期越长，说明在底部换手越充分，后市上涨的可能性就越大。

第四，在 W 底形成的过程中，如果第二个低谷的成交量小于第一个低谷的成交量，第二个低点高于第一个低点，则看涨信号更为强烈。

第五，W 底的最低点与水平线之间的垂直距离越大，通常表示未来股价上涨的幅度越大。

第六，如果在高价位区域出现与 W 底类似的形态，那么极有可能形成表示下跌中继的矩形整理形态，这时投资者切勿将其按照 W 底形态进行操作。

下面来看一下长海股份（300196）的案例，如图 3-16 所示。

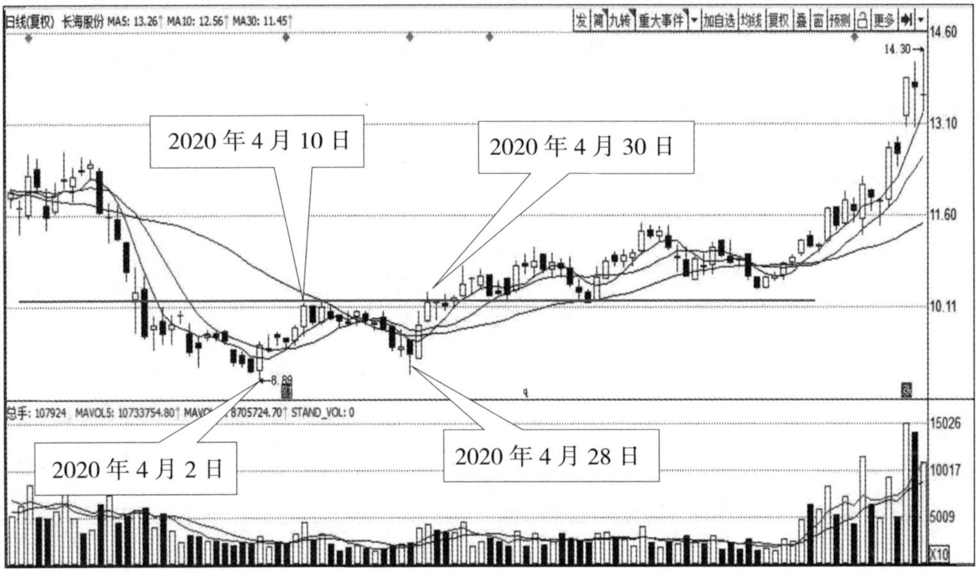

图 3–16　长海股份（300196）日 K 线走势图

如图 3–16 所示，从 2020 年 1 月开始下跌，进入 4 月之后，长海股份（300196）的股价在底部振荡过程中形成了 W 底形态，说明该股有企稳上涨的可能，投资者应保持关注。投资者可以筑底阶段反弹的高点为基点绘制一条水平线，并密切观察股价与水平线的关系，当股价向上突破水平线位置时可以买入股票。

4 月 30 日，该股股价突破了水平线位置，W 底构筑完成。这是一个明确的买入信号，投资者应在当天果断买入。

应用水平线判断 W 底形态买点时，应注意以下两点。

第一，W 底形态尚未形成时，一些经验丰富的投资者便可从中找到买入良机。当股价第二次探底，并且所探得的低点高于前一个低谷的低点时，称为二次探底不破底价。激进的投资者可以把握时机，适量买入，并把前一个低谷的低点设为止损点。

第二，在股价突破水平线后，水平线从阻力位变成支撑位。之后股价可能会对水平线有一个回抽动作，以测试突破的有效性。如果股价在此位置获得支撑，则 W 底形态得到确认，这也是较为明确的买点。

第四章

通道线的画法与买卖点操作技巧

通道线又称平行线或平行通道线，是在达韦斯·尼古拉创立的股票箱理论基础上演变而来的。通道线是以趋势线为核心，由相互平行的阻力线和支撑线组成的一组直线。在股价运行过程中，下跌的低点总是在支撑线上，上涨的高点也总是在阻力线上，并且支撑线和阻力线大致呈平行状态，说明股价运行于一个特定的通道内。

第一节　通道线基本原理

股价运行于通道线内，上涨至通道线上轨时，遇到上轨阻力就会出现下跌走势；下跌至通道线下轨时，遇到下轨支撑就会出现上涨走势。通道线能够发挥阻力与支撑作用，与其基本形态和形成原理有重要的关系。

一、上升通道、水平通道和下降通道

通道线，按照其倾斜的角度可以划分为上升通道、水平通道和下降通道。

1. 上升通道

上升通道由处于上升趋势中的阻力线和支撑线组成，是一组以支撑线为核心的向右上方倾斜的平行线。在股价上涨过程中，遇到通道线上轨后下跌，跌至通道线下轨时反弹向上，如此反复。同时，整个股价运行于上升趋势中，投资者可积极交易。

如图 4-1 所示，飞天诚信（300386）的股价自 2020 年 6 月中旬启动上涨。该股股价在上涨至短期高点后出现回调，回调至短期低点又再次上升，如此反复。同时，上涨时的高点和下跌时的低点都一个比一个高。由该股上涨时高点连接而成的阻力线，与下跌时低点连接而成的支撑线几乎处于平行状态。这两条平行线就构成了该股的上升通道。

此后，该股股价一直运行于该上升通道内，投资者可适当参与高抛低吸式的波段操作。9 月 9 日，该股股价跌破上升通道下轨，说明股价有继续下跌的可能，投资者宜出清股票。

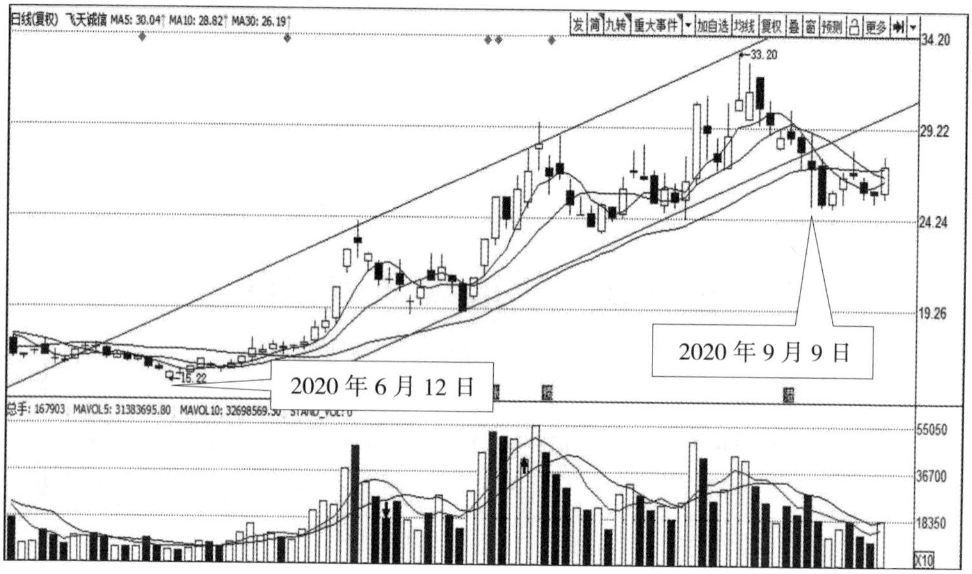

图 4–1　飞天诚信（300386）日 K 线走势图

股价运行于上升通道时，应注意以下几点。

第一，股价在上升通道内运行的时间越长，通道的作用越显著。

第二，股价下跌至通道下轨后遇支撑上升的次数越多，说明下轨的支撑力越强。

第三，股价上涨至通道上轨后遇阻力下跌的次数越多，说明上轨的压力越强。

2. 水平通道

水平通道由处于横向趋势中的阻力线和支撑线组成，是一组水平的平行线。股价在上涨过程中遇到通道线上轨后下跌，跌至通道线下轨时反弹向上，如此反复。同时，股价一直处于横向移动中，投资者可适当参与交易。

如图 4–2 所示，2020 年 3 月 12 日，金陵体育（300651）的股价上涨至阶段高点后，开始振荡整理。在股价振荡过程中，上涨的高点可以连接成一条阻力线，下跌的低点可以连接成一条支撑线，这两条线又构成了一组水平平行线。

此后，该股一直运行于该水平通道内。投资者可以根据个人实战技术水平，选择参与短期交易。6 月 2 日，该股股价低开高走，收出一根大阳线，并且这根大阳线一举突破了该股股价运行的水平通道，这说明股价短期内将启动一波上涨行情。

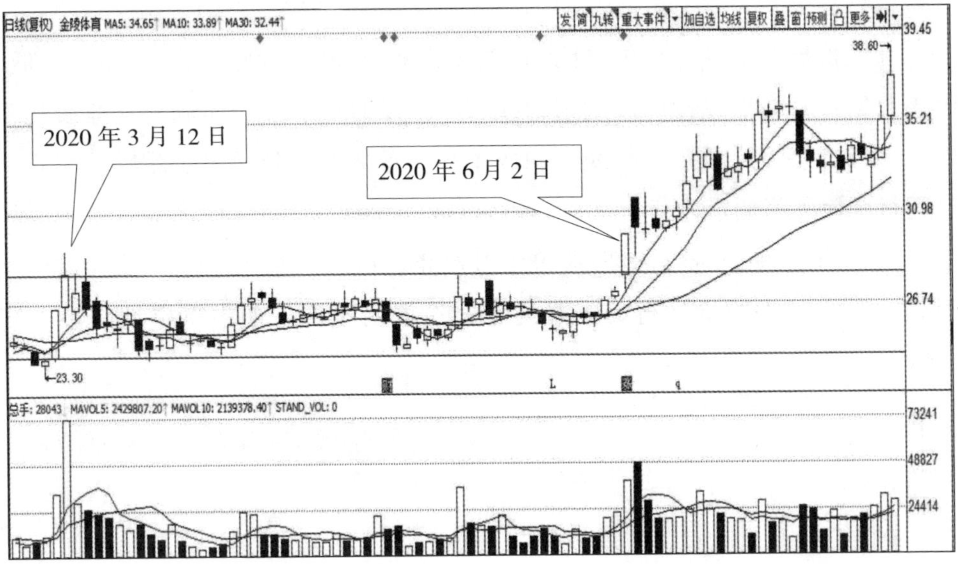

图 4-2　金陵体育（300651）日 K 线走势图

股价运行于水平通道时，应注意以下几点。

第一，股价运行于水平通道内时，说明股价并未确定未来的大趋势，投资者应密切关注股价突破水平通道后的走势。

第二，股价下跌至通道下轨后遇支撑上升的次数越多，说明下轨的支撑力度越强。

第三，股价上涨至通道上轨后遇阻力下跌的次数越多，说明上轨的压力越强。

第四，如果股价上下波动幅度较小，则说明股价处于横盘状态，未来走势具有很大的不确定性。

3. 下降通道

下降通道由处于下降趋势中的阻力线和支撑线组成，是一组以阻力线为核心的向右下方倾斜的平行线。在股价下跌过程中，跌至通道线下轨时反弹向上，遇到通道线上轨后再度下跌，如此反复。同时，整个股价运行于下降趋势中，投资者宜避免交易，保持观望。

如图 4-3 所示，东易日盛（002713）的股价自 2019 年下半年开始进入下跌趋势。

在股价振荡下跌过程中，下跌时的低点和反弹时的高点都一个比一个低。由该股反弹时高点连接而成的阻力线，与下跌时低点连接而成的支撑线几乎处于平行状态，这两条平行线就构成了东易日盛的下降通道。此后，该股一直运行于该下降通道内。

2020 年 2 月 20 日，该股股价平开高走，收出一根大阳线，并且这根大阳线一举突破了股价运行的下降通道，这说明股价短期内将启动一波上涨行情。

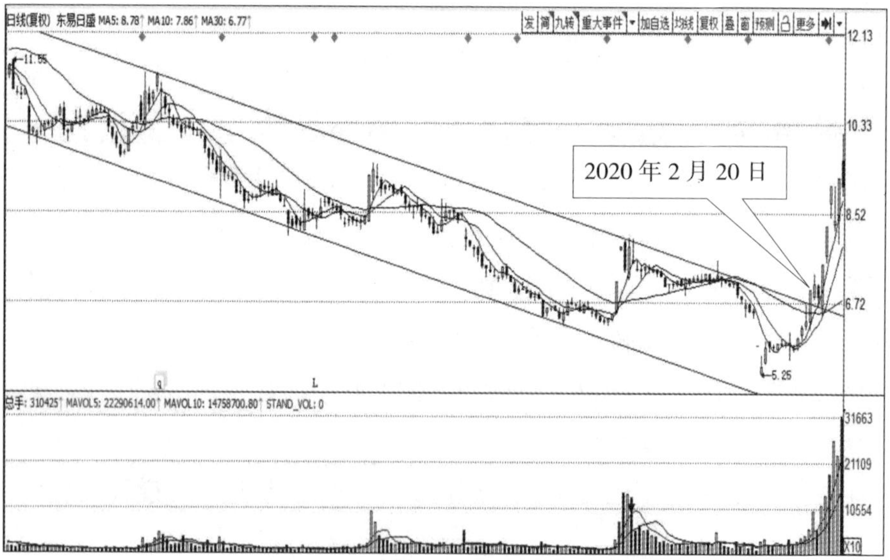

图 4-3　东易日盛（002713）日 K 线走势图

股价运行于下降通道时，应注意以下几点。

第一，股价在下降通道内运行的时间越长，通道的作用越显著。

第二，股价下跌至通道下轨后遇支撑上升的次数越多，说明下轨的支撑力度越强。

第三，股价反弹至通道上轨后遇阻力下跌的次数越多，说明上轨的压力越强。

第四，如果股价在通道内波动幅度不大，投资者应避免买入此类股票。

二、通道线对股市预判的指导意义

通道线本质上属于趋势线的延伸，因而其不仅具有趋势线所具备的指导意义，还拥有趋势线所不具备的作用。

1. 研判股价运行趋势

通道线与趋势线在研判股价运行趋势方面的作用相同。也就是说，通过观察通道线的运行方向，可以很容易地了解股价的运行趋势。

股价在上升通道内运行，反映出股价正处于一种上涨趋势，而且这种趋势还可能继续保持。股价在下降通道内运行，反映出股价正处于一种下跌趋势，而且下跌行情还有可能持续。股价在水平通道内运行，反映出股价正处于横向移动趋势，未来走势具有很大的不确定性。

与趋势线相同，通道线也可以按照周期长短分为长期通道线、中期通道线和短期通道线。在一个长期通道内，也可以包含若干个中期或短期通道。

如图 4-4 所示，2019 年 8 月 15 日，高伟达（300465）创下阶段最低价 6.71 元后开始振荡上涨。此后，该股股价进入一个上升通道中，并维持了较长时间。在此期间，股价不断地振荡调整，数次触及上升通道的上轨线和下轨线。

股价在上升通道运行过程中，也曾出现短期的小规模振荡式上升或下跌，这些小规模的振荡又构成了若干个规模较小的股价整理形态，如下降通道、三角形整理形态等。

长期通道指示的是股价长期的运行趋势，短期通道则反映了股价短期运行趋势。交易者可以根据自己的操盘特点，结合通道指示的未来股价运行方向来制定自己的操盘计划。例如，有的交易者喜欢做短线，只需根据短期通道的形态决定买入、卖出即可，无须考虑长期通道的形态。喜欢做长线投资的，则与之相反。

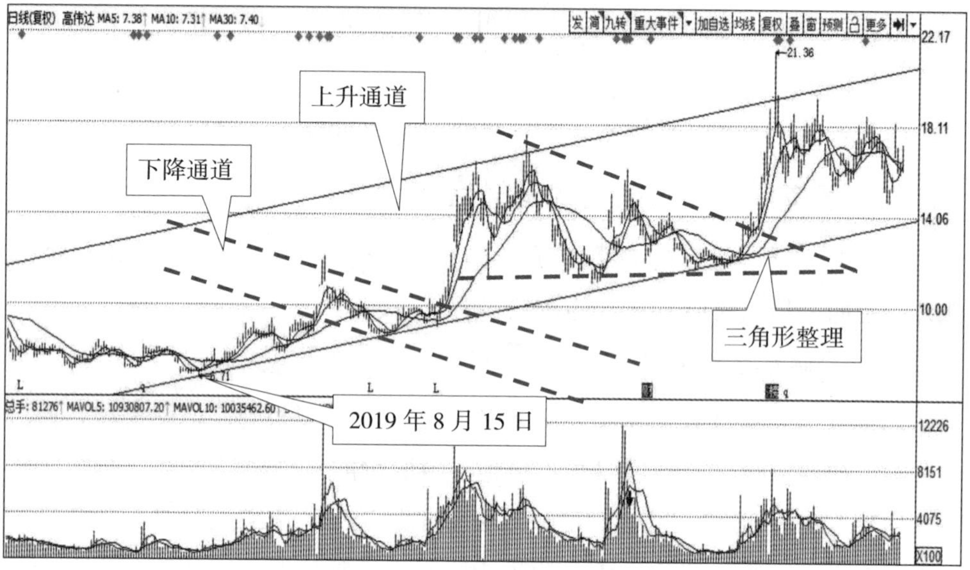

图 4-4　高伟达（300465）日 K 线走势图

2. 阻力位与支撑位判断

判断阻力位与支撑位，是通道线最基本也是最重要的功能之一，这是和水平线功能相似的地方。不过，通道线在某种程度上相当于水平线的升级和强化。通道线为股价设定了动态的阻力位和支撑位，这些阻力位与支撑位在一定程度上影响着股价上涨或下跌的空间与幅度。

一只股票如果运行于通道线内，那么投资者买入前就可以对其运行趋势、阻力位和支撑位的情况有所掌握，极大地提升投资的成功率。

3. 股价波动范围判断

股价波动范围，是通道线特有的功能之一。通道线的上轨和下轨呈平行状态排列，一旦股价进入通道范围内运行，那么其波动的高点和低点就相对容易判断了。当然，股价波动范围还与通道线倾斜的角度、股价上涨或下跌的速度有关。这一点我们在后面的章节中将详细讲述。

三、通道线的形成原理

通道线是以趋势线为核心构造出来的，因此决定了其运作机理与趋势线大同小异。多空博弈以及心理作用都是其形成的原因，不过形成通道线还有一个独特的原因——主力或庄家有意为之。

通常情况下，一只股票的股价沿通道线有秩序的上升，说明庄家已经掌握了大部分筹码，并且开始拉升股价了。沿通道线上升，相比直线式拉升更加隐蔽且更容易。

庄家或主力拉升股价到一定高度后，抛盘必然增多。这时庄家继续拉升就会比较费劲，而且耗费成本较高。此时庄家会选择主动打压股价，一方面可以加速松动筹码的换手，另一方面也可以降低一定的控盘成本。

当股价降低一定幅度后，庄家再次拉升时，就会相对比较容易。同时，新进入的接盘者往往对股价有更高的期待，庄家也就更容易把股价拉升至更高的高度。当然，庄家主动打压股价时，绝对不会让股价降低到前期低点的位置，以免引起其他主力入场抢筹。

正因如此，就会看到股价每前进一大步，总要后撤一小步。整体上看，股价就如同运行在上升通道中一样。

下降通道与平行通道的形成机理与此相似，只不过下降通道是庄家为了给散户一些希望，促使其在高位接盘。平行通道则是庄家为了迷惑散户，使其辨不清股价突破的方向。

第二节　通道线的画法及指导意义

通道线主要分为上升通道线、平行通道线和下降通道线 3 种。

一、上升通道线的画法及指导意义

上升通道线的绘制与上升趋势线的画法相似，主要包括以下两个步骤。

第一，选择上升趋势中的两个关键低点画一条直线，这条直线就是上升通道线的下轨，也是股价的上升趋势线。

第二，以股价上升的关键高点为基点，画一条与上升趋势线平行的直线，这条直线就是上升通道线的上轨。

这组平行线，就构成了一个上升通道，如图 4–5 所示。

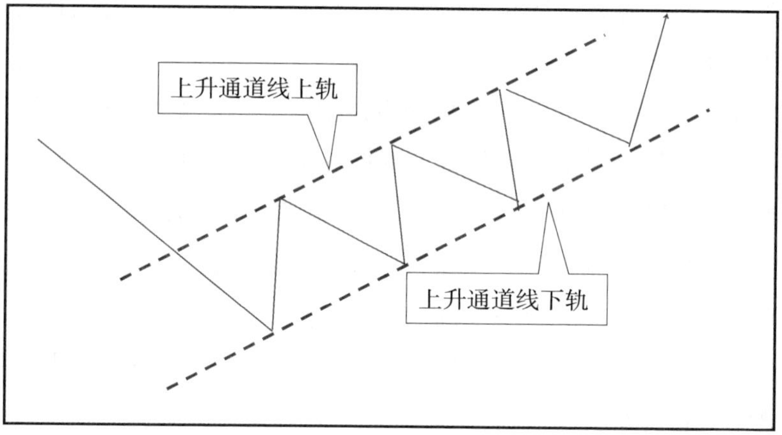

图 4–5　上升通道线示意图

1. 绘制上升通道线时应注意的问题

第一，上升通道线的下轨必须严格按照上升趋势线的画法绘制。

第二，上升通道线的上轨，需要选择已经出现的比较具有代表性的高点，并且选择此高点所画的与下轨平行的直线，能够恰好通过已经形成的其他高点。

第三，新绘制的上升通道线上轨与下轨理论上应该是平行的，但在实际应用中允许出现一定的误差。

2. 上升通道线的指导意义

利用上升通道线指导投资交易时，应注意观察以下几点。

第一，股价 K 线是否能够与通道线切合。也就是说，只有股价上涨时遇到通道线上轨后出现回落，股价下跌时遇到下轨线支撑而上涨，才能认定该通道线具有显著的支撑与阻力作用。

第二，向上突破通道线。股价向上突破通道线，说明股价有加速上涨的可能，投资者可以考虑加仓。

第三，向下突破通道线。股价向下跌破通道线，说明股价有偏离上升通道的可能，但并不意味着股价一定会下跌。

第四，防范假突破。股价突破通道线后，如果迅速回落至通道线区域内，则视为突破失败或假突破，投资者可继续按原计划操盘。

下面来看一下百润股份（002568）的案例，如图 4-6 所示。

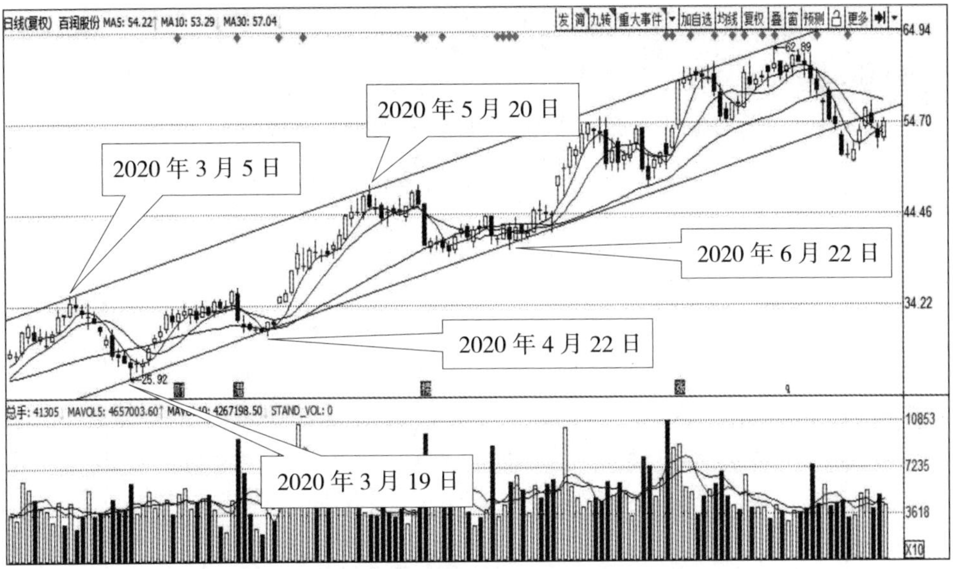

图 4-6　百润股份（002568）日 K 线走势图

如图 4-6 所示，百润股份（002568）的股价自 2020 年 2 月初启动一波上涨行情。随后，该股股价一直处于振荡上涨状态，股价上涨的高点一个比一个高，股价下跌的低点也一个比一个高。

按照上升通道线的画法，可以将该股回落的低点（3 月 19 日和 4 月 22 日）连接成一条上升趋势线。6 月 22 日的低点确认该趋势线有效。至此，上升通道的下轨完成绘制。

接着按照平行线的画法，绘制上升通道的上轨线。以 5 月 20 日的高点为基点绘制上升通道的上轨（以该点为基点画平行线，能够通过尽可能多的高点）。至此，上升通道线全部绘制完成。投资者可利用此通道准确把握股价运行趋势，并找准股价的买卖点。

二、水平通道线的画法及指导意义

水平通道线实质上是由两条水平线组成的，即一条阻力线和一条支撑线。其具体绘制方法与上升通道线相似，包括两个步骤。

第一，选择横向趋势中的一个关键低点，画一条水平线，这条直线应该通过尽可能多的回调低点，也就是一条支撑线或者水平趋势线。

第二，以股价上升的关键高点为基点，画一条水平线，这条直线就是水平通道的上轨。

这组平行线，就构成了一个水平通道线，如图 4–7 所示。

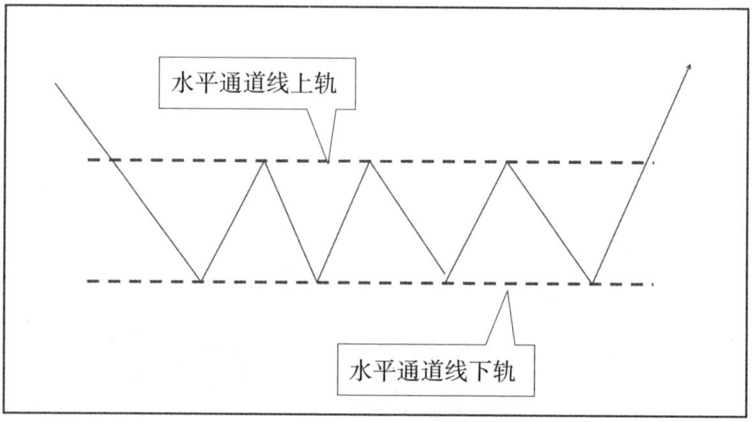

图 4–7　水平通道线示意图

1. 绘制水平通道线时应注意的问题

第一，水平通道线的下轨必须严格按照趋势线和水平线的画法绘制。

第二，水平通道线的上轨，需要选择已经出现的比较具有代表性的高点，并且选择此高点所画的与下轨平行的直线，能够恰好通过已经形成的其他高点。

第三，新绘制的通道上轨线理论上应该是与下轨线平行的，但在实际应用中允许出现适当的误差。

2. 水平通道线的指导意义

利用水平通道线指导股票交易时，应注意观察以下几点。

第一，股价 K 线是否能够与通道线切合。也就是说，只有股价上涨时遇到通道线上轨后出现回落，股价下跌时遇到下轨线支撑而上涨，才能认定该通道线具有显著的支撑与阻力作用。

第二，向上突破通道线。股价向上突破通道线，说明股价有加速上涨的可能，投资者可以考虑加仓。

第三，向下突破通道线。股价向下跌破通道线，说明股价有下跌的可能，投资者可减仓或清仓。

下面来看一下宜昌交运（002627）的案例，如图 4-8 所示。

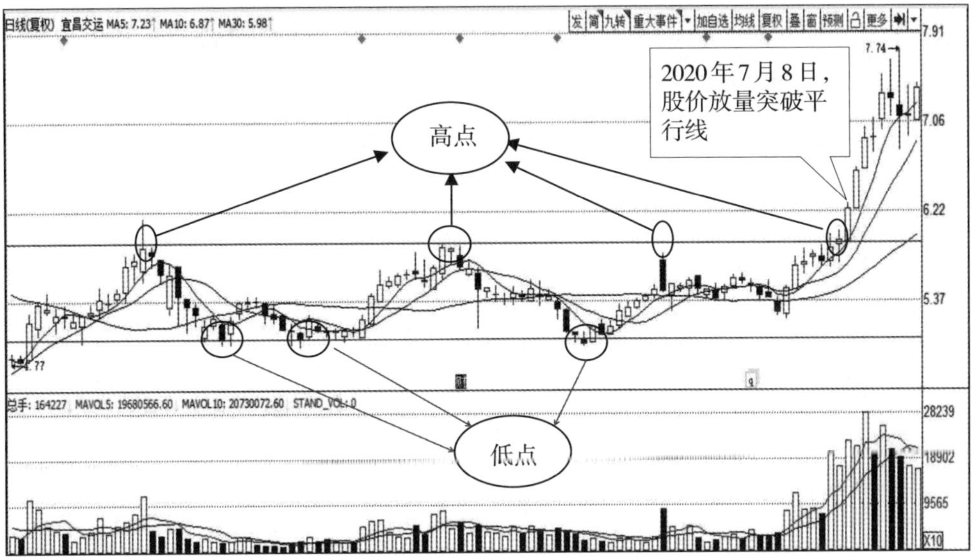

图 4-8　宜昌交运（002627）日 K 线走势图

如图 4-8 所示，宜昌交运（002627）的股价从 2020 年 2 月初开始走出了一波上涨行情，股价在上涨过程中形成了一个平行通道。

2020 年 2 月初，宜昌交运的股价启动了一波上涨行情。随后该股股价一直处于振荡盘整状态，股价上涨的高点非常接近，股价下跌的低点也很接近。

按照水平通道线的画法，可以某个回落的低点为基点绘制一条水平线，即支撑线。然后再选择众多高点中的一个画水平线，即阻力线。至此，水平通道的双轨线绘制完成。投资者可以在股价上涨到水平通道上轨位置时卖出股票，在股价下跌到水平通道下轨位置时买入股票，如此进行波段操作。

7 月 8 日，该股股价携量向上突破了水平通道位置，说明该股可能有一波较大的涨幅，投资者宜迅速加仓买入股票。

三、下降通道线的画法及指导意义

下降通道线的绘制与下降趋势线的画法相似，主要包括以下两个步骤。

第一，选择下降趋势中的两个关键反弹高点画一条直线，这条直线是下降通道的上轨线，也就是股价的下降趋势线。

第二，以股价下跌的关键低点为基点，画一条与下降趋势线平行的直线，这条直线就是下降通道的下轨线。

这组平行线，就构成了一个下降通道线，如图 4–9 所示。

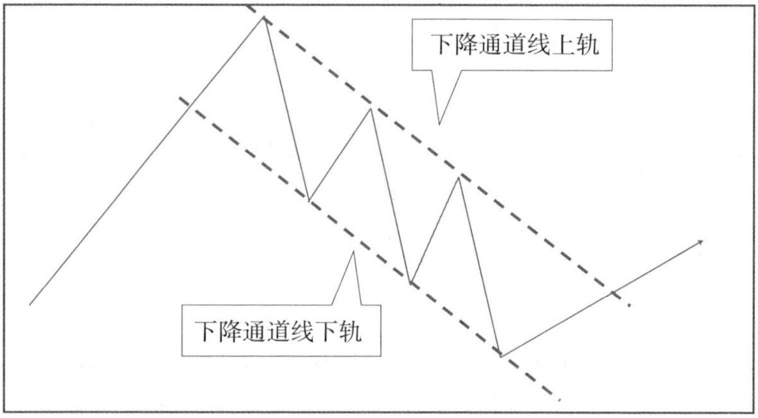

图 4–9　下降通道线示意图

1. 绘制下降通道线时应注意的问题

第一，下降通道线的上轨必须严格按照下降趋势线的画法绘制。

第二，下降通道线的下轨，需要选择已经出现的比较具有代表性的低点，并且选择此低点所画的与上轨平行的直线，能够恰好通过已经形成的其他低点。

第三，新绘制的下降通道上轨线理论上应该是与下轨线平行的，但在实际应用中允许出现一定的误差。

2. 下降通道线的指导意义

利用下降通道线指导股票交易时，应注意观察以下几点。

第一，理论上，当股价处于下降通道时，应避免买入股票。即使逆势交易可能存在一定的利润也应如此，毕竟这样操作的风险和收益是不成比例的。

第二，向上突破通道线。股价向上突破通道线，说明股价有结束下降趋势的可能，投资者宜保持关注。

第三，向下突破通道线。股价向下跌破通道线，说明股价有加速下跌的可能。

第四，防范假突破。股价突破通道线后，如果迅速回落至通道线区域内，则视为突破失败或假突破，投资者可继续保持观望。

下面来看一下平安银行（000001）的案例，如图 4-10 所示。

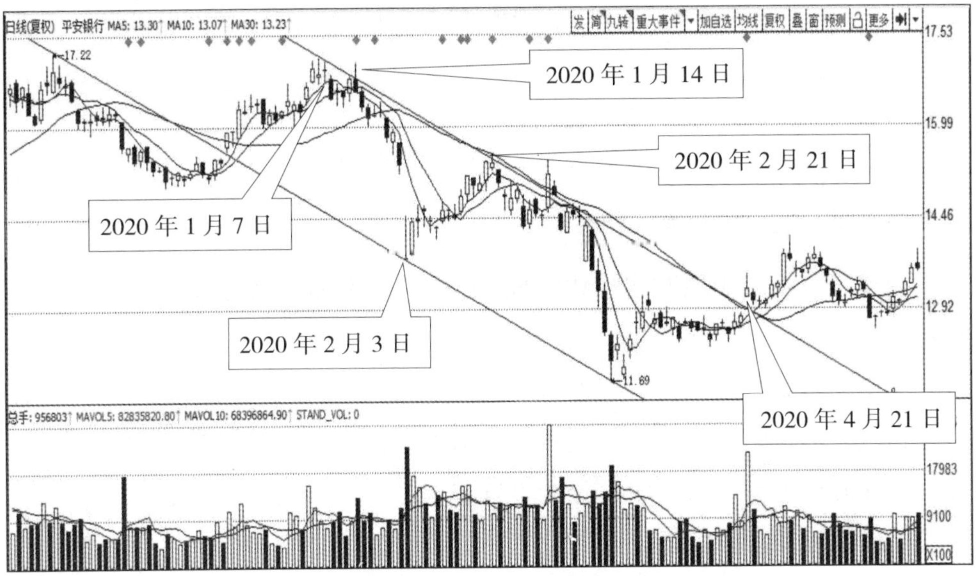

图 4-10　平安银行（000001）日 K 线走势图

如图 4-10 所示，平安银行（000001）的股价在 2019 年 11 月 5 日到达阶段高点 17.22 元。随后该股股价一直处于振荡下跌状态，股价下跌的低点一个比一个低，股价反弹的高点也一个比一个低。

按照下降通道线的画法，可以将该股下跌时反弹的高点（2020 年 1 月 7 日和 1 月 14 日）连接成一条下降趋势线。2020 年 2 月 21 日的高点确认该趋势线有效。至此，下降通道的上轨线绘制完成，接着按照平行线的画法绘制下降通道的下轨线。

以 2020 年 2 月 3 日的低点为基点绘制下降通道的下轨线。这样，一条下降通道线的绘制就完成了。投资者可以利用此通道准确把握股价运行的趋势。

4 月 21 日，平安银行的股价向上突破平行通道的上轨线。此后该股股价结束下行，开始进入上行通道。

第三节　通道线的研判

对通道线的研判，主要包括股价运行趋势和突破的识别两方面。

一、股价运行趋势研判

通道线是由阻力线与支撑线组成的，因而其倾斜的角度也能够反映出股价运行的趋势。

利用通道线判断股价运行趋势的方法如下。

第一，股价运行于上升通道内，则表明股价正处于上升趋势中；股价运行于下降通道内，则表明股价处于下跌趋势；股价运行于水平通道内，则说明股价正处于横盘振荡趋势。

第二，若股价脱离原运行通道（向上或向下突破通道线），则说明股价有改变运行趋势的可能。不过这仅仅是一种可能，有时股价只是改变一下运行的速度而已。

下面来看一下中飞股份（300489）的案例，如图 4-11 所示。

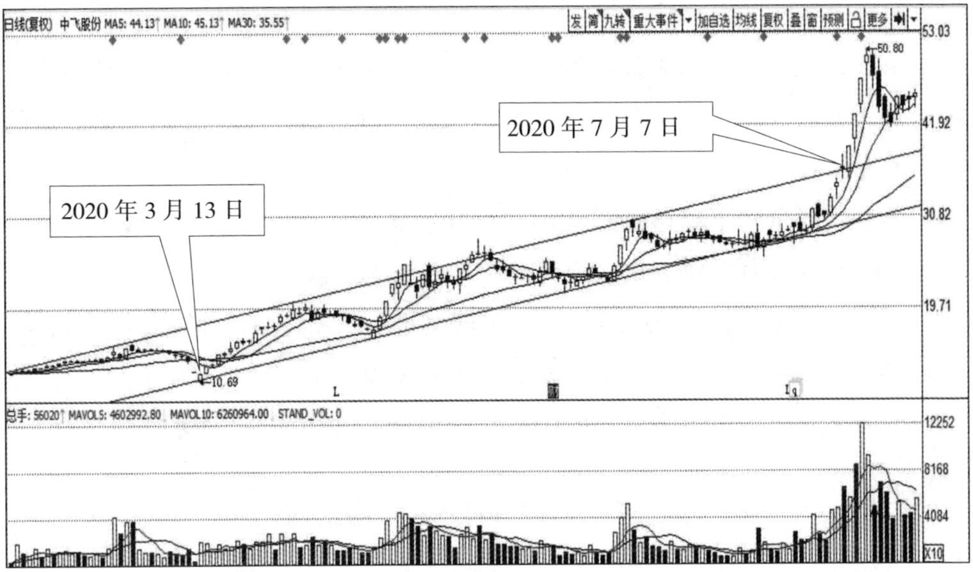

图 4-11　中飞股份（300489）日 K 线走势图

如图 4-11 所示，中飞股份（300489）的股价自 2020 年 3 月 13 日开始进入振荡上升周期。在上涨过程中，该股股价始终处于上升通道线区域内。股价快速上涨时，遇通道线上轨后回调；股价回调时，遇通道线下轨反弹向上。

在此期间，股价回调的低点一个比一个高，而且通道线向右上方倾斜，说明股价始终处于上涨趋势中。

直至 7 月 7 日，股价向上突破通道线上轨，说明股价已经进入加速上涨周期，持股投资者可继续持股待涨，直至出现卖出信号再卖出。

二、突破的识别

与其他阻力线和支撑线相似，股价若能有效突破通道线的上轨或下轨，可能引发股价运行趋势的改变。正因如此，有效识别真突破还是假突破就显得尤为重要了。

股价有效突破通道线的判断标准包括以下几条。

第一，股价跌破通道线下轨或向上突破通道线上轨，并且 3 个交易日没有重回通道线区域。

第二，股价向下跌破通道线下轨或向上突破通道线上轨，并且跌幅或涨幅达到 3 个百分点，成交量出现明显放大态势（1 倍以上），则说明此时的突破为真突破。

第三，股价向下跌破通道线出现反弹走势，并且反弹至通道线下轨时，因通道线下轨阻力重新下跌，说明此次突破为真突破。

第四，股价向上突破通道线后出现回调走势，并且回调至通道线上轨时，因通道线上轨的支撑重新上涨，说明此次突破为真突破。

下面来看一下供销大集（000564）的案例，如图 4-12 所示。

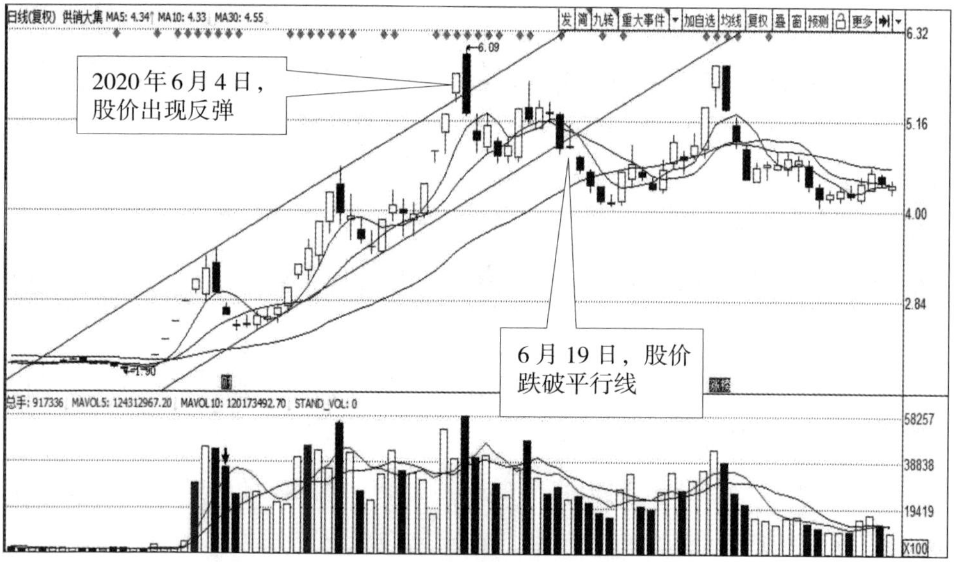

图 4-12　供销大集（000564）日 K 线走势图

如图 4-12 所示，供销大集（000564）的股价从 2020 年 4 月中旬开始启动了一波上涨行情。在上涨过程中，股价走出了一组由平行线构成的上升通道线。

在该股股价反弹过程中，股价每次上涨到平行线上沿都因遇到阻力而下跌，每次下跌到平行线下沿又因受到支撑而上涨。投资者如果此时持有该股，可以继续持仓。

2020年6月4日，该股股价向上突破了通道线上轨，不过次日股价又重新回到通道内部，说明此次突破为假突破。6月19日，该股股价向下跌破了上升通道线下轨，并且此后没有回归的迹象，说明该股可能有一波较大的跌幅，投资者宜迅速卖出股票。

其后该股股价出现了反弹走势，但反弹至上升通道线下轨附近时，因遇到下轨线的阻力重新下跌，更加说明了股价将进入下行通道。

第四节　通道线与波段操作

很多投资者喜欢在股价运行于通道线区域时进行波段操作。事实上，并不是所有运行于通道线内的股票都适合波段操作。投资者能否进行波段操作，取决于通道线倾斜的角度以及通道线的宽度等因素。

一、通道线倾斜角度

如果某只股票的股价走势符合通道线的走势，那么判断波段买卖点就会变得非常容易。当股价上涨到通道线上轨附近时卖出，当股价下跌到通道线下轨附近时买入。

如图4–13所示，容大感光（300576）的股价从2020年5月中旬起就一直运行在上升通道内，股价上下波动幅度较大，投资者可以进行波段操作，以博取股价波动带来的利润。

买入股票之前，需要将该股的止损位设置在下轨处，一旦股价跌破下轨，投资者必须迅速卖出股票，以防止带来更大的损失。

从图中可以看出，容大感光的股价从2020年5月底到9月中旬这一段时间内，几次触及上轨，又几次触及下轨，却一直运行在上升通道内。投资者在此期间可以进行多次波段操作。

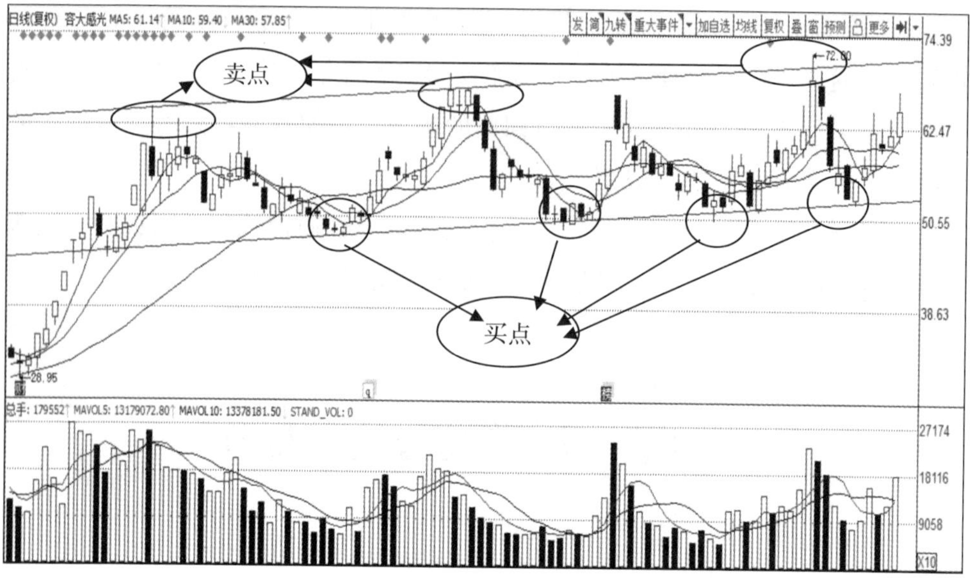

图 4-13　容大感光（300576）日 K 线走势图

并不是所有通道线的方向都是向上的，有时也会出现向下倾斜的通道线，这时投资者进行波段操作时，风险就会非常大。

如图 4-14 所示，新雷能（300593）的股价从 2020 年 3 月 11 日开始展开了一波下跌走势。在下跌过程中，股价一直运行在一个平行的通道内。股价下跌到下轨时，因受到支撑出现一波小的反弹。再反弹到上轨附近时，又遇到阻力重新下跌。

仔细观察这只股票的走势可以发现，虽然该股也运行在平行通道内，但股价趋势是下跌的。同时，由于下跌通道过于狭窄，也不具有波段操作的空间。也就是说，投资者如果利用高抛低吸的方法操作该股票，利润十分有限，有时还可能出现亏损，所以投资者最好远离下跌通道线中的股票。

由此可见，在选择波段操作的股票时，投资者一定要看好通道线的方向，只有选择上升通道线内的股票，才有可能获得较好的利润。

与此同时，投资者还应注意两点。

一是股价向上突破通道线上轨，往往意味着股价上涨的速度将加快，投资者应立即跟进买入股票。

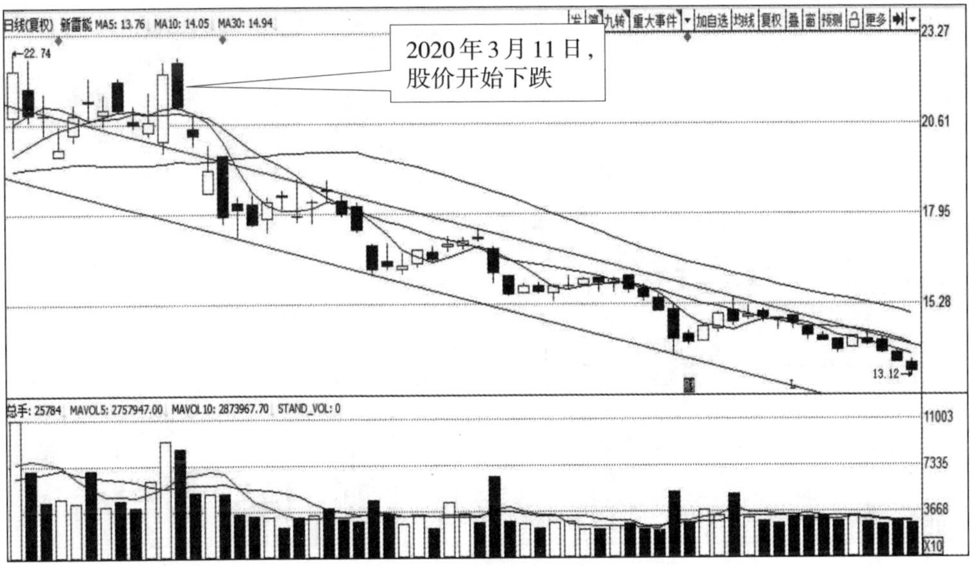

图 4–14 新雷能（300593）日 K 线走势图

二是股价向下跌破通道线下轨，则意味着股价下跌的速度将加快，投资者应立即卖出股票。

二、通道线的宽度：波段利润的决定因素

很多时候，即使股价处于上升通道线内，若进行波段操作，投资者仍然难以盈利，这是由于通道线宽度不够造成的。也就是说，如果股价上下波动的幅度较小，通道宽度较窄，那么投资者可操作的空间就会大打折扣。

先来看一下高新发展（000628）的案例，如图 4–15 所示。

如图 4–15 所示，高新发展（000628）的股价自 2020 年 5 月 25 日开始启动了一波振荡上升走势。在上升过程中，该股股价始终处于上升通道线区域内。

在上升过程中，该股股价几乎没有经历过幅度较大的回调，也没有出现过加速上涨的情况，因而通道线非常狭窄。投资者若想从事波段操作，获利将十分有限，而且还有可能错过股价突然上涨带来的利润。由此可见，该股并不适合进行波段操作。

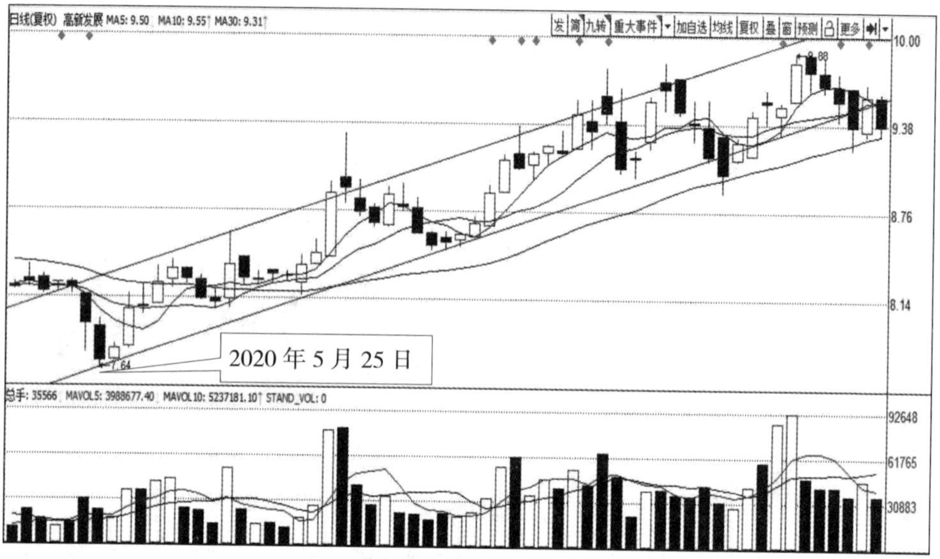

图 4–15　高新发展（000628）日 K 线走势图

再来看一下天龙集团（300063）的案例，如图 4–16 所示。

如图 4–16 所示，天龙集团（300063）的股价自 2020 年年初开始启动了一波振荡上升走势。在上升过程中，该股股价始终处于上升通道线区域内。

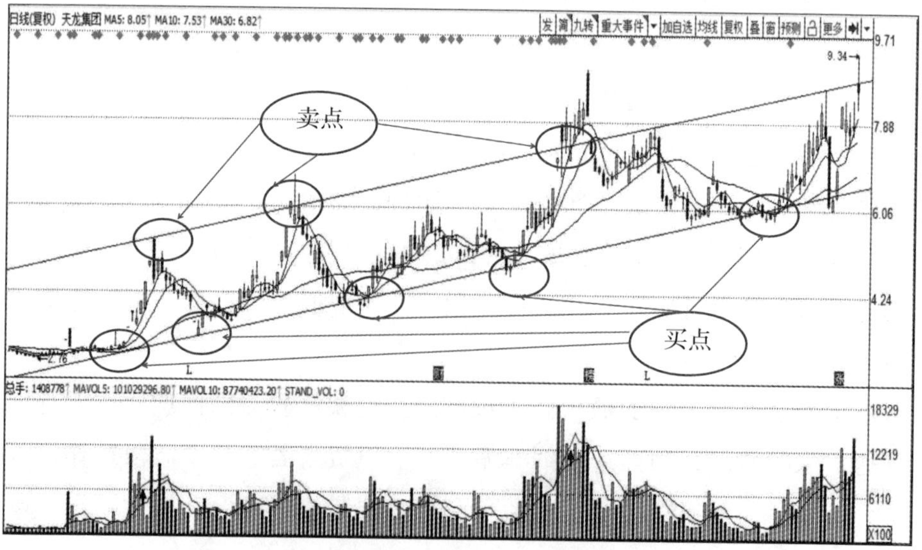

图 4–16　天龙集团（300063）日 K 线走势图

在上升过程中，该股股价不断出现回调和加速上涨走势，使得该股的上升通道线较宽，说明该股非常适合进行波段操作。

投资者若想从事波段操作，只需按照图中标示的买点与卖点进行操作，获利会十分可观。

第五节　利用通道线判断目标价位

通道线不仅能够揭示股价上涨或下跌的阻力位和支撑位，而且在与某些特定形态结合分析时，还能够大致预测股价上涨或下跌的目标价位。

一、利用通道线预测 M 顶的跌幅

M 顶形成后，股价往往会有一段距离的跌幅。很多证券研究者认为，M 顶形成后的跌幅与 M 顶形成过程中的波动幅度有关。

具体预测方法如下。

第一，投资者可沿 M 顶顶点与回调低点绘制一组通道线。

第二，假设 M 顶顶点到下轨线之间的距离为 R，那么当股价自下轨线下跌到 R 的整数倍距离时，就会受到一定的支撑。有的股票振荡之后会跌破支撑位，有的股票则会出现反弹向上走势。

第三，有时股价跌破下轨线之后，继续下跌的距离不会正好与下轨线到 M 顶顶点的距离相等，而是其距离的若干倍。如图 4–17 所示。

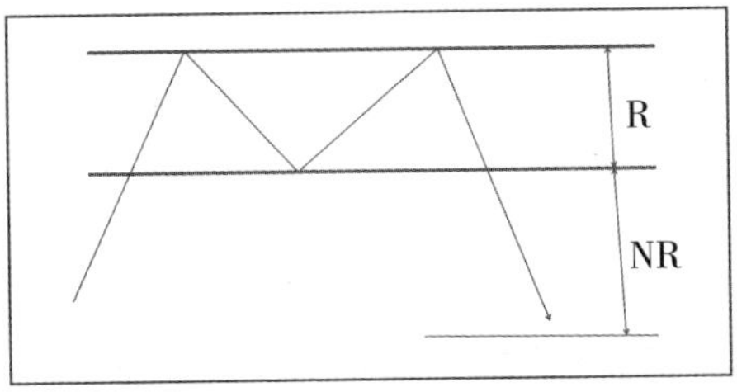

图 4–17　M 顶下跌目标价位预测示意图

下面看一下杭氧股份（002430）的案例，如图 4–18 所示。

如图 4–18 所示，2020 年 1 月 17 日，杭氧股份（002430）的股价在经历几个交易日的缓慢爬升后，出现了加速上涨走势。上涨几个交易日后，创下一个高点然后向下运行。股价下跌几个交易日后再次上涨，之后又再次下跌，使股价走出了 M 形顶部形态。

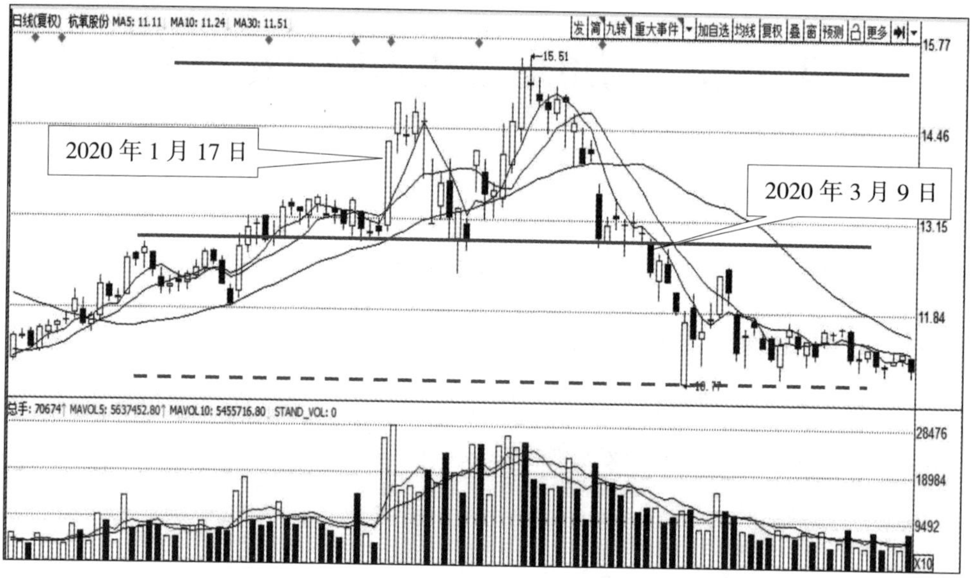

图 4–18 杭氧股份（002430）日 K 线走势图

投资者可以在股价回落转向向上的位置画一条水平直线，同时在 M 顶高点位置画一条与其平行的直线，这就组成了一组通道线。3 月 9 日，该股股价跌破了回落转向位置的通道下轨线，预示股价还将进一步下跌。

股价跌破下轨线之后，一般要到下轨线与最高点之间距离的整数倍位置才会企稳。杭氧股份就是在下轨线与最高点之间距离的 1 倍处出现了反弹。

应用平行通道线判断 M 形顶突破后的下跌目标价位时，应注意以下两点。

第一，一般情况下，下轨线与 M 顶顶点之间的距离越大，股价跌破下轨线之后下跌的幅度也越大。

第二，每当股价下跌到下轨线与 M 顶最高点之间距离的整数倍时，都应该特别注意。一旦股价出现上涨趋势，投资者可以立即建仓。

二、利用通道线预测 W 底的涨幅

W 底形成后，股价往往会有一段距离的涨幅。通常情况下，W 底形成后的涨幅与 W 底形成过程中的波动幅度有关。

具体预测方法如下。

第一，投资者可沿 W 底最低点与反弹高点绘制一组平行通道线。

第二，假设 W 底最低点到上轨线之间的距离为 R，那么当股价自上轨线位置上涨到 R 的整数倍距离时，就会遇到一定的阻力。有的股票振荡之后会继续上涨，有的股票则会出现回调走势。

第三，有时股价向上突破上轨线之后，继续上涨的距离不会正好与上轨线位置到 W 底最低点的距离相等，而是其距离的若干倍。如图 4–19 所示。

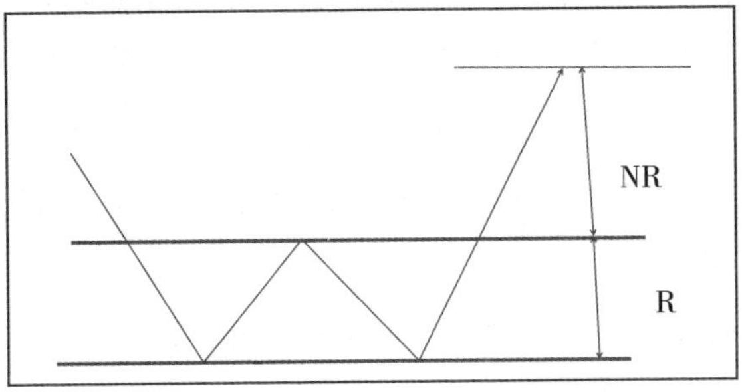

图 4–19　W 底上涨目标价位预测示意图

下面来看一下新华传媒（600825）的案例，如图 4–20 所示。

如图 4–20 所示，新华传媒（600825）的股价从 2020 年 1 月中旬开始加速下跌。股价在下跌的末尾阶段经常以跌停价报收，说明空方实力强大。

此后，该股股价在底部振荡过程中形成了 W 底形态，说明该股有企稳上涨的可能，投资者应保持关注。

4 月 3 日，该股股价突破了通道线上轨位置，W 底形态构筑完成。这是一个明确的买入信号，投资者应在当天果断买入。

该股股价突破颈线位之后，一般要到上轨线与最低点之间距离的整数倍位置才会遇阻下跌。新华传媒就是在上轨线与最低点距离的两倍位置处出现了下跌。

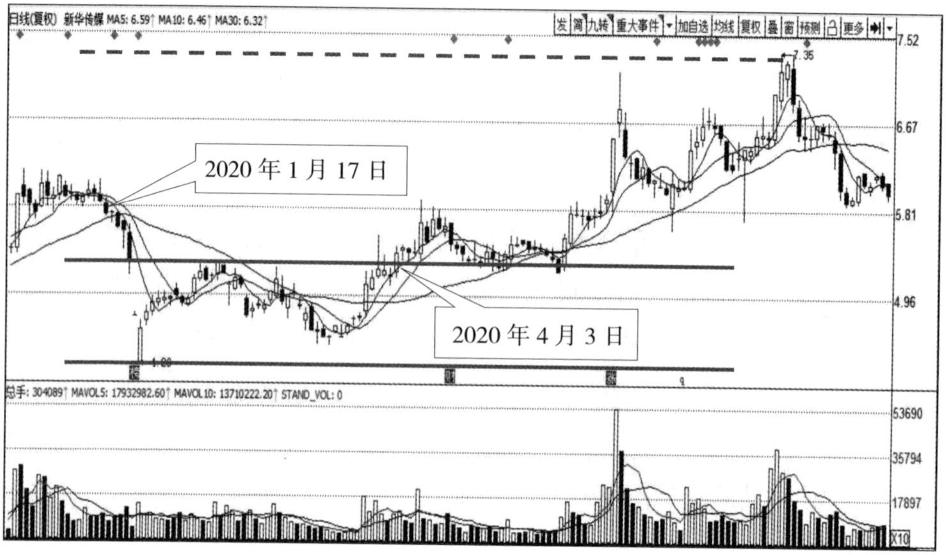

图 4-20　新华传媒（600825）日 K 线走势图

应用平行线判断 W 底突破后的上涨目标价位时，应注意以下两点。

第一，一般情况下，上轨线与 W 底最低点之间的距离越大，股价突破上轨线之后上涨的幅度也越大。

第二，每当股价上涨到上轨线与 W 底最低点之间距离的整数倍时，都应该特别注意。一旦股价出现下跌走势，投资者需要立即卖出股票。

三、利用通道线预测头肩顶的跌幅

头肩顶形成后，股价往往会有一段空间的跌幅。通常情况下，头肩顶形成后的跌幅与头肩顶形成过程中的波动幅度有关。

具体预测方法如下。

第一，投资者可沿头肩顶顶点与颈线绘制一组通道线。

第二，假设头肩顶顶点到颈线之间的距离为 R，那么当股价自颈线位置下跌到 R 的整数倍距离时，就会受到一定的支撑。有的股票振荡之后会跌破支撑位，有的股票则会出现反弹向上走势。

第三，有时股价跌破颈线位之后，继续下跌的距离不会正好与颈线位置到头肩顶顶点的距离相等，而是其距离的若干倍。如图 4-21 所示。

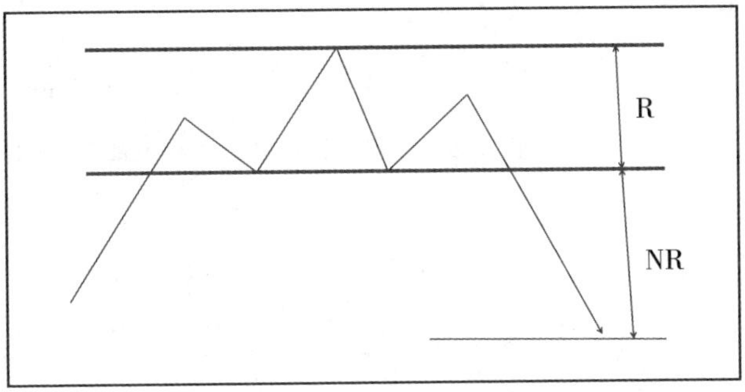

图 4-21　头肩顶下跌目标价位预测示意图

下面看一下 *ST 金正（002470）的案例，如图 4-22 所示。

如图 4-22 所示，2020 年 3 月下旬，*ST 金正（002470）的股价收出一根小十字线后，启动了一波上涨行情。

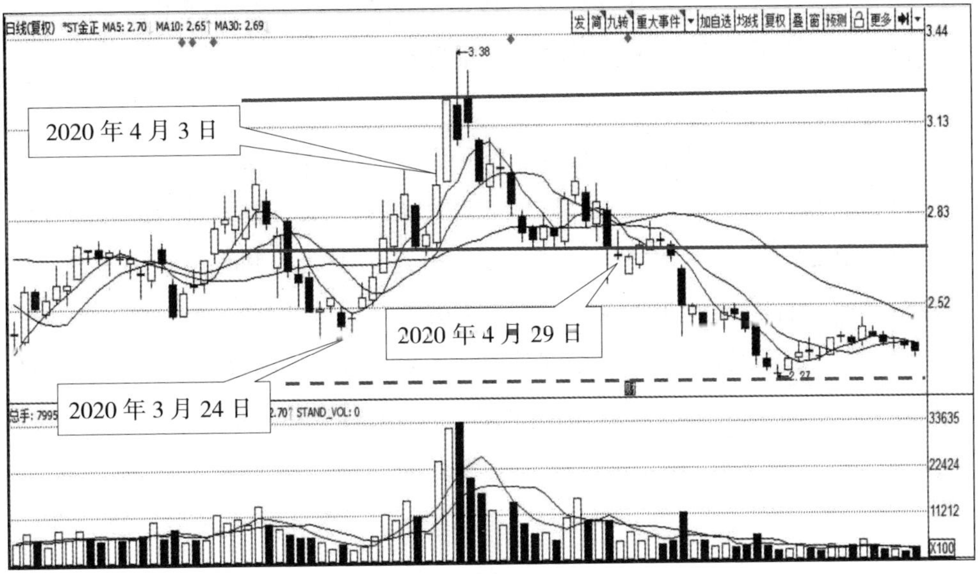

图 4-22　*ST 金正（002470）日 K 线走势图

4 月 3 日，该股在经历了几个交易日的缓慢爬升后，出现了加速上涨迹象。经过几个交易日的上涨后，创下一个高点后向下运行。股价下跌几个交易日后再次上涨。如此反复几次，使股价走出了头肩顶形态。

投资者可以在股价回落转向向上位置处画一条颈线。4 月 29 日，该股股价跌破了颈线，预示股价还将进一步下跌。

该股股价跌破颈线位之后，一般要到颈线与头肩顶头部高点之间距离的整数倍位置才会企稳。*ST 金正就是在颈线与头部高点距离的 1 倍处出现了振荡反弹。

应用平行线判断头肩顶目标价位时，应注意以下两点。

第一，一般情况下，颈线与头肩顶最高点之间的距离越大，股价突破颈线之后下跌的幅度也越大。

第二，每当股价下跌到颈线与头肩顶最高点距离的整数倍时，都应该特别注意。一旦股价出现上涨走势，投资者可以立即建仓。

四、利用通道线预测头肩底的涨幅

形成头肩底后，股价往往会有一段距离的涨幅。通常情况下，头肩底形成后的涨幅与头肩底形成过程中的波动幅度有关。

具体预测方法如下。

第一，投资者可沿头肩底最低点与颈线绘制一组通道线。

第二，假设头肩底最低点到颈线之间的距离为 R，那么当股价自颈线位置上涨到 R 的整数倍距离时，一般会遇到一定的阻力。有的股票振荡之后会突破阻力位，有的股票则会出现反转向下的走势。

第三，有时股价向上突破颈线位之后，继续上涨的距离不会正好与颈线位置到头肩底最低点的距离相等，而是其距离的若干倍。如图 4-23 所示。

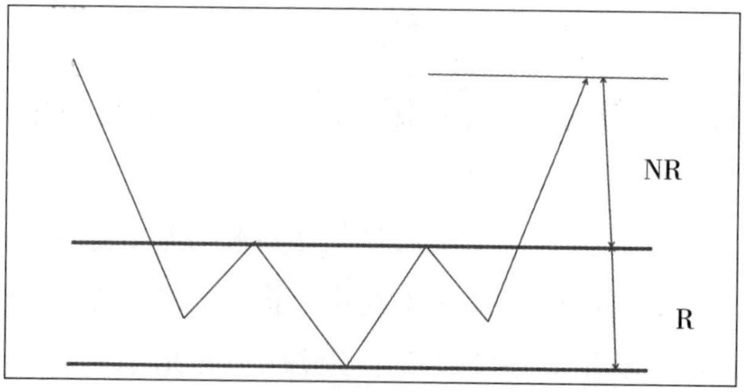

图 4-23　头肩底上涨目标价位预测示意图

下面看一下中密控股（300470）的案例，如图 4–24 所示。

如图 4–24 所示，2020 年 3 月，中密控股（300470）的股价进入了下跌行情。3 月中旬，该股股价开始向上反弹，从而形成了头肩底的左肩。经过两个交易日的反弹后，中密控股的股价又出现下跌。4 月 22 日，该股创出近段时间的最低价 22.81 元，然后探底反弹，形成一个头部形态。接着又走出了右肩形态。

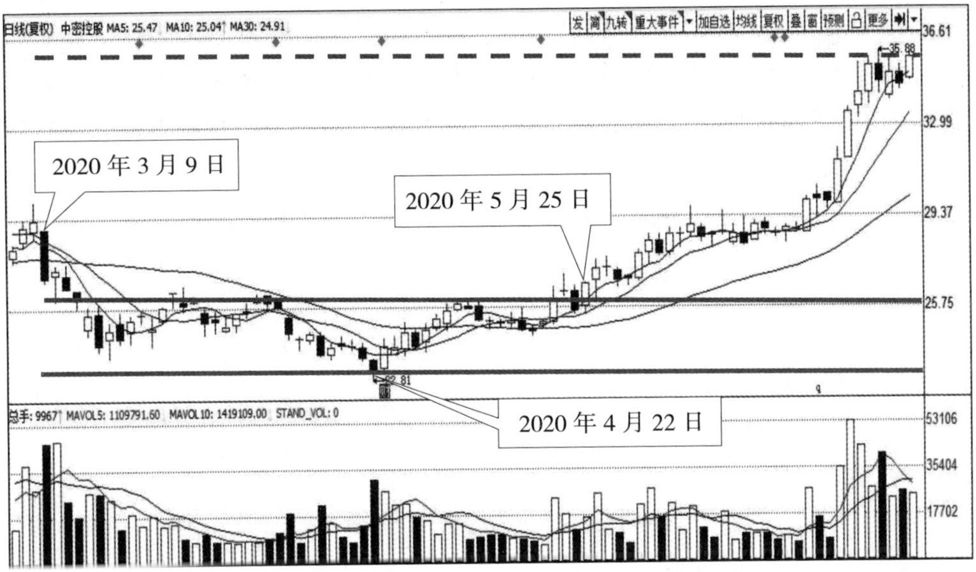

图 4–24　中密控股（300470）日 K 线走势图

5 月 25 日，该股股价突破了头肩底的颈线，至此头肩底形态构筑完成。

股价突破颈线位之后，一般要到颈线与最低点之间距离的整数倍位置才会遇阻下跌。中密控股就是在颈线与最低点距离的 3 倍位置处遇到较强的阻力。

应用通道线判断头肩底形态买点时，应注意以下两点。

第一，通道线的画法。在头肩底形态中，有两个明显的反弹回落高点，投资者只要将这两个高点相连，就可以得到一条颈线。

第二，在头肩底形态中，颈线可以有适度的倾斜，这并不影响买点选择，如果颈线向右上方倾斜，将增加股价上涨的可能性。

五、利用通道线预测上升楔形的跌幅

出现上升楔形，说明股价进入了盘整区间，未来股价下跌的可能性较大。一般情况下，股价下跌的幅度与股价开始下跌到出现反弹时的距离正相关。

具体判断标准如下。

第一，股价跌破上升楔形区域后下降的目标价位，一般与股价从下跌开始到楔形区域内反弹时的距离成正比。即这段距离越长，股价未来下跌幅度越大；反之，未来下跌幅度越小。

第二，从理论上来讲，股价跌破上升楔形后下跌的距离，应该等于股价反弹之前下跌的距离。在股市实战中，这一理论只能作为一种参考，如图 4–25 所示。

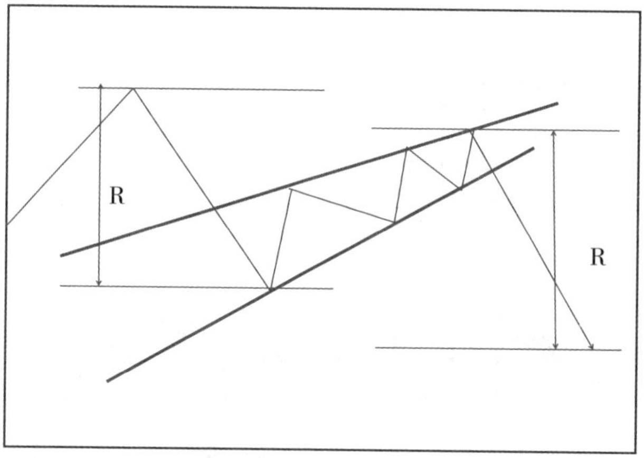

图 4–25　上升楔形下跌目标位预测示意图

下面看一下中船科技（600072）的案例，如图 4–26 所示。

如图 4–26 所示，中船科技（600072）的股价从 2020 年 1 月中旬开始启动了一波下跌行情，并且在下跌反弹过程中形成了上升楔形，预示股价还将下跌。

2 月 4 日，中船科技的股价随着大盘的企稳而低开后，启动了上涨走势，并形成第一个低点。

与此同时，股价在上涨转向下跌的过程中形成的高点却一个比一个高。

如果把这些高点用线连接起来，就会与低点之间的连线构成一个向上倾斜的楔形。

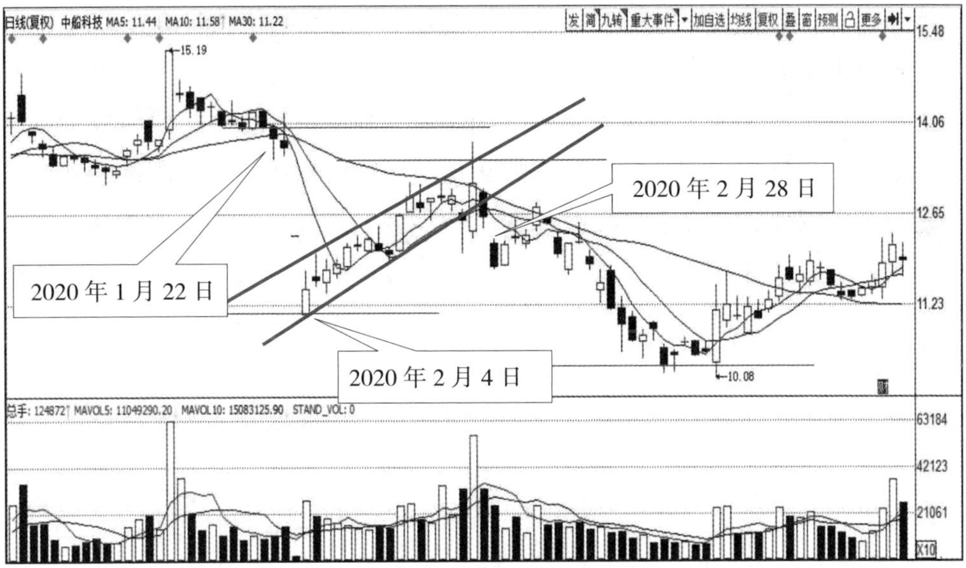

图 4-26　中船科技（600072）日 K 线走势图

2 月 28 日，中船科技的股价大幅下跌，并跌破楔形区域，预示股价将开始快速下跌。投资者可以利用通道线画出上升楔形未来的目标价位，并做好交易准备。

后期走势证明，中船科技下跌的跌幅几乎与形成上升楔形前的跌幅相同。

利用通道线判断上升楔形目标价位时，需要注意以下两点。

第一，股价开始下跌到反弹距离的确定。上升楔形中，股价开始下跌到反弹的距离应为股价自顶部发动一波下跌直至股价反弹形成低点时的距离，但要求中间没有大的调整。

第二，目标价位并不一定是最终价位。根据通道线与股价运行趋势确定的目标价位，只是股价短期的一个目标点位。如果股价呈弱势，并且跌破这一点位，可能还会继续下跌。

六、利用通道线预测下降楔形的涨幅

出现下降楔形，说明股价进入了盘整区间，未来股价上涨的可能性较大。一般情况下，股价上涨的幅度与股价开始上涨到出现回调时的距离正相关。

具体判断标准如下。

第一，股价向上突破下降楔形区域后，上涨的目标价位一般与股价从上涨开始到楔形区域内回调时的距离成正比。即这段距离越长，股价未来上涨幅度越大；反之，未来上涨幅度越小。

第二，从理论上来讲，股价向上突破下降楔形后上涨的距离，应该等于股价回调之前上涨的距离。在股市实战中，这一理论只能作为一种参考，如图 4-27 所示。

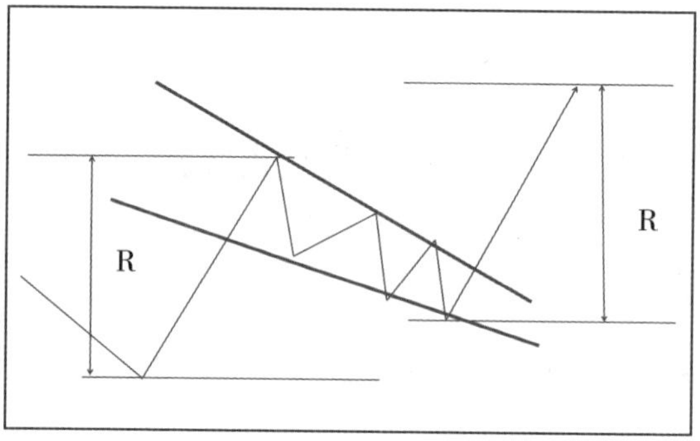

图 4-27　下降楔形上涨目标位预测示意图

下面来看一下久之洋（300516）的案例，如图 4-28 所示。

如图 4-28 所示，2020 年 6 月—8 月期间，久之洋（300516）的股价走出下降楔形形态，预示股价将会加速上涨。

7 月 14 日，经过一段时间的加速上涨之后，久之洋收出一根带长上影线的中阳线，股价掉头向下形成第一个高点。接着股价不断走出振荡下跌行情，每次反弹的高点与前一高点均处于同一条直线上。

与此同时，股价在下跌转向上涨过程中形成的低点却一个比一个低。如果把这些低点用线连接起来，就会与高点之间的连线构成一个向下倾斜的楔形。

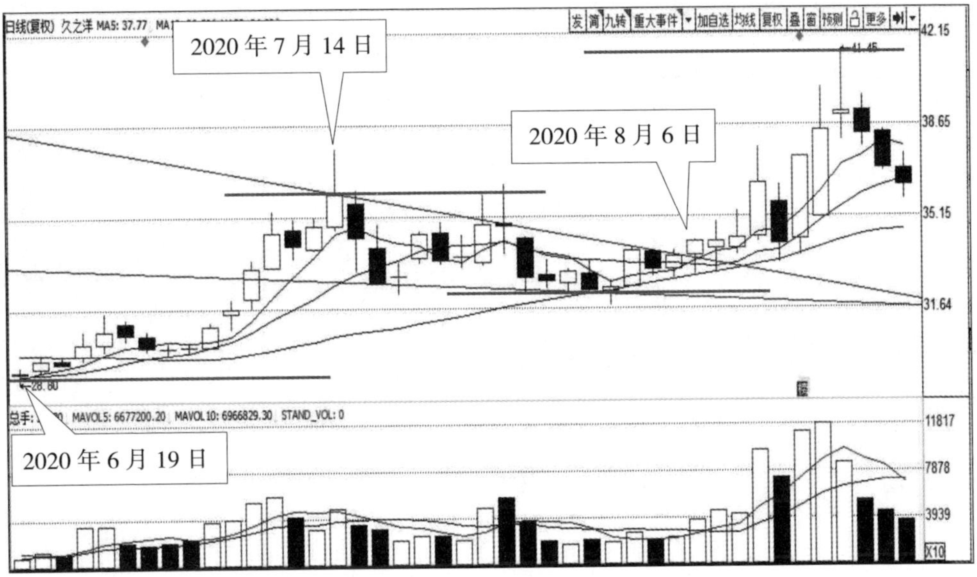

图 4-28　久之洋（300516）日 K 线走势图

8 月 6 日，该股高开高走并突破楔形区域，预示股价将开始快速上涨。投资者可以利用通道线画出下降楔形未来的目标价位，并做好交易准备。

利用通道线判断下降楔形目标价位时，需要注意以下两点。

第一，股价开始上涨到回落距离的确定。下降楔形中，股价开始上涨到回落的距离，应为股价自底部发动一波上涨直至股价遇阻回落形成高点时的距离，但要求中间没有大的调整。

第二，目标价位并不一定是最终价位。根据通道线与股价运行趋势确定的目标价位，只是股价短期的一个目标点位。如果股价呈强势且突破这一点位，可能还会继续上涨。

第五章

股价 X 线的画法与买卖点操作技巧

股价 X 线是许金华先生提出的，是指穿过一个支点连接股价趋势与趋势的直线，因该直线与股价交叉呈“X”形，故有此名称。

第一节　股价 X 线基本原理

股价上涨时，如遇到 X 线，会立即出现下跌走势；股价下跌时，如遇到 X 线，则会立即出现反弹走势。股价 X 线之所以能够发挥如此作用，与其表现形式和形成机理密不可分。

一、股价 X 线类别：上升 X 线和下降 X 线

股价 X 线与趋势线相似，也分为上升股价 X 线和下降股价 X 线两种。

1. 上升股价 X 线

上升股价 X 线，是一条连接股价左侧低点、支点与股价右侧高点的直线。股价上涨时遇到该线，便会出现下跌走势。

如图 5-1 所示，联得装备（300545）的股价在 2020 年 4 月 28 日创下阶段低点 24.46 元后开始振荡上升。股价上升途中，于 6 月 8 日形成一个阶段高点后下跌。通过此高点，恰好与 4 月 28 日形成的低点能够绘制一条上升股价 X 线。

此后，该股股价在 6 月 29 日和 7 月 13 日连续两次上涨至股价 X 线附近，均因遇到 X 线的阻力重新下跌。这说明该股价 X 线对股价具有很强的阻力作用。

上升股价 X 线形成后，应注意以下几点。

第一，股价遇上升 X 线回调的次数越多，X 线的作用越显著。

第二，上升股价 X 线发挥作用的时间越长，X 线的作用越显著。

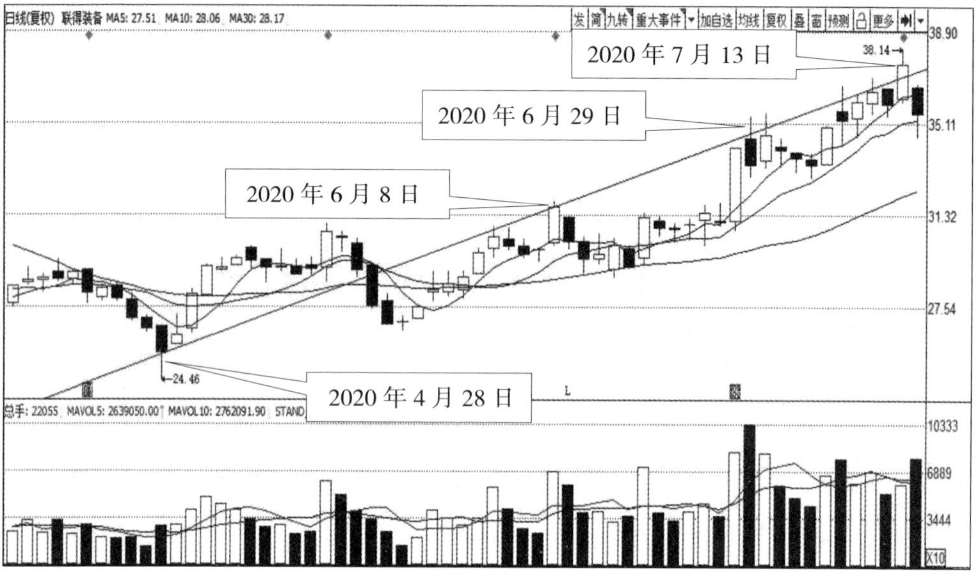

图 5–1　联得装备（300545）日 K 线走势图

第三，上升股价 X 线左侧的低点与右侧高点之间应该间隔一个高点和低点。

第四，股价偶尔可能会向上突破股价 X 线，但其很快又回到 X 线下方，仍可说明股价 X 线对股价具有阻力作用。

2. 下降股价 X 线

下降股价 X 线，是一条连接股价左侧高点、支点与股价右侧低点的直线。股价下跌时遇到该线，便会出现上涨走势。

如图 5–2 所示，神马电力（603530）的股价在 2019 年 11 月 20 日创下阶段高点后下跌，下跌一段时间后又开始振荡上升。股价上升途中不断出现回调，于 12 月 23 日形成一个阶段低点后上涨。通过此低点，恰好与 11 月 20 日形成的高点能够绘制一条下降股价 X 线。

此后，该股股价在 2020 年 2 月 4 日再次下跌至股价 X 线附近，因受到 X 线的支撑重新上涨，这说明该股价 X 线对股价具有很强的支撑作用。

下降股价 X 线形成后，应注意以下几点。

第一，股价遇到下降 X 线重新上升的次数越多，X 线的作用越显著。

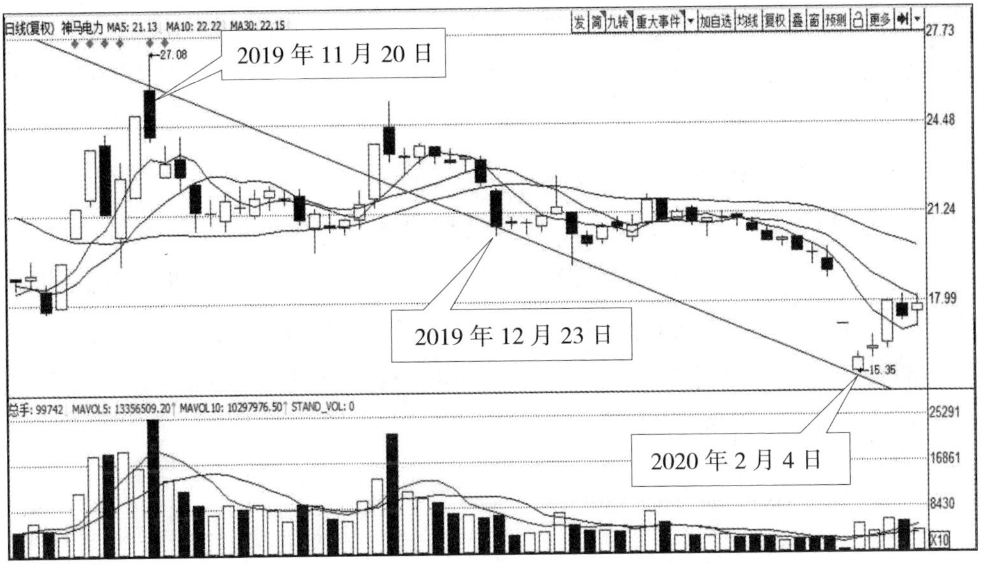

图 5–2 神马电力（603530）日 K 线走势图

第二，下降股价 X 线发挥作用的时间越长，X 线的作用越显著。

第三，下降股价 X 线左侧的高点到右侧低点之间应该间隔一个高点和低点。

第四，股价偶尔可能会向下跌破股价 X 线，但其很快又回到 X 线上方，仍可说明股价 X 线对股价具有支撑作用。

二、股价 X 线对股票交易的指导意义

股价 X 线一旦形成，对股价走势的影响是立竿见影的。正因如此，股价 X 线发出的交易指示信号准确性也非常高。

1. 研判股价运行趋势

股价 X 线看起来和趋势线非常相似，实际上，它确实可以起到趋势线在判断股价运行趋势方面的作用。

（1）上升股价 X 线。

上升股价 X 线，是由股价前期低点和后期高点组成的。如果 X 线向右上方倾斜，则说明后期的高点要高于前期低点，表明股价处于步步升高的态

势中，这正反映股价运行于上升趋势中。反之，如果 X 线向右下方倾斜，则说明后期的高点要低于前期低点，表明股价处于步步下跌的态势中，这正反映股价运行于下降趋势中。

（2）下降股价 X 线。

下降股价 X 线，是由股价前期高点和后期低点组成的。如果 X 线向右上方倾斜，则说明后期的低点要高于前期高点，表明股价处于步步升高的态势中，这正反映了股价运行于上升趋势中。反之，如果 X 线向右下方倾斜，则说明后期的低点要低于前期高点，表明股价处于步步下跌的态势中，这正反映了股价运行于下降趋势中。

2. 确定股票买卖点

股价 X 线对股价具有非常明显的支撑与阻力作用，利用股价 X 线研判股价买卖点的效果也非常理想。

股价自上而下向股价 X 线靠拢时，投资者可以在股价反弹向上时买入股票；反之，股价自下而上向股价 X 线靠拢时，投资者可以在股价向下回调时卖出股票。

如图 5-3 所示，松霖科技（603992）的股价从 2020 年 3 月 10 日开始走出了一波振荡盘整行情，投资者可以在股价振荡过程中画出一条下降股价 X 线。

在股价振荡下跌过程中，下跌时的高点与回落的低点之间可以画出一条下降股价 X 线，并且这条下降股价 X 线正好穿越了股价 K 线。投资者可以向后延长这条下降股价 X 线。由于下降股价 X 线对股价有重要的支撑作用，所以其后每当股价下跌到该线附近时，投资者都要做好买入股票的准备。

4 月 30 日，该股股价经历了一系列调整之后，下跌到下降股价 X 线附近。由于该线有一定的支撑作用，股价遇到支撑之后开始上涨。

当然，由于股价 X 线向右下方倾斜，因而此时股价遇到支撑，只能说明股价存在反弹的可能，至于反弹的高度，则需结合其他技术指标分析。

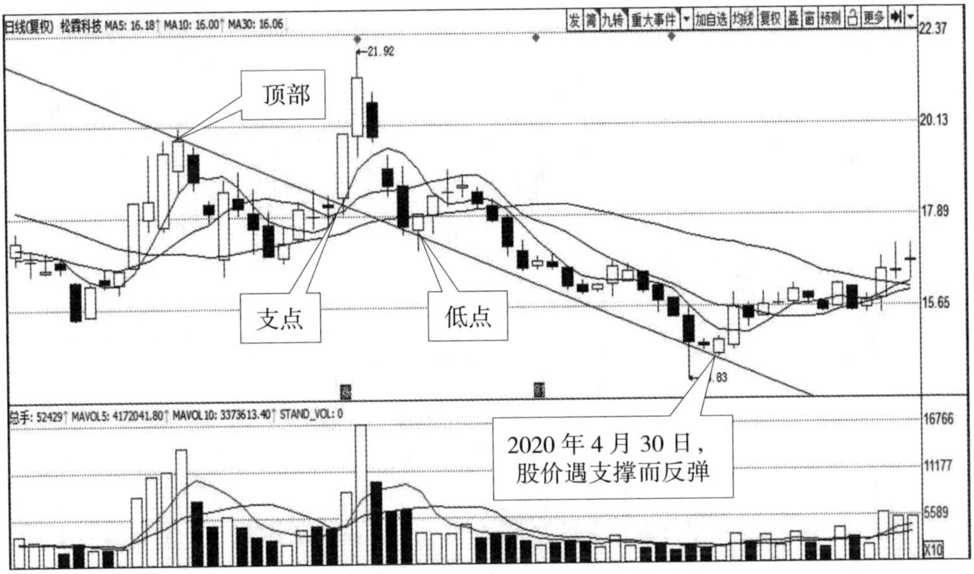

图 5-3 松霖科技（603992）日 K 线走势图

利用股价 X 线判断股票买卖点时，需要注意以下两点。

第一，股价 X 线向右下方倾斜时，说明股价处于下降趋势中，应尽量避免买入股票。

第二，股价 X 线向右上方倾斜时，说明股价处于上升趋势中。如果投资者想长线持有该股，可暂不考虑卖出操作。

三、股价 X 线的基本原理——动态平衡原理

股价 X 线之所以有效，主要源于其遵守最基本的动态平衡原理。

与水平线不同，在判断支撑位与阻力位方面，股价 X 线遵守动态平衡原则。即无论是支撑位还是阻力位，它们都不是固定的，而是一个有序的动态点位。

例如，股价创下一个短期高点后，重新上涨并突破了该高点，那么当股价回调时，水平线与股价 X 线设置的支撑位是完全不一样的，如图 5-4、图 5-5 所示。

图 5-4　生益科技（600183）股价 X 线走势图

如图 5-4 所示，生益科技（600183）的股价在 2020 年 1 月 22 日创下阶段高点后回调，随后一路上涨并大幅超越前期高点，之后再度回调。

4 月 1 日，股价回调至前期高点附近后受到支撑再度上涨。投资者可连接两点绘制一条股价 X 线。5 月 28 日，股价又一次回调至股价 X 线附近后受到支撑而上涨。

从图中可见，4 月 1 日和 5 月 28 日两个支撑位都要高于 1 月 22 日的短期高点，并且后一个支撑位又要高于前一个支撑位。

下面再来看一下用水平线确定的支撑位，如图 5-5 所示。

如图 5-5 所示，以生益科技（600183）的股价在 2020 年 1 月 22 日形成的最高价为基准绘制一条水平线。4 月 1 日，股价回调至水平线位置时，确实能够受到该水平线的支撑。也就是说，此时该水平线仍然有效。

不过，5 月 28 日，股价再度回调至低位（该低位要高于 4 月 1 日形成的低点），与水平线还有一段距离时，股价出现了反弹走势。这说明此时该水平线已经失去了判断股价支撑位的作用。换句话说，相比水平线，此时股价 X 线是更加合适的选择。

图 5-5　生益科技（600183）水平线走势图

股价 X 线之所以能够更加准确地反映支撑与阻力的情况，主要基于如下动态平衡原理。

前期高点聚集了大量的套牢盘，但是股价已经冲破了这一区域，说明套牢盘已经消耗殆尽，因此该点位自然成了很多投资者心中的一个理想买入点位。当股价自高处回调至该点位附近时，投资者纷纷买入，股价自然就会上涨。

不过，投资者应该注意，这个买入点位也许与前期高点存在一定的差距，有时略高于前期高点，有时略低于前期高点，这是由当时市场环境以及股价运行趋势决定的，即市场环境向好，股价处于上涨趋势，那么股价未到达前期高点时，很多买入盘就会抢买，导致股价很快重归上涨通道。

反之，股价处于下跌趋势，很多投资者就会稍稍忍耐一下，见到该位置确实有支撑作用后才会入场，于是实际的回调低点会略低于前期低点。这样就形成了一条倾斜的支撑与阻力线。

第二节　股价 X 线画法——股价 X 线发挥效用的核心

股价 X 线非常有效，但到底能发挥多大的威力，在很大程度上取决于画线的质量。股价 X 线主要包括上升股价 X 线、下降股价 X 线两种。不过，在每一种类下，又细分为两个类型，如图 5-6 所示。

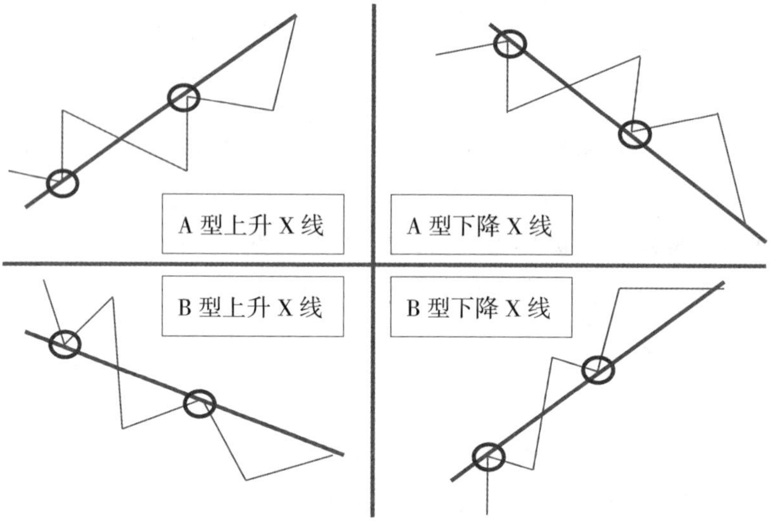

图 5-6　股价 X 线 4 种基本类型示意图

一、上升股价 X 线画法

由一个底部至少间隔一个顶或底，和右上方（或右下方）的另一个顶点以直线相连，这一条直线就叫上升股价 X 线。上升股价 X 线对股价具有一定的阻力作用。

上升股价 X 线分为常规型的上升股价 X 线和 B 型上升股价 X 线。

1. 上升股价 X 线

画上升股价 X 线时，首先需要在左侧选择一个低点，越过一个短期高点和低点，然后在右上方选择一个高点，最后用一条直线将两点连接。这条直线必须穿过股价 K 线，形成一个支点，并且这个支点只能有一个。

如图 5–7 所示，乐歌股份（300729）的股价在 2020 年下半年的振荡上升过程中，形成了若干个波段低点和高点。投资者选择左侧的低点，越过一个短期高点和低点后，与右上方的高点相连，就得到了一条上升股价 X 线。

其后，在股价上涨时，每次遇到该线都会出现一波回调走势。

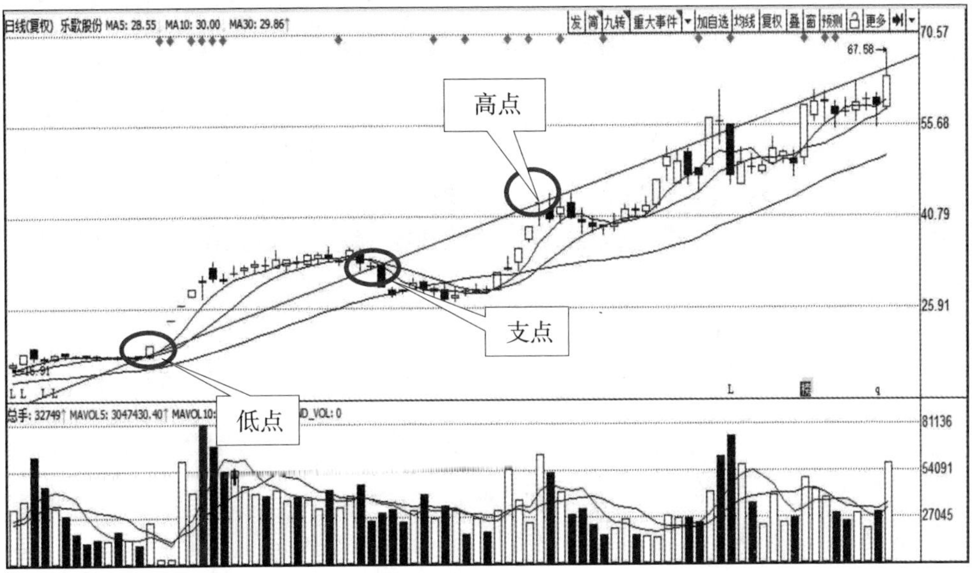

图 5–7　乐歌股份（300729）上升股价 X 线

2. B 型上升股价 X 线

B 型上升股价 X 线由左侧的一个波谷与右下方的一个波峰直接连线而成，并且中间至少间隔一个波峰和波谷。B 型上升股价 X 线对股价具有一定的阻力作用，当股价上涨到 X 线延长线位置时，就会遇阻下跌。

如图 5–8 所示，*ST 金贵（002716）的股价在 2020 年上半年的振荡下跌过程中，形成了若干个波段低点和高点。投资者选择左侧的低点，越过几个短期高点和低点后，与右下方的高点相连，就得到了一条 B 型上升股价

X 线。

其后，在股价反弹时，每次遇到该线都会出现一波下跌走势。

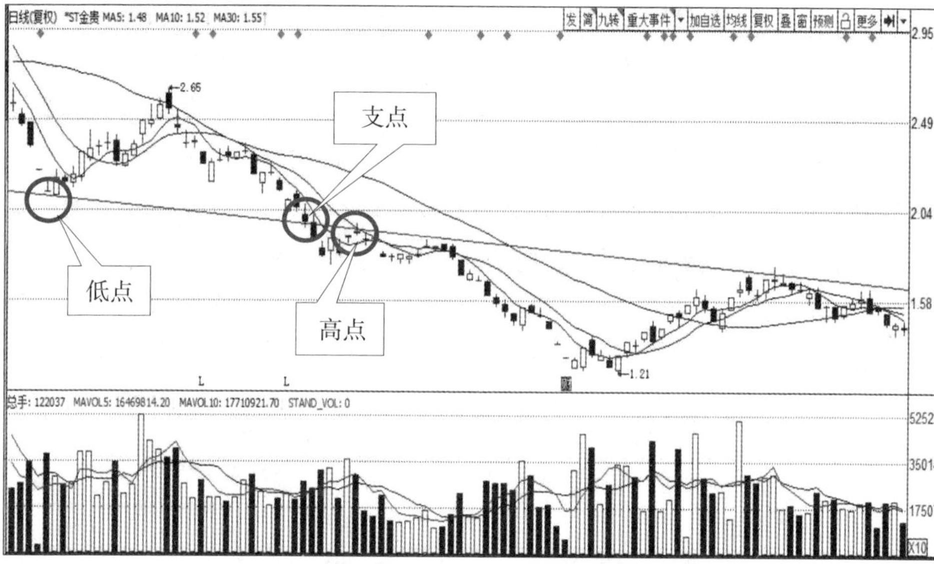

图 5-8　*ST 金贵（002716）B 型上升股价 X 线

投资者在画上升股价 X 线时，需要注意以下两种情况。

第一，上升股价 X 线的支点，即 X 线与股价的交点有且只能有一个，如果交点多于一个，将影响股价 X 线的作用。

第二，在一波股价上涨或下跌过程中，可以绘制多条上升股价 X 线。若多条股价 X 线相交于一点，则该点对股价的阻力作用会非常强大。如图 5-9 所示。

如图 5-9 所示，华仁药业（300110）的股价在 2020 年 5 月前后出现了一波振荡走势。该股股价先是向下运行，接着触底反弹向上，投资者可在股价振荡过程中，以 2020 年 4 月 2 日的股价为低点，以 5 月 7 日的反弹高点为高点绘制第一条上升股价 X 线。

其后，再以 5 月 29 日的低点和 6 月 17 日的高点为基准绘制第二条上升股价 X 线，与第一条股价 X 线大致相交于 8 月 3 日。这说明在 8 月 3 日，该股股价上行将会受到较为强大的阻力。

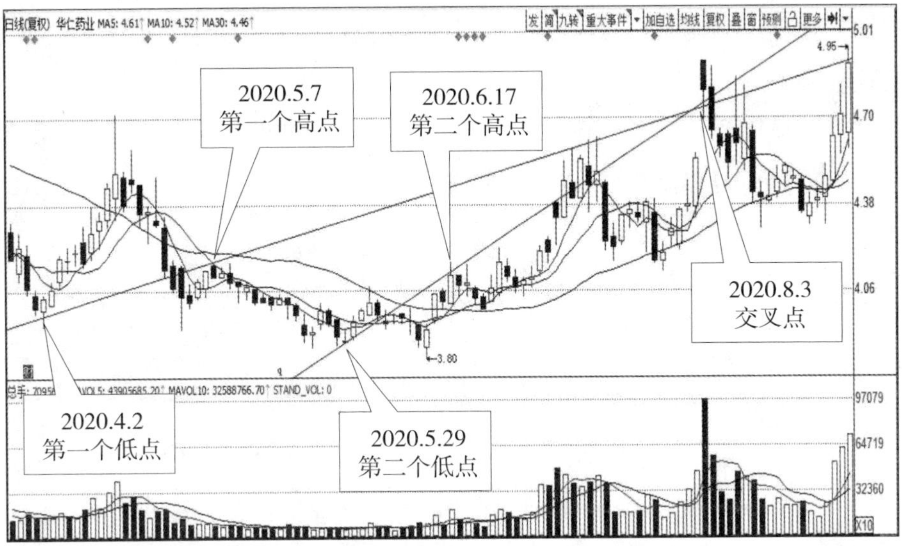

图 5–9　华仁药业（300110）上升股价 X 线

常规型的上升股价 X 线反映了股价正处于上升趋势中，B 型上升股价 X 线则反映了股价处于下跌趋势。B 型股价 X 线对于喜欢在弱市博反弹的投资者来说，是一种非常有效的分析工具。

二、下降股价 X 线画法

由一个顶部至少间隔一个顶或底，和右上方的另一个低点以直线相连，这一条直线就叫下降股价 X 线。下降股价 X 线对股价具有一定的支撑作用。

下降股价 X 线分为常规型下降股价 X 线和 B 型下降股价 X 线。

1. 下降股价 X 线

画下降股价 X 线时，首先需要在左侧选择一个顶点，然后在右侧选择一个低点，最后用一条直线将两点连接。这条直线必须穿过股价 K 线，形成一个支点，并且这个支点只能有一个。

如图 5–10 所示，ST 尤夫（002427）的股价在 2020 年年中振荡下降过程中，形成了若干个波段低点和高点。投资者选择左侧的高点，越过几个短期高点和低点后，与右下方的低点相连，就得到了一条下降股价 X 线。

其后，在股价下跌时，每次遇到该线都会出现一波反弹走势。

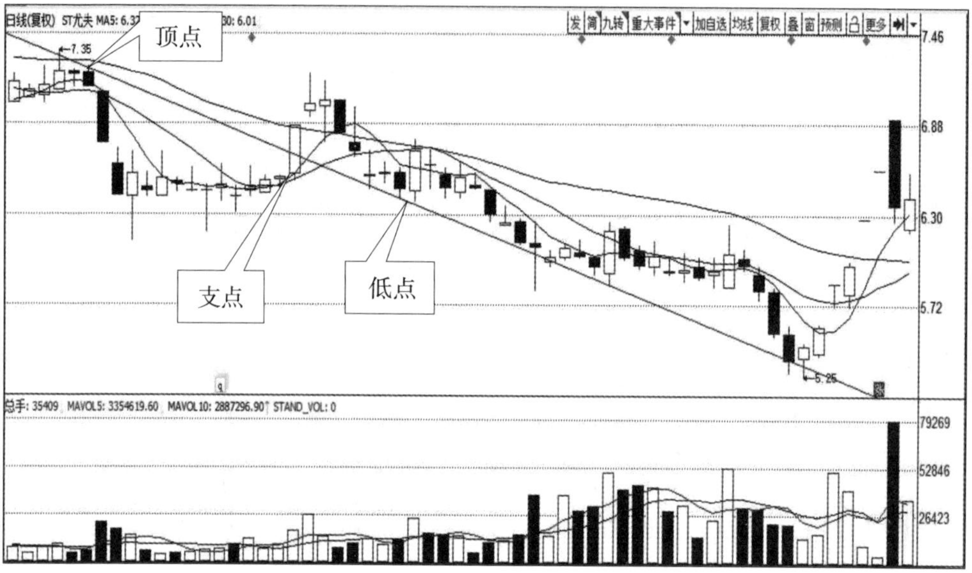

图 5-10　ST 尤夫（002427）下降股价 X 线

2. B 型下降股价 X 线

B 型下降股价 X 线由左侧的一个波峰与右侧的一个波谷直接连线而成，并且中间至少间隔一个波峰或波谷。B 型下降股价 X 线对股价具有一定的支撑作用。当股价下跌到 X 线延长线位置时，就会受到支撑而上涨。

如图 5-11 所示，财通证券（601108）的股价在 2020 年 5 月—8 月的振荡上涨过程中，形成了若干个波段低点和高点。投资者选择左侧的高点，越过几个短期高点和低点后，与右上方的低点相连，就得到了一条 B 型下降股价 X 线。

其后，股价在上涨回调时，每次遇到该线都会出现一波上涨走势。

投资者在画下降股价 X 线时，需要注意以下两种情况。

第一，下降股价 X 线的支点，即 X 线与股价的交点有且只能有一个。如果交点多于一个，将影响 X 线的作用。

第二，在股价一波上涨或下跌过程中，可以绘制多条下降股价 X 线。若多条股价 X 线相交于一点，则该点对股价的支撑作用将会非常强大。如图 5-12 所示。

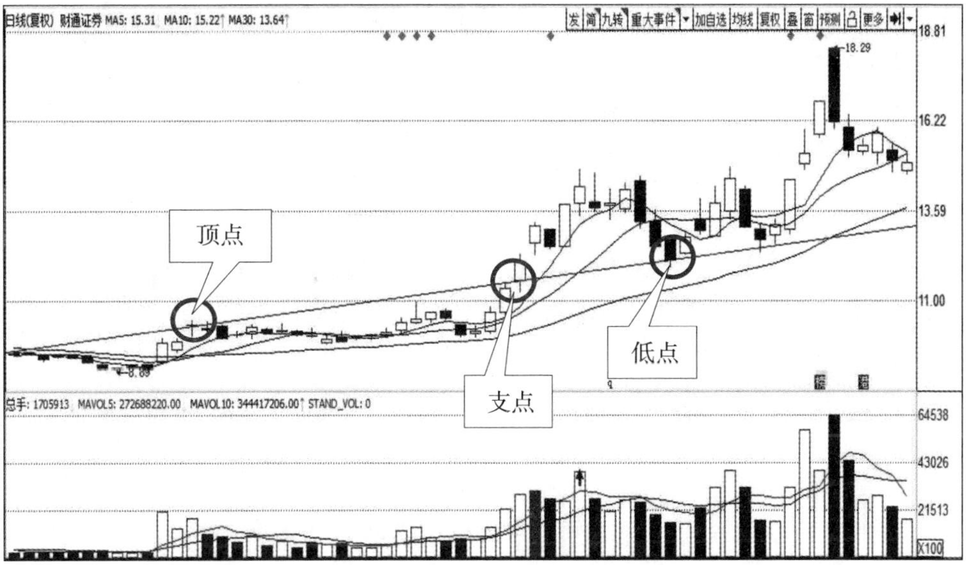

图 5-11　财通证券（601108）B 型下降股价 X 线

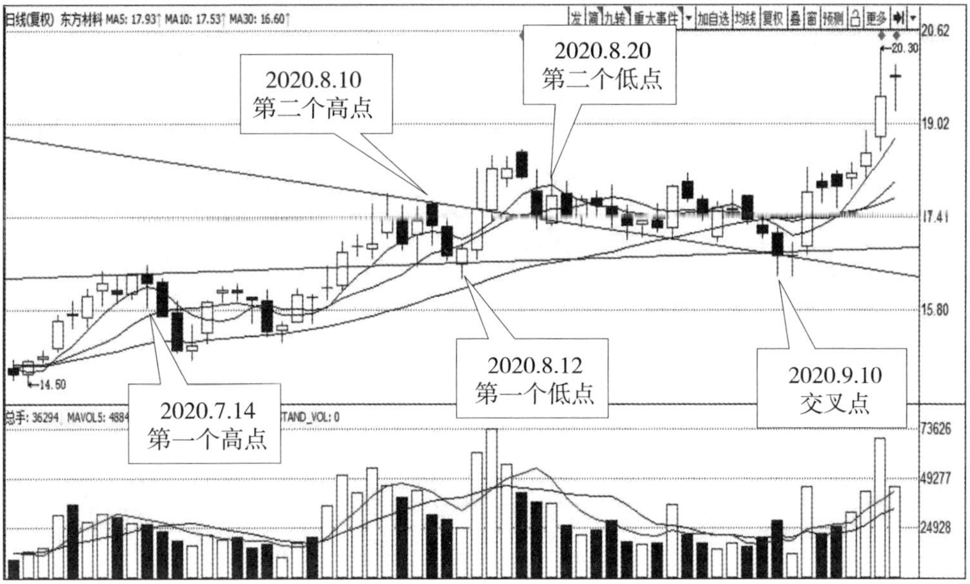

图 5-12　东方材料（603110）下降股价 X 线

如图 5-12 所示，东方材料（603110）的股价在 2020 年 7 月—9 月出现了一波振荡走势。股价在振荡过程中，形成了若干个高点和低点。投资者可以7月14日的股价为高点，以8月12日回调低点为低点绘制第一条下降股价X线。

其后，再以8月10日的高点和8月20日的回调低点为基准绘制第二条下降股价X线，与第一条下降股价X线大致相交于9月10日。这说明该股股价在回调至9月10日位置附近时，会受到强大的支撑作用。

常规型的下降股价X线反映股价正处于下跌趋势中，B型下降股价X线则反映股价处于上涨趋势中。B型下降股价X线对于喜欢做波段操作的投资者来说，是一种非常有效的分析工具。

第三节　剪刀原理及指导意义

剪刀原理，是股价X线遵循的一个基本原理，如图5-13所示。

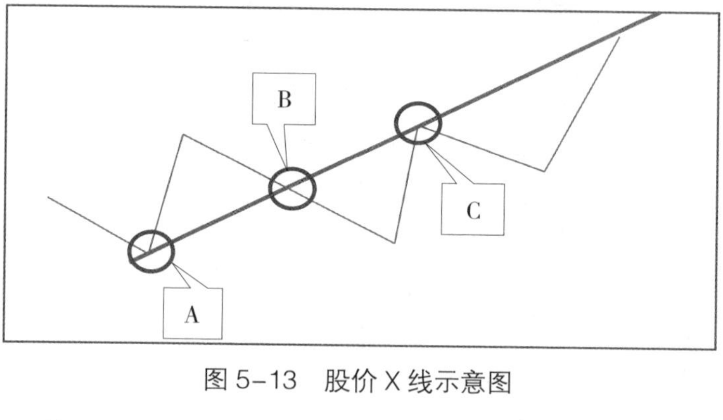

图5-13　股价X线示意图

如果把股价X线的形态比作剪刀，那么A点就是施力点即剪刀把手位置，B点是支撑点即剪刀螺丝固定处，C点是受力点即剪刀口。

支撑点与施力点和受力点之间的距离不同，剪刀发挥的效用也大不相同。同理，在股市中，A、B之间距离与B、C之间距离不同，对股价X线发挥的作用也有影响。

具体情况如下。

第一，最佳股价 X 线，也称第一类股价 X 线，即 AB=BC。

第二，较佳股价 X 线，也称第二类股价 X 线，即 AB<BC。

第三，较差股价 X 线，也称第三类股价 X 线，即 AB>BC。

一、第一类股价 X 线

画出股价 X 线后，如果左侧低点或高点到支点的距离与支点到右侧低点或高点的距离相等，股价 X 线的作用是最强的。也就是说，这条线此时具有强大的支撑或阻力作用。

股价走势如果出现股价 X 线第一种类型，需要注意以下两点。

第一，上升股价 X 线出现第一种类型时，说明该线具有很强的阻力作用。当股价上涨到该线附近时，投资者宜做好清仓准备。

第二，下降股价 X 线出现第一种类型时，说明该线具有很强的支撑作用。但如果股价处于下跌趋势中，投资者还是应该保持观望。

下面来看一下指南针（300803）的案例，如图 5-14 所示。

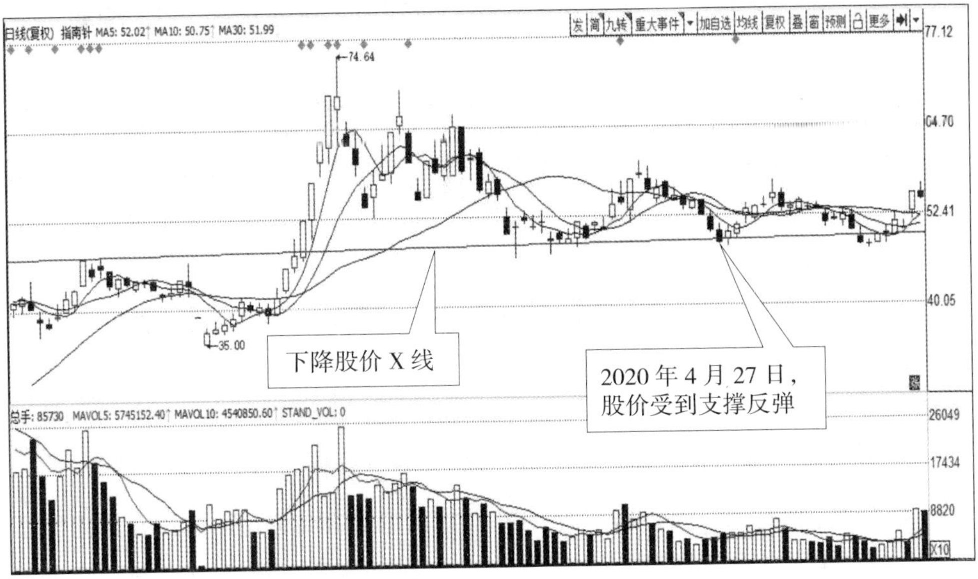

图 5-14　指南针（300803）日 K 线走势图

如图 5-14 所示，指南针（300803）的股价从 2020 年 2 月初随着大盘企稳开始走出了一波振荡上升行情，股价的上升走势可以绘制出一条下降股价 X 线。

该股股价在振荡过程中形成的高点与低点错落有致，投资者可以根据各个高点与低点之间的关系，画出一条下降股价 X 线，并且这条下降股价 X 线左右两个连接点的距离相等。这说明这条下降股价 X 线具有很强的支撑作用。

4 月 27 日，股价在下跌过程中触及了下降股价 X 线。由于下降股价 X 线具有强大的支撑作用，股价迅速出现了上涨行情，投资者此时可以酌情考虑买入股票。其后，该股股价再度回调至股价 X 线附近，甚至一度跌破了股价 X 线，但很快又重新回到了股价 X 线上方，由此可见第一类股价 X 线的支撑作用之强。

二、第二类股价 X 线

画出股价 X 线后，如果左侧低点或高点到支点的距离小于支点到右侧低点或高点的距离，股价 X 线的作用是相对较强的。也就是说，这条线此时具有一定的支撑或阻力作用。

股价走势如果出现股价 X 线第二种类型，需要注意以下两点。

第一，上升股价 X 线出现第二种类型时，说明该线的阻力作用已经不如第一种类型，但还是具有较强的阻力作用。当股价上涨到该线附近时，投资者最好做好清仓准备。

第二，下降股价 X 线出现第二种类型时，说明该线的支撑作用已经不如第一种类型，但还具有较强的支撑作用。如果股价处于下跌趋势中，投资者还是应该保持观望。

下面来看一下火炬电子（603678）的案例，如图 5-15 所示。

如图 5-15 所示，火炬电子（603678）的股价从 2020 年 5 月开始走出了一波振荡上行行情，股价的上升走势可以绘制出一条上升股价 X 线。

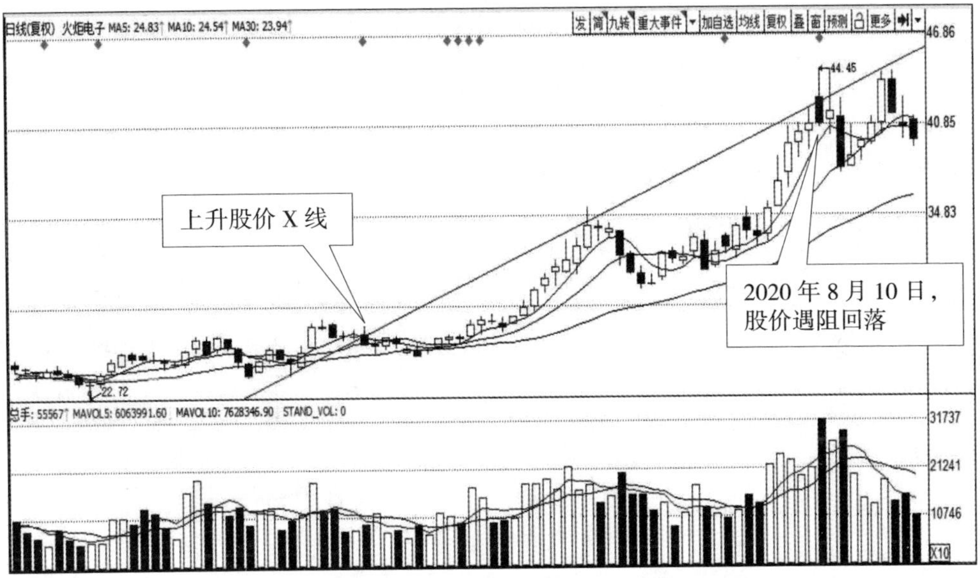

图 5-15　火炬电子（603678）日 K 线走势图

该股股价在上涨过程中形成的高点与低点错落有致，投资者可以根据各个低点与高点之间的关系，画出一条上升股价 X 线，并且这条上升股价 X 线左侧低点到支点的距离小于右侧高点到支点的距离。这说明这条上升股价 X 线还具有较强的阻力作用。

8 月 10 日，股价在上涨过程中触及了上升股价 X 线，由于上升股价 X 线具有强大的阻力作用，股价迅速出现了回落走势。投资者此时可以酌情考虑卖出股票。当然，由于股价处于上涨行情中，投资者也可以等到股价反转向下的趋势更加明显后再卖出。

三、第三类股价 X 线

画出股价 X 线后，如果左侧低点或高点到支点的距离大于支点到右侧低点或高点的距离，股价 X 线的作用是相对较弱的。也就是说，这条线此时虽具有一定的支撑或阻力作用，但后市发挥的作用可能不大。

股价走势如果出现股价 X 线第三种类型，需要注意以下两点。

第一，上升股价 X 线出现第三种类型时，说明该线的阻力作用很弱，但还具有一定的阻力作用。当股价上涨到该线附近时，投资者宜谨慎。

第二，下降股价 X 线出现第三种类型时，说明该线的支撑作用很弱，但还具有一定的支撑作用。如果股价处于下跌趋势中，投资者还是应该保持观望。

下面看一下鸿利智汇（300219）的案例，如图 5–16 所示。

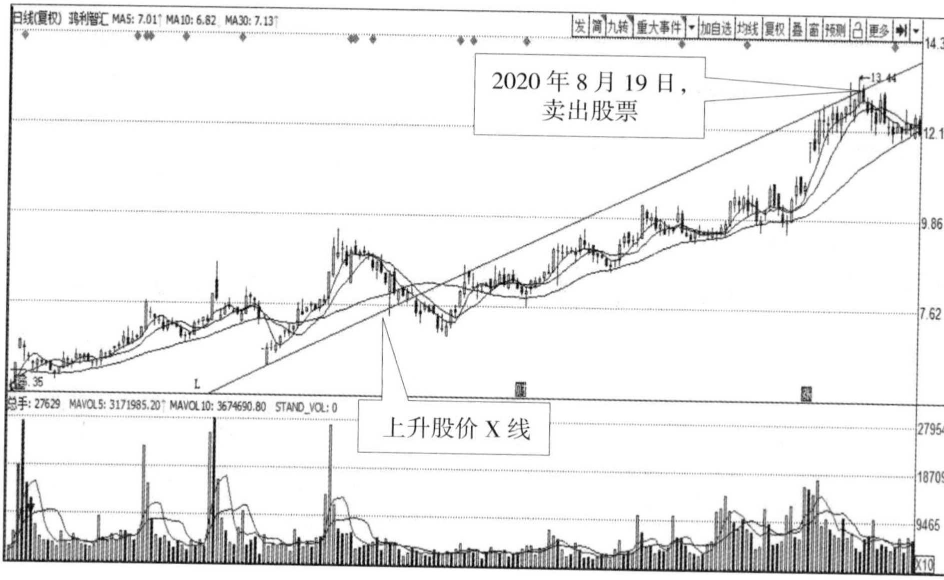

图 5–16　鸿利智汇（300219）日 K 线走势图

如图 5–16 所示，鸿利智汇（300219）的股价从 2019 年 8 月底开始走出了一波上涨行情，股价的上涨走势可以绘制出一条上升股价 X 线。

该股股价在上涨过程中形成的高点与低点错落有致，投资者可以根据各个低点与高点之间的关系，画出一条上升股价 X 线，并且这条上升股价 X 线左侧低点到支点的距离大于右侧高点到支点的距离，这说明这条上升股价 X 线的阻力作用较弱。

2020 年 8 月 19 日，股价在上涨过程中触及了上涨股价 X 线。由于该线对股价具有一定的阻力作用，使股价迅速出现了回调走势，投资者此时可以酌情考虑卖出股票。

第四节 股价 X 线与特殊形态综合分析

股价 X 线如果能和一些经典反转形态结合起来分析，那么将发挥更大的作用。

一、下降股价 X 线与顶部形态组合使用技巧

1. 下降股价 X 线与头肩顶结合分析

头肩顶形成后，股价一般都会出现一波下跌走势。此时，如果将下降股价 X 线与头肩顶形态结合起来分析，就会很容易找到股价在下跌途中反弹或反转的点位。

具体判断方法如下。

第一，以头肩顶的左肩高点作为顶点，与右侧低点相连组成一条下降股价 X 线。

第二，完成头肩顶形态后，股价下跌过程中，如遇到股价 X 线，则会出现一波反弹或反转走势。

如图 5-17 所示，中国医药（600056）的股价在 2020 年 7 月—8 月走出了筑顶行情，股价在顶部振荡阶段形成了头肩顶形态。

此时，投资者如利用股价 X 线分析技术，以头肩顶的左肩（7 月 24 日股价高点）为顶点，与形成右肩时的拐点（8 月 14 日股价低点）相连，就会得到一条下降股价 X 线。此后，股价在右肩完成后一路向下。

9 月 11 日，该股股价下跌至下降股价 X 线位置时，因受到该线的支撑而上涨。抢反弹的投资者可在此时分批买入股票。

2. 下降股价 X 线与 M 顶相结合

M 顶形成后，股价一般都会出现一波下跌走势。此时，如果将下降股价

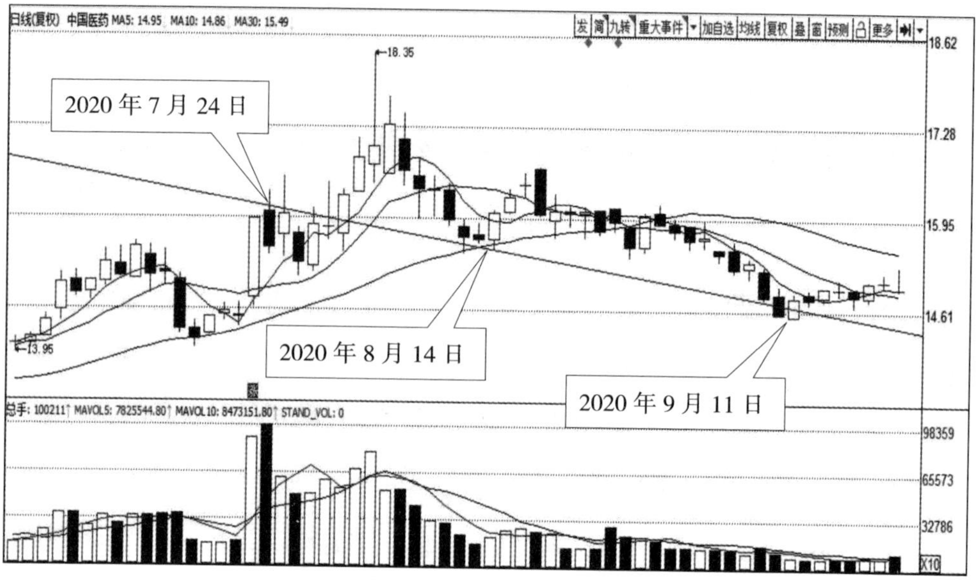

图 5-17　中国医药（600056）日 K 线走势图

X 线与 M 顶形态结合使用，就会很容易找到股价在下跌途中反弹或反转的点位。

具体判断方法如下。

第一，M 顶形成后，以 M 顶的左侧高点为顶点，以股价反弹的第一个低点为右侧低点，将以上两点连接，构成一条下降股价 X 线。

第二，股价若再次下跌，遇到股价 X 线，则会出现一波反弹或反转走势。

如图 5-18 所示，万业企业（600641）的股价在 2020 年年中走出了筑顶走势，股价在顶部振荡阶段形成了 M 顶形态。

此时，投资者如利用股价 X 线技术，以 M 顶的左侧高点（7 月 14 日股价高点）为顶点，与形成第一次反弹时的拐点（8 月 26 日股价低点）相连，就会得到一条下降股价 X 线。此后，股价一路向下。

9 月 11 日，该股股价在下跌至下降股价 X 线位置时，因受到该线的支撑而上涨。抢反弹的投资者可在此时分批买入股票。

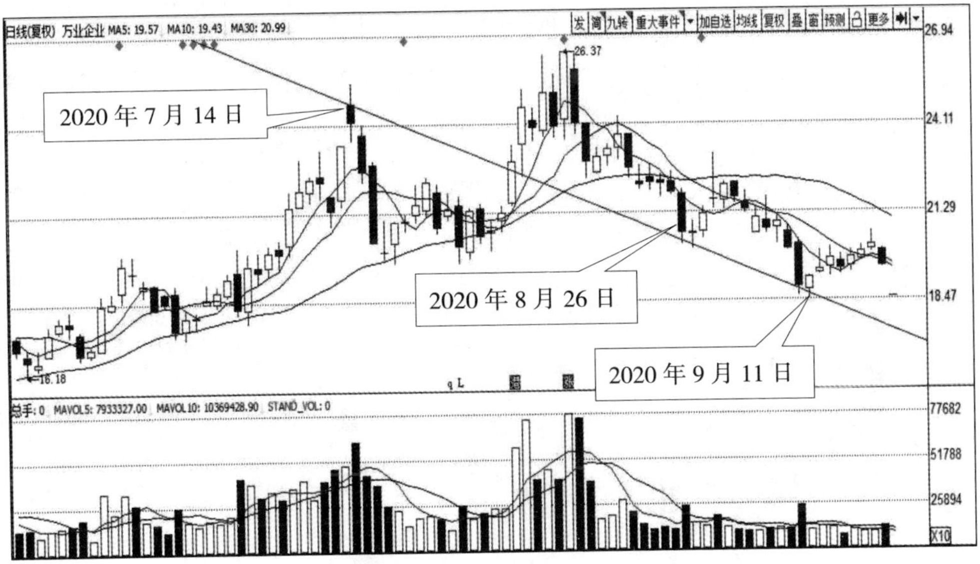

图 5-18 万业企业（600641）日 K 线走势图

二、上升股价 X 线与底部形态组合使用技巧

1. 上升股价 X 线与头肩底相结合

头肩底形成后，股价一般都会出现一波上涨走势。此时，如果将上升股价 X 线与头肩底形态结合起来分析，就会很容易找到股价在上涨途中的阻力点位。

具体判断方法如下。

第一，以头肩底的左肩低点为低点，与右肩反弹高点相连组成一条上升股价 X 线。

第二，完成头肩底形态后，股价上涨过程中，如遇到股价 X 线，则会出现一波下跌或回调走势。

如图 5-19 所示，锦江酒店（600754）的股价在 2020 年 3 月—4 月走出了筑底行情，股价在底部振荡阶段形成了头肩底形态。

此时，投资者如利用股价 X 线分析技术，以头肩底的左肩（3 月 23 日股价低点）为低点，与形成右肩时的拐点（4 月 8 日股价高点）相连，就会得到一条上升股价 X 线。之后，股价在右肩完成后一路向上。

在后来的上涨过程中，每当股价上升至股价 X 线位置时，都会遇到该线的阻力而回调。

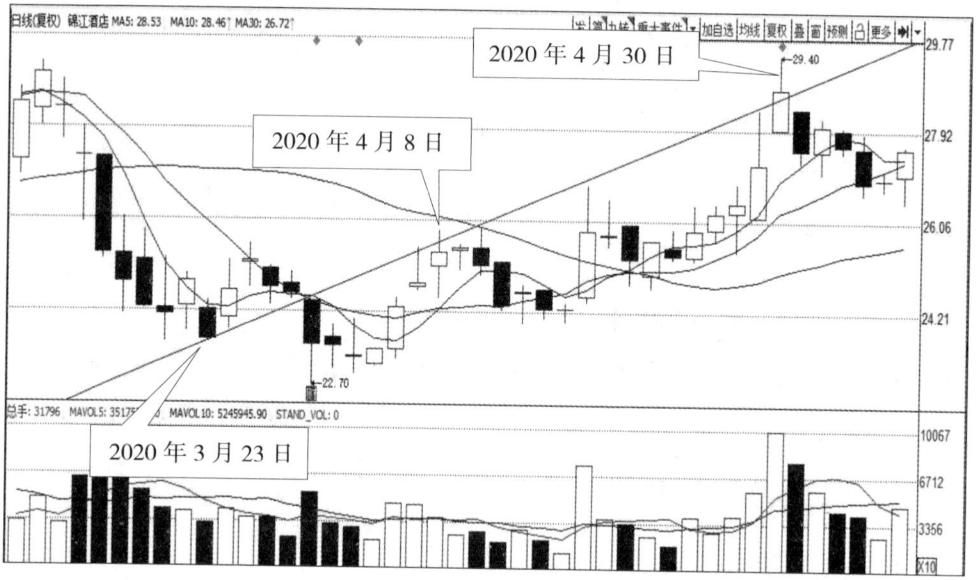

图 5-19　锦江酒店（600754）日 K 线走势图

2. 上升股价 X 线与 W 底相结合

W 底形成后，股价一般都会出现一波上涨走势。此时，如果将上升股价 X 线与 W 底形态结合起来分析，就会很容易找到股价在上涨途中的阻力点位。

具体判断方法如下。

第一，W 底形成后，以 W 底的左侧低点为起始点，以股价上涨的第一个高点为右侧高点，将以上两点连接，构成一条上升股价 X 线。

第二，股价若再次上涨，遇到股价 X 线时，则会出现一波回调走势。

如图 5-20 所示，鲁北化工（600727）的股价在 2020 年 5 月—6 月走出了筑底行情，股价在底部振荡阶段形成了 W 底形态。

此时，投资者如利用股价 X 线分析技术，以 W 底的左侧底部（5 月 22 日股价低点）为低点，与形成第一次反弹时的拐点（7 月 14 日股价高点）相连接，就会得到一条上升股价 X 线。

在此后的上涨过程中，每当股价上升至股价 X 线位置时，都会遇到该线的阻力而回调。遇到这种情况，做波段操作的投资者，可以部分卖出持有的股票。

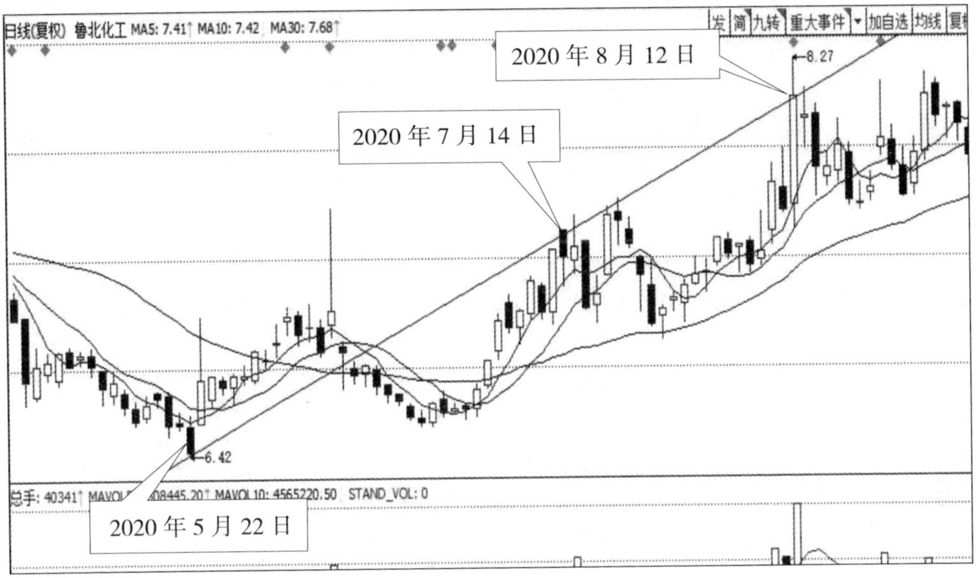

图 5-20　鲁北化工（600727）日 K 线走势图

第六章

量价平衡线的画法与买卖点操作技巧

量价平衡线，是一种以股价与成交量特殊形态为基础绘制的一条反映股价运行趋势的直线。该线与趋势线、股价X线比较相似，但其取点更为灵活，因而在最近几年的股市交易实战中应用比较多。

当然，关于量价平衡线，目前也没有统一的解释，市场上的称呼也多种多样，但其发挥的作用是相似的，即都能指示股价运行的方向，帮助投资者判断股价运行的支撑位与阻力位。

第一节　量价平衡线基本原理

通常情况下，量价平衡线绘制完成后，股价会在一段时间内沿着平衡线指示的方向运行。同时，这条平衡线还可能会对股价起到一定的支撑和阻力作用。

一、上升平衡线和下降平衡线

量价平衡线，按照其倾斜的角度可以划分为上升量价平衡线和下降量价平衡线。

1. 上升量价平衡线

上升量价平衡线，是基于股价振荡上行初期形成的两根关键 K 线的底部与顶部，连接成的向右上方倾斜的直线。股价在上涨过程中，通常会围绕该平衡线运行，并在平衡线位置获得支撑或受到阻力。同时，只要股价没有大幅偏离上升量价平衡线，投资者就可以继续持股待涨。

如图 6-1 所示，爱旭股份（600732）的股价自 2020 年 5 月底开始出现触底反弹迹象。6 月 8 日，该股股价放量上攻，成交量放大了数倍。其后，股价经过几个交易日的调整后重新上攻。6 月 29 日，股价在高位出现振荡，成交量再次放大。此后，股价出现上涨走势。

投资者可以 6 月 8 日阳线的底部开盘价和 6 月 29 日阴线顶部开盘价为基准绘制一条上升量价平衡线。之后，股价一直沿着该线上攻。

7 月 30 日，该股股价向上突破量价平衡线，说明股价即将启动快速上攻。

不过，次日股价又跌回到平衡线下方，说明股价继续上攻的动能不足，无力支撑股价持续上攻，投资者宜做好减仓准备。

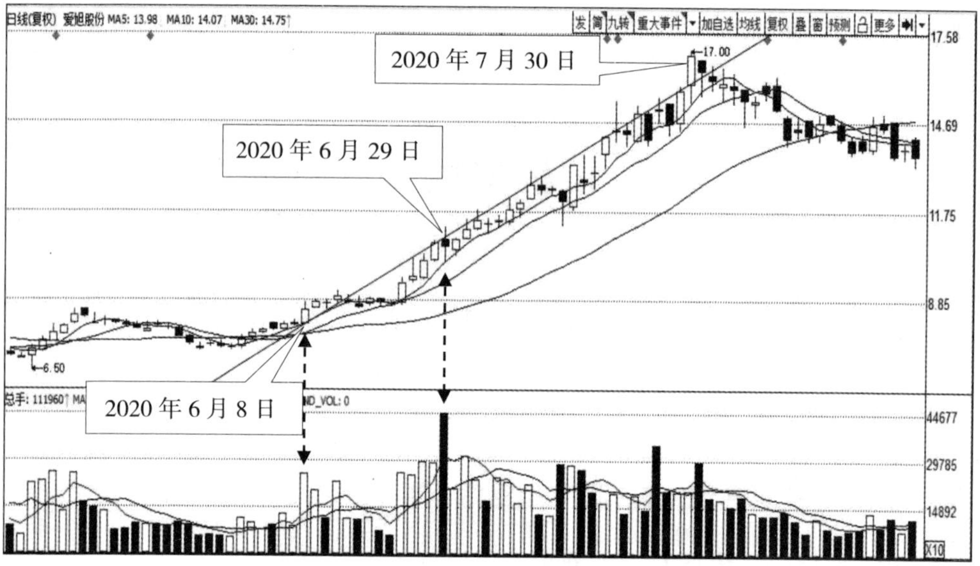

图 6–1　爱旭股份（600732）日 K 线走势图

股价沿着上升量价平衡线上升时，应注意以下几点。

第一，股价沿着量价平衡线上行的时间越长，该线作用越显著。

第二，股价位于量价平衡线下方时，该量价平衡线对股价具有一定的阻力作用。但如果股价向上突破平衡线，则意味着股价有加速上行的可能。

第三，股价自量价平衡线上方回落至量价平衡线下方，意味着股价上升动能可能存在不足。一旦出现更为明显的卖出信号，投资者可考虑卖出股票。

2. 下降量价平衡线

下降量价平衡线，是基于股价振荡下行初期形成的两根关键 K 线的顶部与底部，连接成的向右下方倾斜的直线。股价在下跌过程中，通常会围绕该平衡线运行，并在平衡线位置获得支撑或受到阻力。同时，只要股价没有大幅偏离下降量价平衡线，投资者就不应该入场建仓。

如图 6–2 所示，钢研纳克（300797）的股价自 2019 年下半年开始进入下跌趋势。

该股股价在振荡下跌初期，成交量异常放大的两个关键点分别为 2019 年 12 月 13 日和 12 月 26 日两根 K 线。将两根 K 线的顶部和底部连接，就得到了一条下降量价平衡线。此后，该股一直沿这条平衡线运行。

2020 年 2 月 24 日，该股股价平开高走，收出一根中阳线。不过，这根中阳线在触及下降量价平衡线后，重新进入下跌趋势，由此可见，该平衡线对股价具有很强的阻力作用。

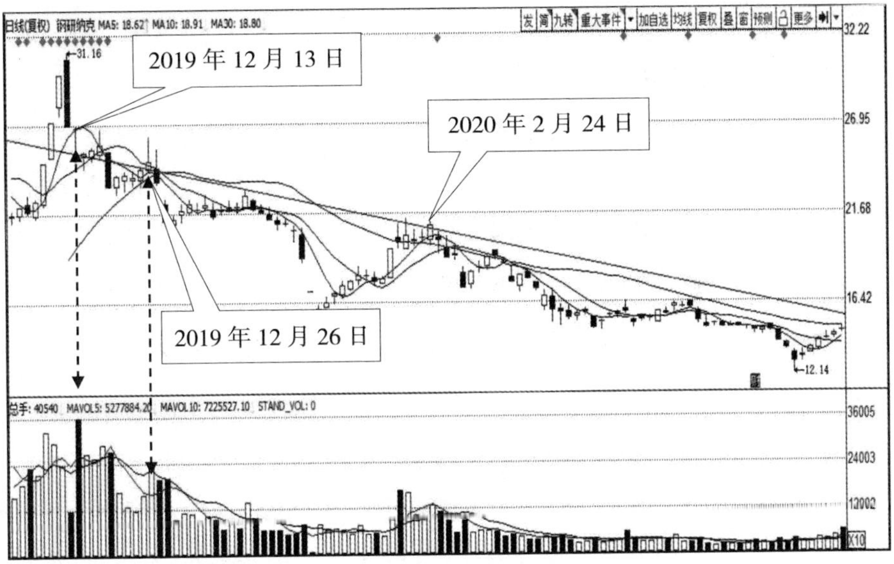

图 6–2　钢研纳克（300797）日 K 线走势图

股价沿着下降量价平衡线下跌时，应注意以下几点。

第一，股价沿着下降量价平衡线下行的时间越长，该线作用越显著。

第二，股价位于下降量价平衡线下方时，该平衡线对股价具有一定的阻力作用。如果股价向上突破下降量价平衡线，则意味着股价有结束下行的可能，但仍需要参考其他买入信号。

第三，股价如果运行于下降量价平衡线上方，则下降量价平衡线会对股价产生一定的支撑作用。也就是说，股价在触及下降量价平衡线时，可能会引发一波反弹。

二、量价平衡线对股市预判的指导意义

量价平衡线，本质上属于趋势线的变形，因而其不仅具有趋势线所具备的指导意义，还拥有趋势线不具备的作用。

1. 研判股价运行趋势

量价平衡线与趋势线，在研判股价运行趋势方面的作用相同。也就是说，通过观察量价平衡线的运行方向，可以很容易地了解股价的运行趋势。

上升量价平衡线，反映出股价正处于上涨中的一种趋势，而且这种趋势还可能继续保持。下降量价平衡线，则反映出股价正处于下跌中的一种趋势，而且下跌行情还可能继续。

在绘制量价平衡线时，投资者可以非常清楚量价平衡线反映的股价运行趋势。由于量价平衡线是依据两根关键 K 线绘制的，因而当后一个基准点高于前一个基准点时，量价平衡线就会向右上方倾斜，反之，则会向右下方倾斜。

如图 6-3 所示，力合科技（300800）的股价在 2020 年 6 月底出现触底反弹迹象。7 月 1 日，该股股价放量上攻，成交量放大了数倍。

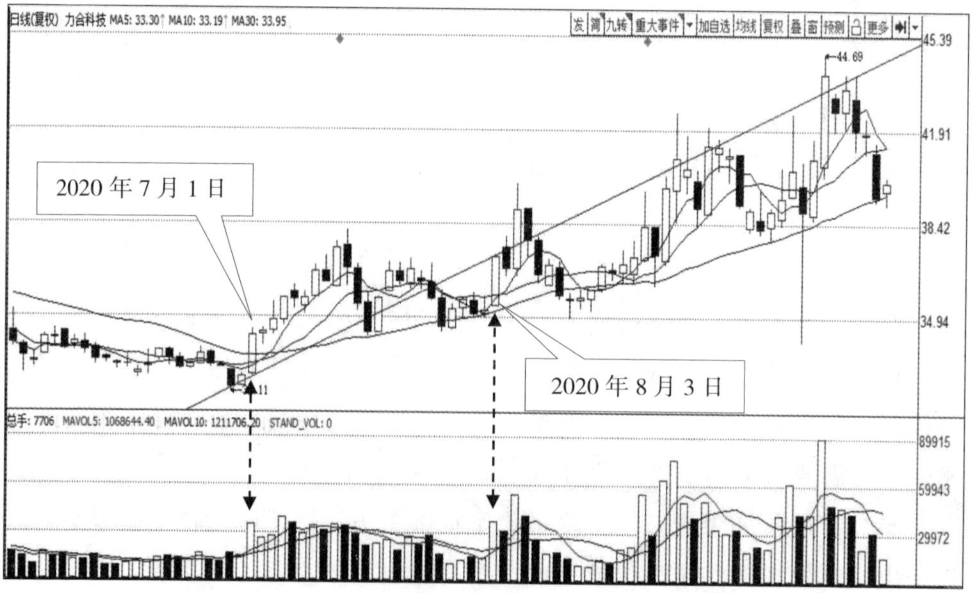

图 6-3　力合科技（300800）日 K 线走势图

其后，该股股价经过几个交易日的调整后重新上攻。8 月 3 日，股价在高位出现振荡，成交量再次放大。此后，股价出现上涨走势。

投资者可以 7 月 1 日阳线的底部开盘价和 8 月 3 日阳线的顶部收盘价为基准绘制一条上升量价平衡线。此后，股价一直沿着该线上攻。

2. 确定股票持仓与离场

股价有向量价平衡线靠拢的倾向。也就是说，上升趋势中，股价距离平衡线过远时，可能有回调的需求；反之，当股价处于平衡线下方较远的位置时，存在向上反弹的需求。

当股价沿着上升量价平衡线上行时，投资者只需持股待涨即可，当股价出现加速上升信号时，可加仓；当股价远离上升量价平衡线时，也存在回调的需求。股价沿下降量价平衡线下行时，与之相反。

如图 6-4 所示，斯迪克（300806）的股价在 2020 年 4 月底出现触底反弹迹象。5 月 11 日，该股股价跳空放量上攻，创出阶段最高量。

其后，股价经过几个交易日的调整后重新上攻。5 月 21 日，股价在高位出现振荡，成交量再次放大若干倍。此后，股价出现上涨走势。

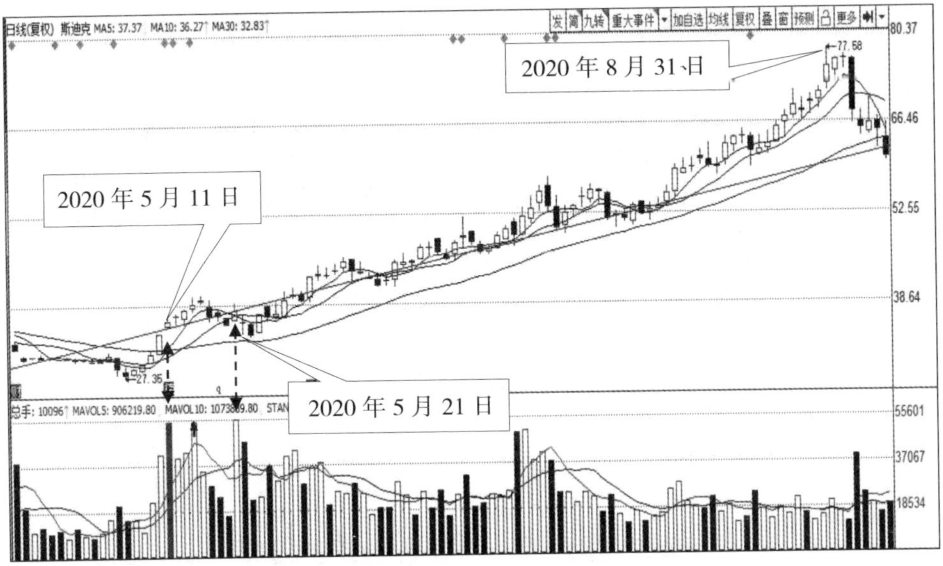

图 6-4　斯迪克（300806）日 K 线走势图

投资者可以 5 月 11 日阳线的底部开盘价和 5 月 21 日阳线的顶部收盘价为基准绘制一条上升量价平衡线。之后，股价一直沿着该线上攻。

一直到 8 月 31 日，股价距离上升量价平衡线较远时，才出现调整走势。也就是说，如果股价一直沿着上升量价平衡线上行，并且没有远离量价平衡线，投资者就可以一直持股。

3. 确定股票买卖点

量价平衡线绘制完成后，股价会沿着量价平衡线的方向运行，但有些股票的股价并不会一直与量价平衡线纠缠，而可能会运行于量价平衡线上方或下方。

如果股价运行于量价平衡线下方，那么当股价上行至量价平衡线位置时，就会遇到量价平衡线的阻力，股价下行的概率就会比较大。反之，如果股价运行于量价平衡线上方，那么当回调或下跌至量价平衡线位置时，也可能受量价平衡线的支撑重新上攻，这个重新上攻的启动点就是该股的一个最佳买点。

如图 6–5 所示，平安银行（000001）的股价在 2020 年 3 月中旬出现触底反弹迹象。3 月 19 日，该股股价大幅下跌，成交量同步放大。

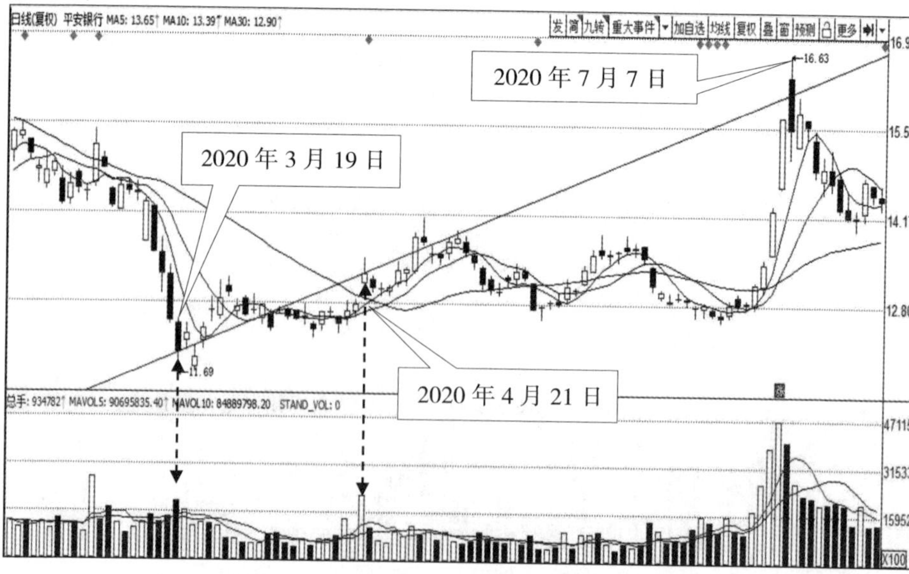

图 6–5　平安银行（000001）日 K 线走势图

其后，该股股价触底反弹，经过几个交易日的调整后重新上攻。4月21日，该股跳空高开高走，成交量再次放大若干倍。此后，股价出现上涨走势。

投资者可以3月19日阴线的底部收盘价和4月21日阳线的顶部收盘价为基准绘制一条上升量价平衡线。之后，股价一直运行于量价平衡线下方。

7月7日，股价在前几个交易日上攻的基础上直接高开，在突破量价平衡线后重新回落至量价平衡线下方，说明股价遇到了量价平衡线强大的阻力，投资者可暂时卖出股票。

利用量价平衡线判断股票买卖点时，需要注意以下两点。

第一，量价平衡线向右下方倾斜时，说明股价处于下降趋势中，应尽量避免买入股票。

第二，量价平衡线向右上方倾斜时，说明股价处于上升趋势中。如果投资者想长线持有该股，可暂不考虑卖出操作，待出现明显的卖出信号后，再执行卖出操作。

三、量价平衡线的内在原理——成交量法则

量价平衡线，因其与趋势线、股价X线的构造基础相似，因而动态平衡原理、多空博弈以及心理作用都是其形成的原因。不过，对形成量价平衡线产生作用的，还有一个独特的因素——成交量法则。

股价上涨或下跌都是主力资金推动的。量在价先，股价上行时，往往需要更多的资金量，因而成交量放大是股价上行的必要条件。当股价想要创出更高的价格时，同样需要更高的成交量。因此，反向追踪成交量异动的痕迹，就可以找到股价上行的趋势。其实，主力在推动股价上行时，往往也会将这一平衡线位置作为其防御的重点。

第二节 量价平衡线画法及交易含义

关键 K 线是量价平衡线发挥作用的核心。因此，如何选择关键 K 线，是绘制量价平衡线的重心。

一、上升量价平衡线画法

上升量价平衡线的绘制方法包括如下几点。

第一，选择关键 K 线。关键 K 线，通常选择股价自底部启动初期两个明显高于前一交易日的成交量柱对应的 K 线，并且后一根 K 线要明显高于前一根 K 线。

第二，确认基准点。以第一根 K 线的实体底部（阳线的开盘价或阴线的收盘价）为第一基准点，以第二根 K 线的实体顶部（阳线的收盘价或阴线的开盘价）为第二基准点。

第三，绘制量价平衡线。将前述两个基准点相连，就可以获得一条上升量价平衡线。

通常情况下，绘制的量价平衡线应该能够引导股价上升，否则需要重新选点画线。投资者也可以绘制多条量价平衡线，从中选定最能反映未来股价走势的那条线。如图 6-6 所示。

如图 6-6 所示，世纪星源（000005）的股价自 2020 年 5 月下旬开启了一波振荡上升走势。

5 月 26 日、6 月 17 日和 7 月 6 日，该股股价先后出现了 3 个符合基准点要求的 K 线。投资者可先将 5 月 26 日和 6 月 17 日的 K 线连接，绘制一条上升量价平衡线，即图中的实线。

从其后的走势来看，该平衡线与股价走势偏离较大，因此投资者可将第二基准点后移至 7 月 6 日，以 5 月 26 日和 7 月 6 日的 K 线作为基准点绘制量价平衡线，即图中的虚线。

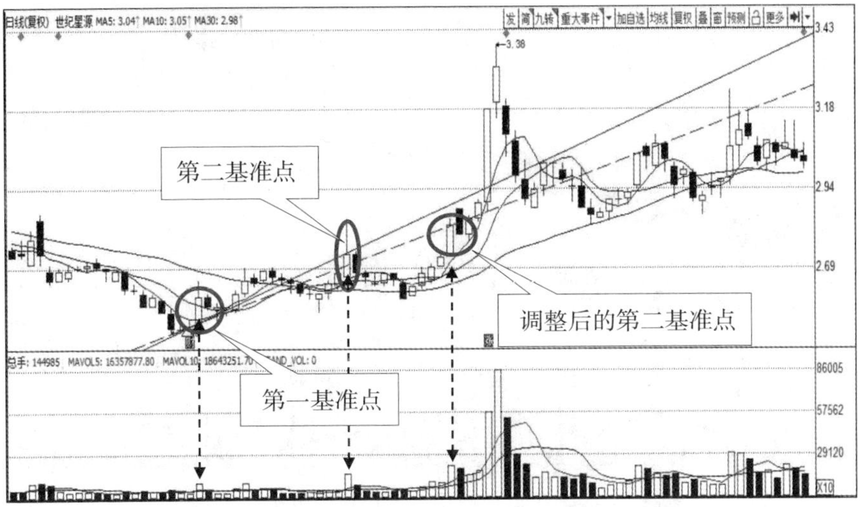

图 6-6　世纪星源（000005）上升量价平衡线

股价在振荡上升过程中，虽偶尔突破了上升量价平衡线，但很快回到量价平衡线下方。其后，股价多次触及量价平衡线后回落，说明调整后的量价平衡线更加符合实际情况。

投资者在画上升量价平衡线时，需要注意以下两种情况。

第一，上升量价平衡线的两个基准点之间应该有一定的距离，不能是相邻的两个 K 线实体。

第二，在股价的一波上涨过程中，可以绘制多条上升量价平衡线，若多条量价平衡线相交于一点，则该点对股价的阻力或支撑作用会非常强大。如图 6-7 所示。

如图 6-7 所示，深大通（000038）的股价自 2020 年 3 月中旬开始出现了一波振荡走势。

在股价振荡上行过程中，该股出现了若干个放量高点。投资者可在股价振荡过程中，以 3 月 23 日的开盘价为低点，以 4 月 23 日反弹高点为高点，绘制第一条上升量价平衡线。

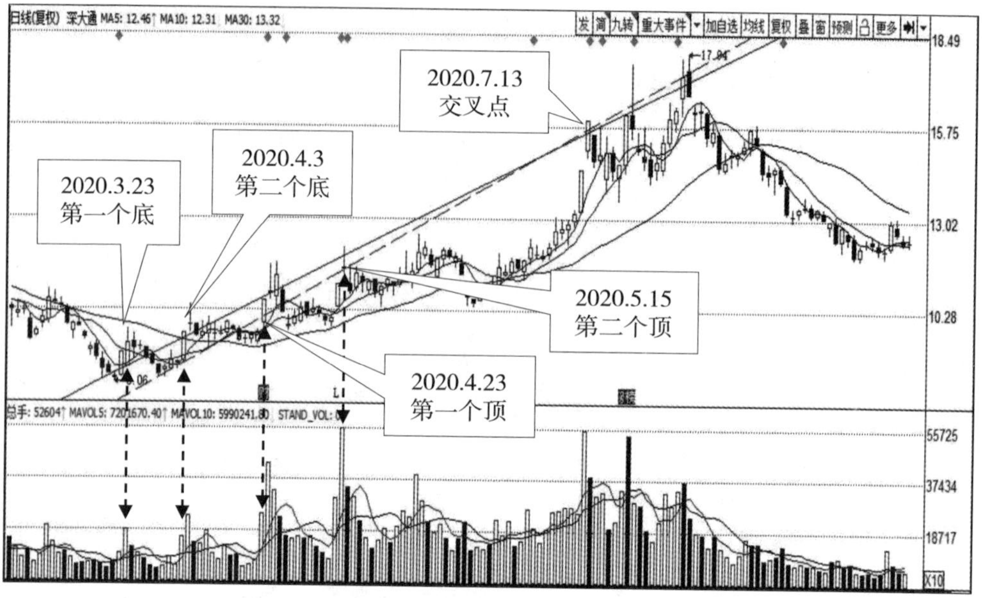

图 6-7　深大通（000038）上升量价平衡线

其后，再以 4 月 3 日开盘价和 5 月 15 日收盘价为基准，绘制第二条上升量价平衡线，与第一条量价平衡线大致相交于 7 月 13 日。这说明在 7 月 13 日，该股股价上行将会受到较强的阻力。

二、下降量价平衡线画法

下降量价平衡线的绘制方法包括如下几点。

第一，选择关键 K 线。关键 K 线，通常选择股价自顶部启动下跌初期两个明显高于前一交易日的成交量柱对应的 K 线，并且后一根 K 线要明显低于前一根 K 线。

第二，确认基准点。以第一根 K 线的实体顶部（阳线的收盘价或阴线的开盘价）为第一基准点，以第二根 K 线实体底部（阳线的开盘价或阴线的收盘价）为第二基准点。

第三，绘制量价平衡线。将前述两个基准点相连，就可以获得一条下降量价平衡线。

通常情况下，所绘制的下降量价平衡线应该能够引导股价下跌，否则需要重新选点画线。投资者也可以绘制多条下降量价平衡线，从中选定最能反映未来股价走势的那条线。如图 6-8 所示。

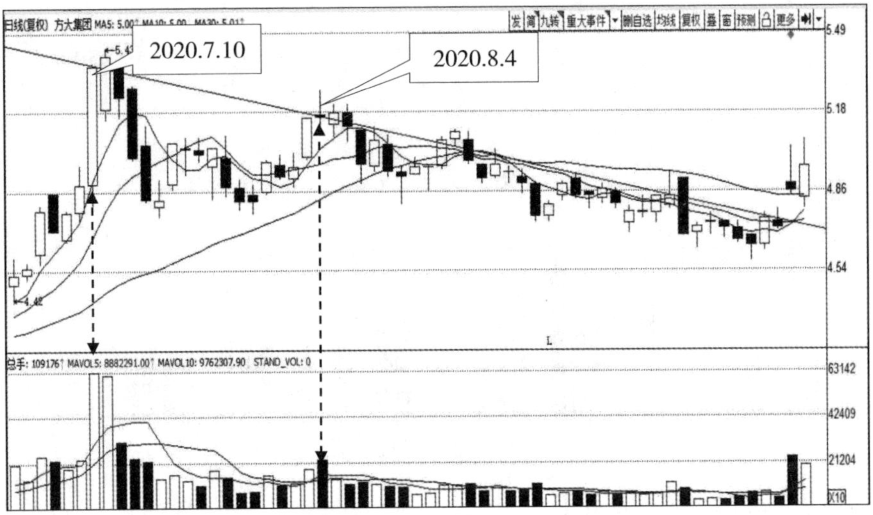

图 6-8　方大集团（000055）下降量价平衡线

如图 6-8 所示，方大集团（000055）的股价在 2020 年下半年振荡下降过程中，形成了若干个波段低点和高点。投资者分别选择 7 月 10 日和 8 月 4 日的两根 K 线的顶部和底部，将其连接成一条下降量价平衡线。

其后，该股股价沿着该平衡线出现了一波振荡下跌走势。

投资者在画下降量价平衡线时，需要注意以下两种情况。

第一，下降量价平衡线的两个基准点之间应该有一定的距离，不能是相邻的两个 K 线实体。

第二，在股价一波下跌过程中，可以绘制多条下降量价平衡线。若多条下降量价平衡线相交于一点，则该点对股价的支撑或阻力作用会非常强大。如图 6-9 所示。

如图 6-9 所示，TCL 科技（000100）的股价在 2020 年 2 月—3 月出现了一波振荡下跌走势。该股股价在振荡过程中，形成了若干个放量点。

投资者可以 2 月 25 日的 K 线收盘价为顶，以 3 月 10 日回调反弹放量点对应的 K 线开盘价为底，绘制第一条下降量价平衡线。

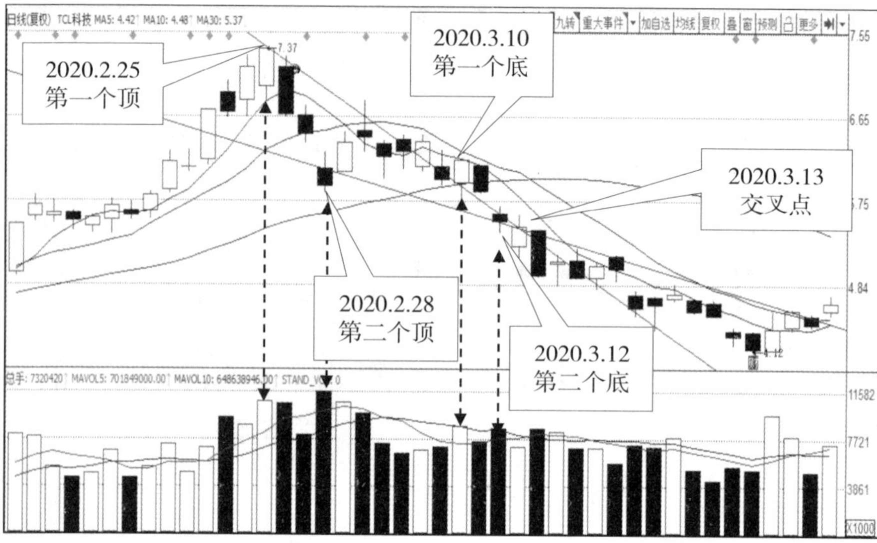

图 6-9　TCL 科技（000100）下降量价平衡线

其后，再以 2 月 28 日 K 线开盘价为顶，以 3 月 12 日回调 K 线收盘价为底，绘制第二条下降量价平衡线。两条下降量价平衡线大致相交于 3 月 13 日，这说明该股股价在回调至 3 月 13 日位置附近时，会受到强大的支撑或阻力作用。

3 月 13 日，该股股价并未突破交叉点位置，次日股价出现了大幅下跌走势。

第三节　量价平衡线与水平线组合应用技巧

水平线是一条可以反映股价重要支撑位与阻力位的直线。如果将其与量价平衡线结合起来分析，可以提升支撑位或阻力位的分析研判效力。

一、量价平衡线与水平线组合判断阻力位

上升量价平衡线能够清晰地指引股价的运行方向，水平线则可以告诉投资者股价运行至何处会受到强大的阻力。

当上升量价平衡线与水平线相交于一点时，则该交叉点会具有更加强大的阻力。当然，与其他阻力位相似，若股价能够突破该位置，那么这一位置也将由阻力位转化为支撑位。如图 6-10 所示。

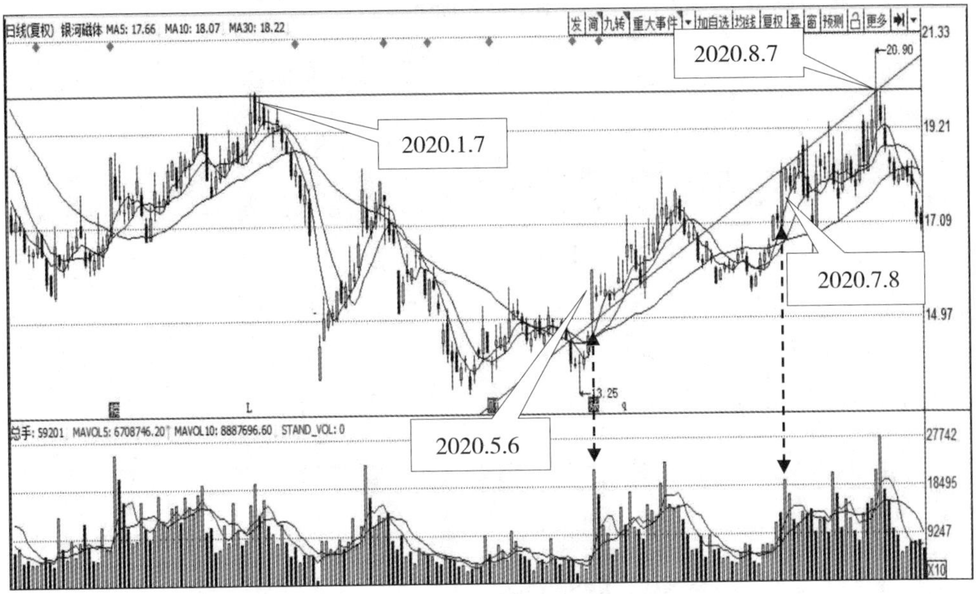

图 6-10 银河磁体（300127）日 K 线走势图

如图 6-10 所示，银河磁体（300127）的股价自 2020 年 4 月开始启动了一波振荡上升走势。5 月 6 日和 7 月 8 日出现了两个比较明显的量柱，投资者可分别以这两个交易日 K 线的实体底部和顶部为基准，绘制一条上升量价平衡线。

同时，该股股价在 4 月之前的振荡下行过程中，2020 年 1 月 7 日曾经形成一个反弹高点，投资者可以该点位为基准绘制一条水平线。该水平线与量价平衡线在 8 月 7 日相交。这意味着，8 月 7 日，该股股价上升至交叉点附近时，将会受到强大的阻力。当日，该股股价曾一度突破该阻力位，但最终回到了交叉点下方，这意味着股价将展开一波调整走势。

二、量价平衡线与水平线组合判断支撑位

下降量价平衡线能够清晰地指引股价的运行方向，水平线则可以告诉投

资者股价运行至何处会受到强大的支撑。

当下降量价平衡线与水平线相交于一点时，该交叉点会具有更加强大的支撑力。当然，与其他支撑位相似，若股价能够跌破该位置，那么这一位置也将由支撑位转化为阻力位。如图 6-11 所示。

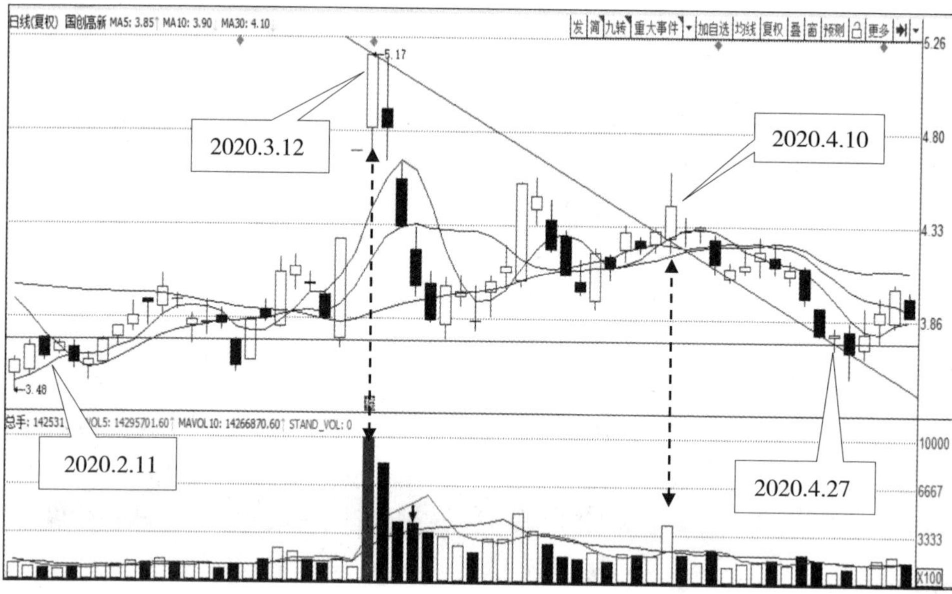

图 6-11　国创高新（002377）日 K 线走势图

如图 6-11 所示，国创高新（002377）的股价自 2020 年 3 月开始启动了一波振荡下行走势。3 月 12 日和 4 月 10 日出现了两个比较明显的量柱，投资者可分别以这两个交易日 K 线的实体顶部和底部为基准绘制一条下降量价平衡线。

同时，该股在 3 月之前的振荡上行过程中，2020 年 2 月 11 日曾经形成了一个回调高点，投资者可以该点位为基准绘制一条水平线。该水平线与量价平衡线在 4 月 27 日相交。这意味着，4 月 27 日，该股股价下跌至交叉点附近时，将会受到强大的支撑。其后，当股价下跌至该位置时，因受支撑出现了一波反弹走势。

第七章

黄金分割线画法及实战技巧

黄金分割线是股市中最常见、最受欢迎的切线分析工具之一。在实际操作中，主要运用黄金分割来揭示上涨行情中的调整支撑位或下跌行情中的反弹压力位。

常用的黄金分割线包括两种：一是水平黄金分割线；二是垂直黄金分割线。

第一节　黄金分割线基本原理——黄金分割理论

把一条线段分为两部分，使其中一部分对于全部的比率，等于另一部分对于该部分的比率，按照这个算法得出的比率，约等于0.618。这个比率具有极高的美学价值，故称为黄金分割比率。由该比率衍生出的理论，就是黄金分割理论。

一、黄金分割理论的基本内容

黄金分割比率是由古希腊数学家毕达哥拉斯首次提出，然后由13世纪数学家斐波纳契重新发现和发展出来的。斐波纳契曾写过一本书，涉及一些奇妙的数字组合，这些奇妙的数字组合是1、2、3、5、8、13、21、34、55、89、144、233……后人将该数列以其名字命名为斐波纳契数列。

有人认为斐波纳契数列与金字塔上的某些数据息息相关。比如，金字塔的长度为5813寸（5—8—13），高和底边的比率为0.618，而神秘数字组合中，从21往后任何两个连续数字的比率都近似于0.618。

斐波纳契数列具有以下特点。

（1）其中任何一个数字都是前面两个数字之和，即3＝2+1、5＝3＋2、8=5＋3……，以此类推。

（2）除了最前面3个数（1，2，3），前一数字与后一数字之间的比例，越来越趋近于0.618，例如：34/55＝0.618、55/89＝0.618、89/144＝0.618……

（3）除了最前面3个数（1，2，3），后一数字与前一数字之间的比例，越来越趋近于 1.618，例如：55/34=1.618、89/55=1.618、144/89=1.618……

（4）1.618 与 0.618 互为倒数，即 1.618×0.618=1。

包括 0.618 和 1.618 这两个基本比率在内，很多投资者在股市长期实践中还发现了下列两组神秘比率。

（1）0.191、0.382、0.5、0.618、0.809。

（2）1、1.382、1.5、1.618、2、2.382、2.618。

这些数字构成了黄金分割比率。

在股市波动中，黄金比率的现象也时时可以遇到。市场可以产生完整的黄金比率，比如一个上升浪发生调整，则调整浪与这个上升浪的比例往往就是黄金比率，如图 7-1 所示。

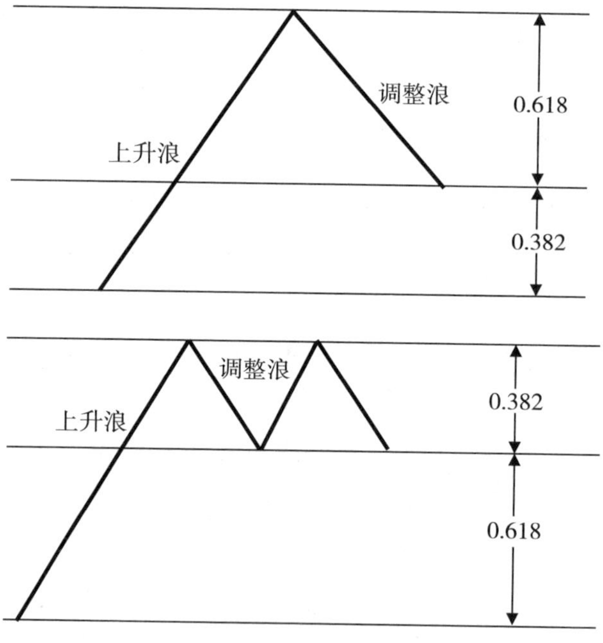

图 7-1　上升浪与调整浪的黄金比率关系

二、黄金分割理论预测股价的方法

黄金分割理论认为：市场对即时消息不是随机的、无形的大众反映，而是一种对不断发展的形态结构的精确记录。

黄金分割理论适用于任何流动性强、交易量大的市场，而且既可以运用在长线操作上，也可以运用在短线交易中。

在股市分析中，可以根据黄金分割比率来进行预测和交易。需要说明的是，黄金分割数字的意义，只是提醒投资者当股价运行至该位置时，遇到阻力或者支撑的概率会增加。实际上，当股价运行到黄金分割位时，并不一定就会遇到阻力或者支撑。

1. 以某一高点或低点为基数进行预测

以股价近期走势中重要的顶部或底部，即重要的高点或低点为基数测量并预测未来的走势。当股价上涨时，以重要低点的股价为基数，当股价回落到某一黄金比率时，可能会获得支撑。当股价下跌时，以重要高点的股价为基数，当股价上涨到某一黄金比率时，可能会遇到阻力。

举个例子。当行情筑底成功，开始向上回升时，如果底部的最低价为10元，那么股价反转上升时，投资者可以预先计算出各种不同的阻力位，也就是10×（1+0.191）=11.91（元），10×（1+0.382）=13.82（元），10×（1+0.618）=16.18（元），10×（1+0.809）=18.09（元），10×（1+100%）=20.00（元），然后再依照实际的股价变动情况调整自己的操作策略。

2. 以某一涨幅或跌幅为基数进行预测

行情发生反转后，无论是从上涨转向下跌，还是从下跌转向上涨，以近期走势中重要的高点和低点之间的幅度作为计量基数，将这一幅度按照0.191、0.382、0.5、0.618、0.809分割为5个黄金分割点。股价反转后，将有可能在这些黄金分割点上遇到暂时的阻力或支撑。

比如，投资者常会看到，每当股价上涨幅度达到上一波段跌幅的0.382或是0.618附近时，就会产生明显的阻力，股价往往会出现回落。相反，当股价出现下跌时，其下跌幅度达到上一波段涨幅的0.382或是0.618附近时，就会产生明显的支撑，股价往往可能开始回升。

如图7-2所示，2020年5月中旬，金杯汽车（600609）的股价开启了一波上涨行情。到了 7 月 13 日，股价在接近 10 元位置创出新高之后出现回落。投资者要想预测之后的支撑位和阻力位，可以这段涨幅作为基数进行黄金分割。

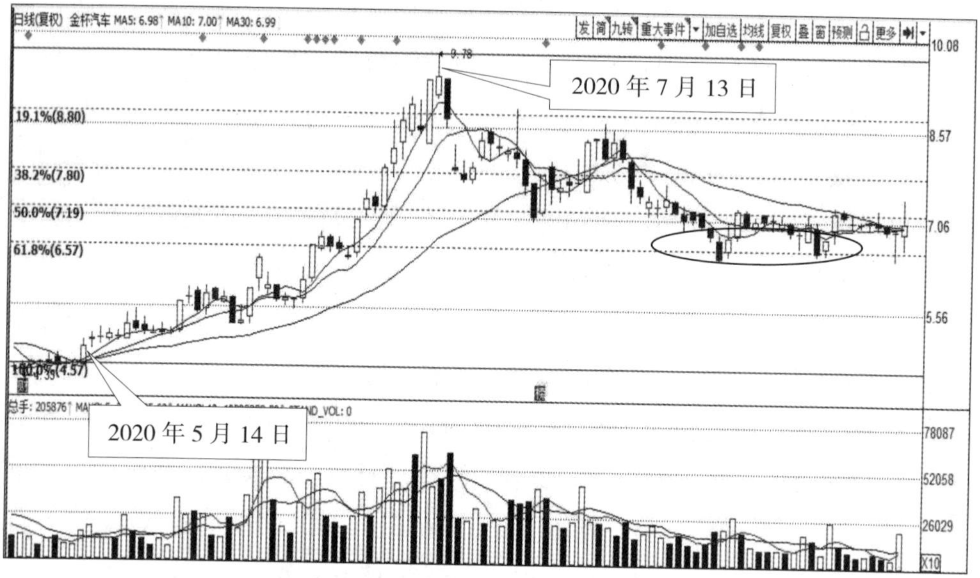

图 7-2　金杯汽车（600609）的日 K 线图

利用画线工具中的黄金分割工具，可以画出黄金分割线。从图中可以看出，股价在 0.618 位置获得支撑而出现反弹。

第二节　黄金分割线的画法

目前，炒股软件中提供的黄金分割线主要有两种：一是水平黄金分割线，二是垂直黄金分割线。

一、水平黄金分割线的画法及操作要领

水平黄金分割线，是指将股价的一段走势按照黄金分割比率划分成若干

个分位，用以观察这些黄金分位对股价支撑和阻力作用的技术分析方法。

1. 水平黄金分割线的画法

投资者在选中的K线走势图页面上，点击“画线工具”按钮，在弹出的对话框内选择“黄金分割线”即可。

点击“黄金分割线”后，先选择起点，一般选择一段行情的高点或低点。然后点击并按住鼠标左键不放，拖动鼠标至另一个低点或高点位置放开，即可得到相应的黄金分割线。如图7–3所示。

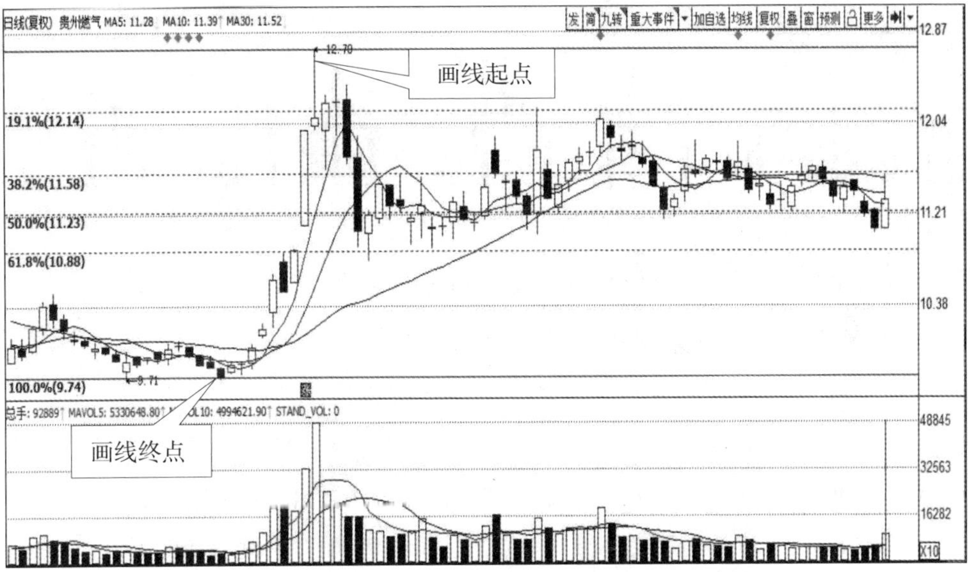

图7–3 贵州燃气（600903）股价的黄金分割线

在同花顺软件中，系统不仅给出了黄金分割线的各个点位，还给出了各个点位对应的股价，这样投资者就更加便于寻找各个支撑位与阻力位的价格了。当然，投资者也可以截取一波上升趋势来画水平黄金分割线。如图7–4所示。

如图7–4所示，投资者可以选择哈高科（现名湘财股份，600095）一段上涨行情的低点和高点，作为水平黄金分割线的起始点。之后，系统会自动给出黄金分割线向上的阻力位，如图中的1.191、1.382等点位。这些点位对

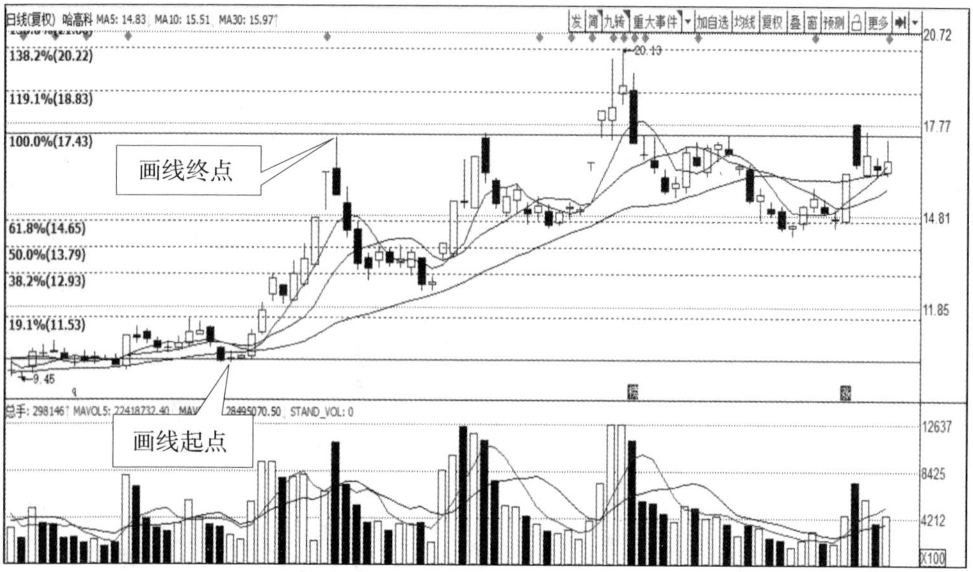

图 7–4 哈高科（现名湘财股份，600095）日 K 线走势图

投资者未来研判股价阻力位与目标位的帮助非常大。

2. 绘制水平黄金分割线的操作要领

在画水平黄金分割线时，需要注意以下两种情况。

第一，画水平黄金分割线时，应注意波段低点与波段高点的选择。投资者选择的低点和高点越重要，黄金分割线对股价的影响也就越大。

第二，水平黄金分割线绘制完成后，投资者可以根据股价变化的规律适当地进行调整，使其能够更加准确地预测股价未来的支撑位与阻力位。

二、垂直黄金分割线的画法及操作要领

垂直黄金分割线，是指将股价的一段走势按照黄金分割比率划分成若干个时间段，用以判断股价转折点的技术分析方法。概括来讲，垂直黄金分割线主要是针对股价运行时间的分割。

1. 垂直黄金分割线的画法

投资者在选中的 K 线走势图页面上，点击“画线工具”按钮，在弹出的对话框内选择“垂直黄金分割线”按钮。

点击“画线工具”中的相应按钮后，先选择起点。一般选择一段行情的高点或低点，然后点击并按住鼠标左键不放，拖动鼠标至终点位置放开，即可得到相应的黄金分割线。

如图 7-5 所示，投资者绘制垂直黄金分割线的起始点情况是这样的，起始点为 0，到投资者松开鼠标的终点为 1.00 点位，之后系统会自动给出后面的 1.191、1.382、1.5、1.618 等点位，这些点位对预判股价的运行方向有重要的指导意义。

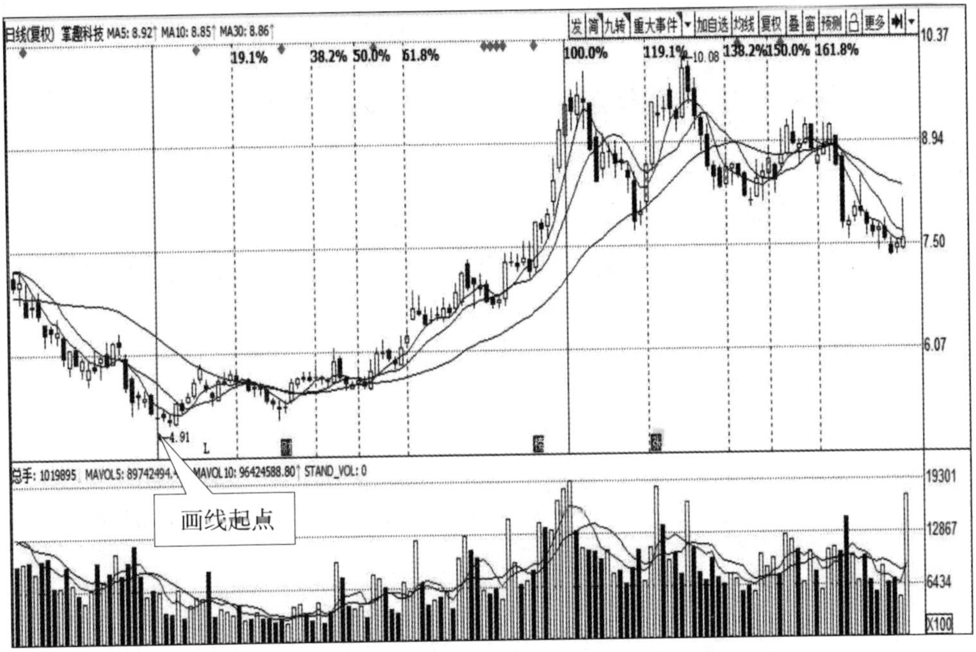

图 7-5 掌趣科技（300315）的垂直黄金分割线

2. 绘制垂直黄金分割线的操作要领

在画垂直黄金分割线时，需要注意以下两种情况。

第一，画垂直黄金分割线时，应注意周期的选择，即从起点位置到终点位置的时间。这一周期越长，周期线预测未来股价走势的时间就越长。

第二，垂直黄金分割位起点和终点的选择。投资者选择的起点和终点越重要，周期线预测的未来股价变盘的时间点就会越准确。

第三节　黄金分割线研判要点

从本质上来讲，黄金分割线就是一条帮助投资者判断股价转折点的直线。在股市中，这个转折点可能成为股价的支撑位、阻力位等。对黄金分割线的研判，也主要是从阻力位、支撑位与转折点等几个角度入手。

一、利用水平黄金分割线判断阻力位与目标位

股价处于上涨趋势中，每当股价运行到分割线附近时，都有可能出现回调。股价处于下跌趋势中，如果股价出现反弹，并且反弹至分割线附近时，都有再次回归下跌趋势的可能。这两个回调的点位就可能成为股价短期的阻力位。

1. 弱势反弹阻力位与目标位

股价下跌一段时间后出现反弹时，如果此次反弹属于弱势反弹，那么股价上涨到 0.382 点位时，就会受到黄金分割位的阻力重新下跌。

如图 7–6 所示，2020 年 4 月 3 日，中潜股份（300526）的股价开始启动了一波振荡下跌行情。

该股股价在振荡下跌过程中形成了若干个短期低点，并于 5 月 25 日开始反弹。投资者可以 5 月 25 日为起点，以 4 月 3 日为终点，这样系统会自动生成一系列的水平黄金分割线。

该股股价在振荡下跌之后，出现了反弹走势。6 月 11 日，股价上涨到 0.382 点位后，因受到黄金分割线阻力而下跌，说明此次属于弱势反弹，投资者宜卖出该股。

2. 强势反弹阻力位与目标位

股价下跌一段时间后出现反弹时，如果此次反弹属于强势反弹，那么股

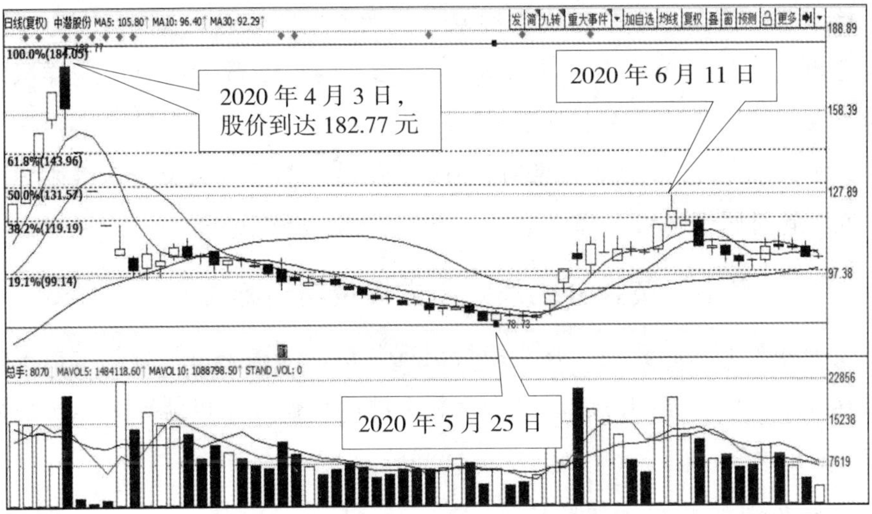

图 7–6　中潜股份（300526）日 K 线走势图

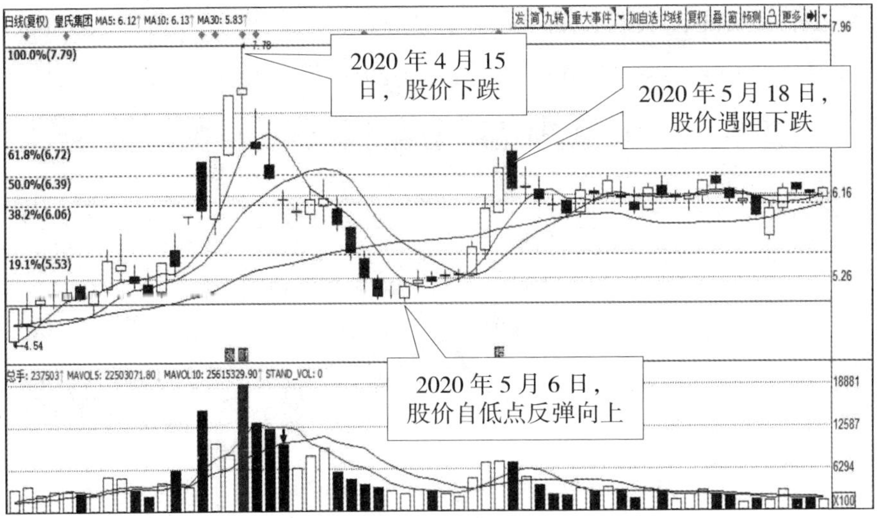

图 7–7　皇氏集团（002329）日 K 线走势图

价上涨到 0.618 点位时，就会受到黄金分割位的阻力重新下跌。

如图 7–7 所示，皇氏集团（002329）的股价从 2020 年 4 月 15 日开始走出了一波振荡下跌行情，投资者可以在股价振荡过程中画出一组水平黄金分割线。

该股股价在振荡下跌过程中形成了若干个短期低点，并于 5 月 6 日出现反弹迹象。投资者可以 5 月 6 日为起点，以 4 月 15 日为终点，这样系统会自动生成一系列的水平黄金分割线。

5 月 18 日，该股股价上涨到 0.618 点位后，因受到黄金分割线阻力而下跌，说明此时属于强势反弹。

二、利用水平黄金分割线判断支撑位与目标位

股价处于上涨趋势中，每当股价出现调整，回调至黄金分割线位置，都有获得支撑重新上涨的可能。这个重新上涨的点位，就可能成为股价短期波动的支撑位。

1. 弱势调整支撑位与目标位

股价上涨一段时间后自高点回落，一般会在黄金分割线的各个点位获得支撑，其弱势调整的目标位为 0.618 点位。

如图 7–8 所示，腾邦国际（300178）的股价自 2020 年 6 月 29 日开始启动了一波上涨走势。7 月 13 日，股价到达短期高点后出现回调。此时，投资

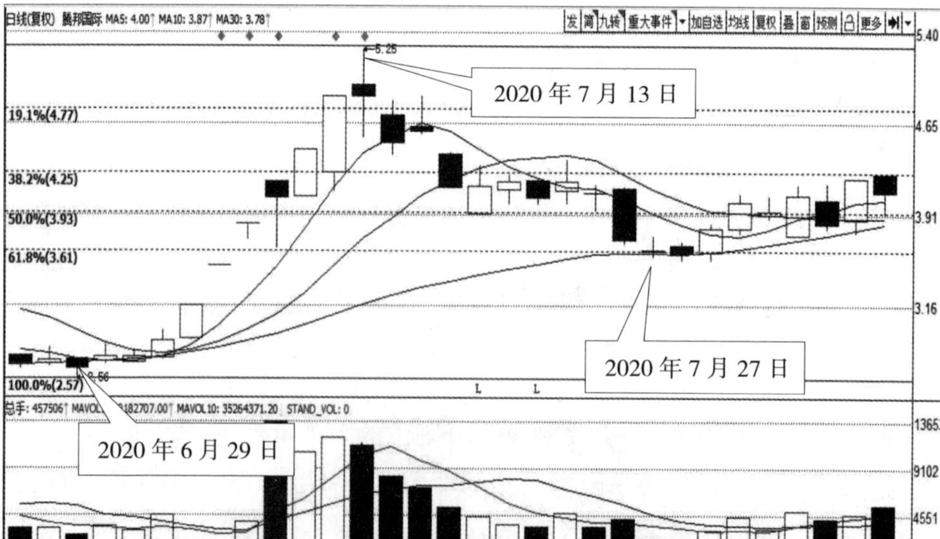

图 7–8　腾邦国际（300178）日 K 线走势图

者可以按照黄金分割线的画法，在 K 线图中画出股价运行的各个支撑位，以判断股价未来的运行趋势。

该股股价一度回调至 0.618 点位时才遇到支撑再度上涨，说明此次调整属于弱势调整。持有该股的投资者应该谨慎观察该股的走势，发现行情不利时要立即离场。

弱势调整是指股价在上涨过程中出现的整理走势，一般持续时间比较长，下跌幅度比较大，说明多方虽有优势，但优势并不明显，未来该股上涨空间有限。不过，股价未来能否突破前期高点并大幅上涨，还与所处的市场环境有关。

2. 强势调整支撑位与目标位

股价上涨一段时间后自高点回落，一般会在黄金分割线的各个点位获得支撑，其强势调整的目标位为 0.382 点位。

如图 7–9 所示，古鳌科技（300551）的股价从 2020 年 6 月 18 日开始启动了一波上涨走势。7 月 22 日，股价到达短期高点后出现回调。此时，投资者可以按照黄金分割线的画法，在 K 线图中画出股价运行的各个支撑位，以判断股价未来运行趋势。

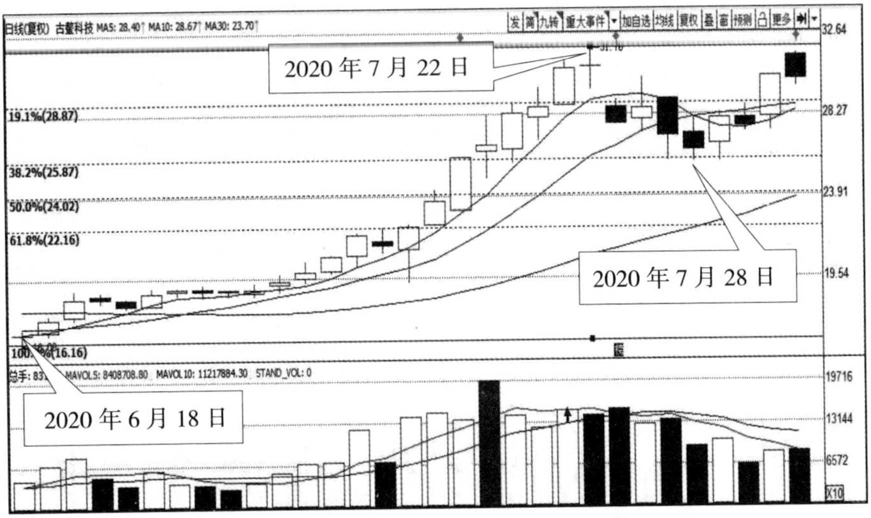

图 7–9　古鳌科技（300551）日 K 线走势图

该股股价在回调至 0.382 点位时，遇到支撑再度上涨，并很快突破了 7 月 22 日的高点，说明此次调整属于强势调整，投资者可以大力加仓买入该股。

强势调整是指在股价上涨过程中出现的短期整理走势，一般持续时间比较短，下跌幅度不大。这说明多方仍占据绝对优势地位，未来该股上涨空间很大。

三、水平黄金分割线的支撑位与阻力位转化

与其他画线工具类似，水平黄金分割线划定的支撑位与阻力位也是可以相互转化的。也就是说，在股价下跌过程中，遇到黄金分割线点位可能会受到支撑，但如果股价跌破这一支撑位，那么该位置就会转化为阻力位。

如图 7–10 所示，完美世界（002624）的股价从 2020 年 5 月 25 日开始启动上攻，并在 7 月 22 日创下 43.16 元高点后进入调整通道。此时，投资者可以借助水平黄金分割线预判股价的反弹阻力位和目标位。

股价先在回调至 0.382 位置时遇到支撑，但很快又跌破了该支撑位。其后，又在 0.50 点位获得支撑出现反弹走势。不过，该股股价反弹至 0.382 位置时，受到强大阻力重新下跌，这说明 0.382 点位已经从原来的支撑位转为阻力位。

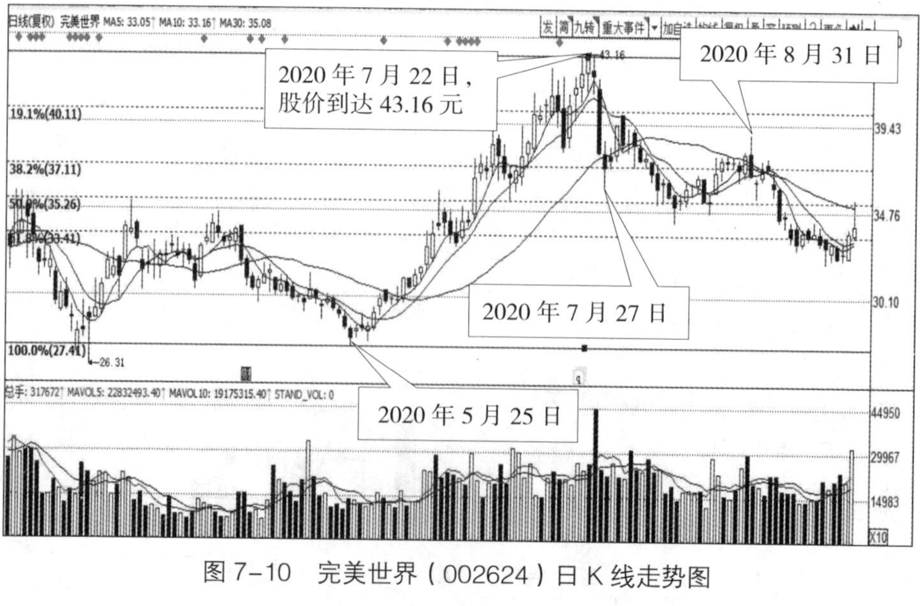

图 7–10 完美世界（002624）日 K 线走势图

研判水平黄金分割线支撑位与阻力位的转化时，需要注意这样几点。

第一，支撑能力较强的点位，一旦转化为阻力位，其阻力作用也较强。

第二，从某种意义上来讲，黄金分割线各个点位都具备一定的支撑或阻力作用。每当股价运行至黄金分割点位附近时，投资者都应特别留心。

四、利用垂直黄金分割线判断股价转折点

垂直黄金分割线，本质上是对时间点位的分割。也就是说，当股价运行一段时间后，可能会在某些关键时间点发生反转。正因如此，垂直黄金分割线往往能够成为投资者预测股价转折点的重要参考依据。

在很多情况下，处于上涨走势中的股价运行至垂直黄金分割线点位时，有可能出现下跌走势。反之，处于下跌走势中的股价运行至垂直黄金分割线点位时，有可能出现上涨走势。

如图 7–11 所示，克明面业（002661）的股价从 2020 年 3 月 19 日开始走出了一波振荡上涨行情，投资者可以在股价振荡过程中画出一组垂直黄金分割线。

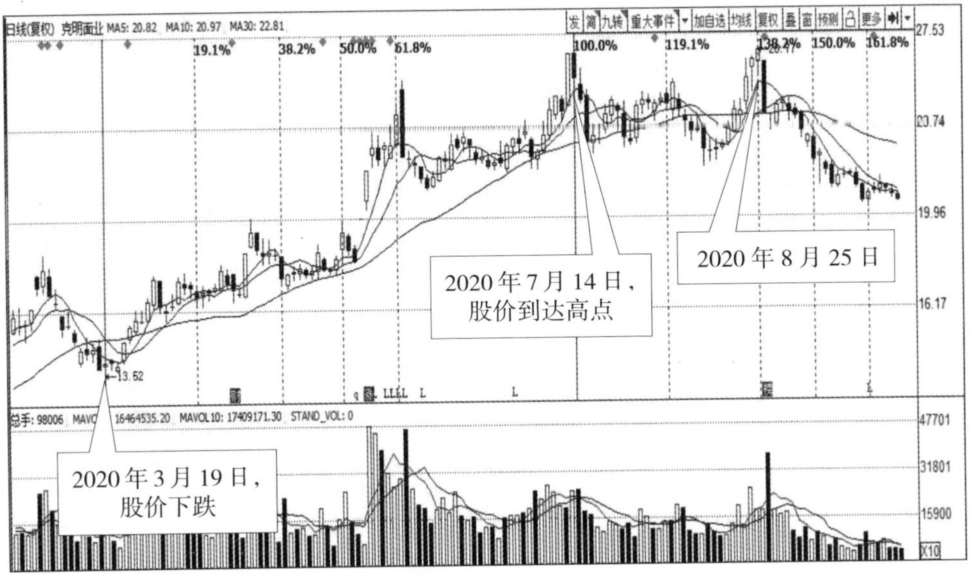

图 7–11　克明面业（002661）日 K 线走势图

该股股价在振荡上涨过程中形成了若干个短期低点和反弹高点，投资者可以 3 月 19 日为起点，以 7 月 14 日为终点，借助系统自动生成一组垂直黄金分割线。

在股价振荡下跌之后，出现了一波振荡反弹走势。8 月 25 日，股价在振荡到高点时到达 1.382 垂直黄金分割线位置，预示股价可能会转向，投资者宜保持谨慎。

次日，该股股价直接低开低走，开始进入下行通道。

应用垂直黄金分割线判断转折点时，需要注意以下两点。

第一，转折点的作用。一般情况下，只有在股价运行到相对高位或相对低位时，发生行情反转的可能性才较大，并且具有交易价值。

第二，转折点的位置。通常情况下，股价发生反转的位置与垂直黄金分割线不可能全部重合，很多时候会出现一些偏差。

第八章

八浪线画法与波浪理论实战技巧

八浪线是在波浪理论基础上开发出来的一种画线工具。目前，同花顺和通达信等炒股软件的“画线”一栏中均提供本工具。

第一节　八浪线基本原理——波浪理论

八浪线是以波浪理论中的八浪循环为基础设计的，其设计的基本原理就是波浪理论。波浪理论又称艾略特波浪理论，是由美国证券分析家拉尔夫·纳尔逊·艾略特在总结前人经验的基础上，以道琼斯工业指数平均线为研究对象，不断创新和总结出来的一套市场分析理论。

艾略特总结前人的经验后得出，在各种市场中，价格前进一般都会沿着五浪结构进行。在这五浪当中，浪 1、浪 3、浪 5 是推动向前运行的，被称为有向运动；浪 2、浪 4 是休整浪，是逆向运行的。对于将要发生的整个有向运动，这两个逆向休整浪是必不可少的。

一、八浪线、五浪线和三浪线

在很多炒股软件中，"八浪线"栏目下除了"八浪线"外，还包含了"五浪线"和"三浪线"两种画线工具，后两种全部属于"八浪线"的简化版。

1. 八浪线

八浪线基本涵盖了股价从上涨、调整、再上涨直至下跌的整个循环。有驱动前进的，就会有调整的。在一个完整的八浪循环中，波浪共分为两个阶段：一是五浪驱动阶段，即前面所提的五浪结构；二是三浪调整阶段。其基本结构如图 8-1 所示。

如图 8-1 所示，驱动阶段的五浪全部用数字表示，即浪 1、浪 2、浪 3、浪 4、浪 5；调整阶段的三浪全部用字母表示，即浪 A、浪 B、浪 C。

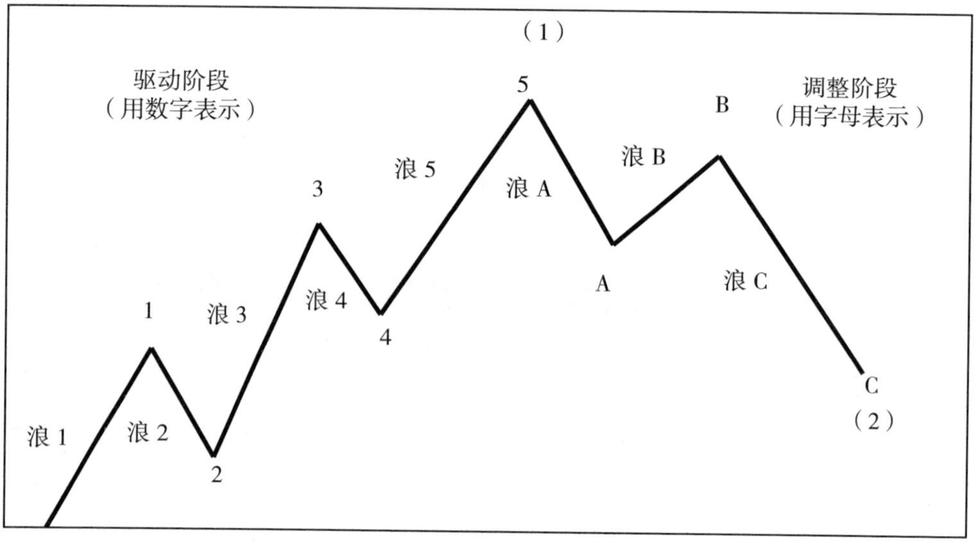

图 8-1　八浪循环结构示意图

上面介绍的是表现上升阶段的八浪循环。在熊市中，也有表示下跌阶段的八浪循环。熊市中的八浪循环与图 8-1 中的八浪循环正相反，如图 8-2 所示。

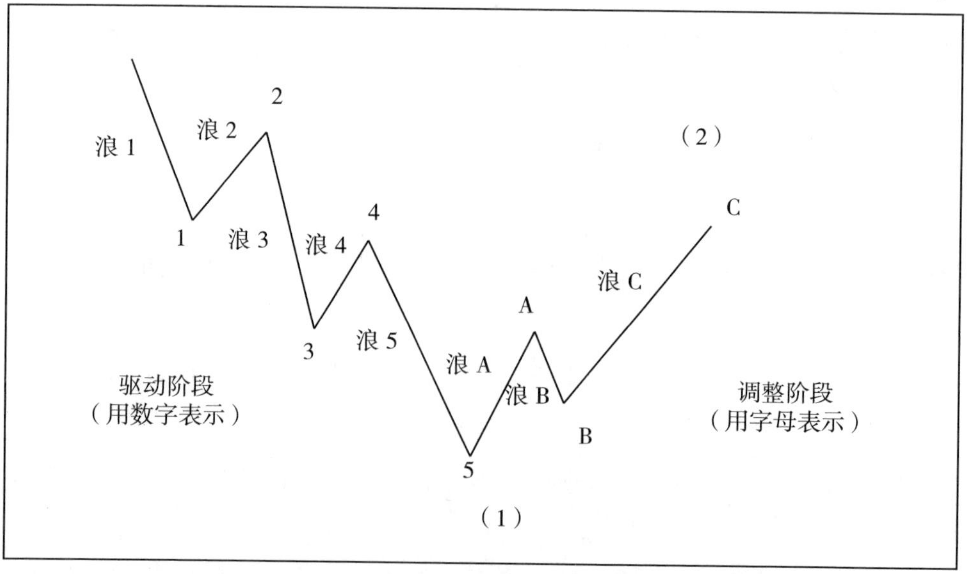

图 8-2　熊市中的八浪循环结构示意图

2. 五浪线

五浪线是在八浪线基础上去除了调整浪后得到的。艾略特总结前人的经验后得出，在各种市场中，价格前进一般都会沿着五浪结构进行。在这五浪当中，浪 1、浪 3、浪 5 是推动价格向前运行的，称为有向运动；浪 2、浪 4 是休整浪，是逆向运行的。对于将要发生的整个有向运动，这两个逆向休整浪是必不可少的，如图 8-3 所示。

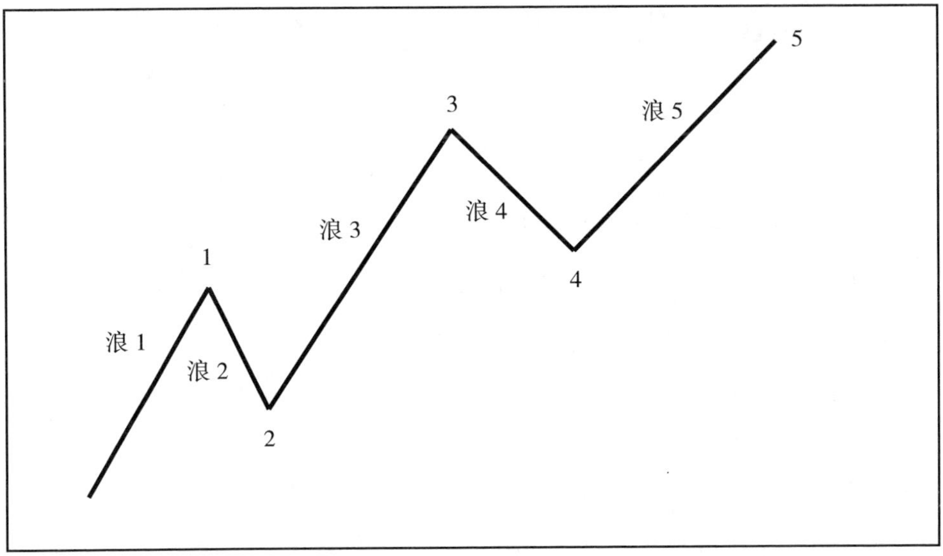

图 8-3 基本的五浪结构示意图

在这个五浪结构中，浪 1、浪 3、浪 5 是驱动价格向前运行的，因此被称为驱动浪；浪 2、浪 4 是促使价格出现回调的，因此被称为调整浪。

3. 三浪线

在具体的操盘过程中，很多研究者发现，代表股价上涨的五浪结构中，第五浪失败的概率非常高。也就是说，很多股票在完成三浪上升后，第四浪调整浪结束，第五浪并未将股价推向新的高度，而是直接下跌。

当然，如果第五浪真的出现上升行情，也会是非常疯狂的上涨。正因如此，很多研究者认为，每个投资者只要根据第一浪和第二浪的走势，抓住第三浪就能获得丰厚的收益。三浪线基本结构如图 8-4 所示。

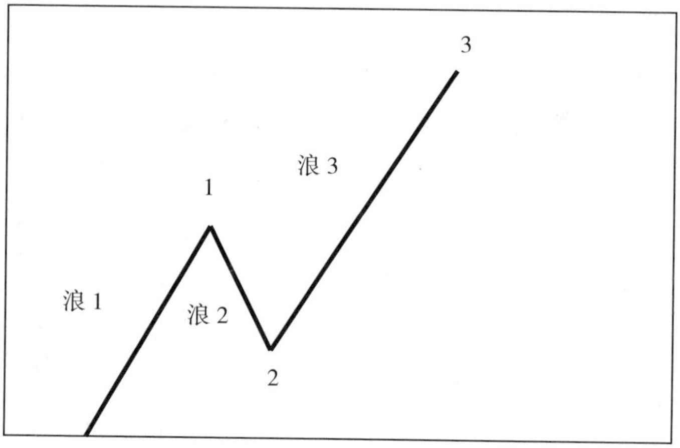

图 8-4　基本的三浪结构示意图

二、八浪循环运行的基本特点

按照图 8-1 标示的八浪循环，下面逐项介绍八浪运行的基本特点。

1. 第一浪的运行特点

第一浪的形成往往意味着一个全新的开始。第一浪是上升浪，也是对前一阶段下跌的终结。然而市场上的投资者并不这样认为，很多投资者都将第一浪看成是一次下跌过程中的反弹，因而在第一浪形成过程中，买盘并不十分强大，相反卖盘倒是非常强大。在股价上涨过程中，会伴随有成交量的逐步放大。

同时，很多第一浪形成后，由于空方仍占据一定的优势，伴随着卖盘的增加，必将引起剧烈的调整。也就是说，在下跌过程中，形成第一浪后，还会经历第二浪较深的调整。

当然，并不是所有第一浪都会经历第二浪较深的调整。第一浪启动之前，如果市场已经经历了较长时期的盘整，那么第一浪上升的幅度就会比较大，市场的跟风盘也会比较多，因而成交量也会出现放大的态势。

很多投资者和机构由于踏空行情，会等待其后调整浪的到来。一旦调整浪即第二浪到来，踏空的人们便会纷纷跟进买入股票，从而推动股价迅速结束调整，向上运行。

2. 第二浪的运行特点

第二浪是对第一浪的调整。调整时间短，调整幅度大，是第二浪最显著的特点。在所有调整浪中，第二浪的杀伤力最大，多数调整幅度都能达到第一浪上涨幅度的 50% 左右。

由于第二浪是在第一浪基础上进行的调整，所以很多投资者将第一浪看成下跌过程的反弹，把第二浪看成下跌趋势的延续，因而整个市场弥漫着一种恐惧的气氛。

在第二浪运行过程中，成交量会呈现出逐步萎缩的态势，市场做空动能逐渐显得不足，波动幅度也慢慢变窄，在 K 线图上常常出现一些反转形态。

第二浪是对第一浪的修正，是市场主力在第一浪完成建仓行为之后的洗盘行为。一般情况下，第二浪会运行 3 个子浪。事实上，只要第二浪的低点未跌破第一浪的起点，就仍然可以归入第二浪。在实战中，第二浪低点与第一浪起点的价位大多相差无几。如图 8-5 所示。

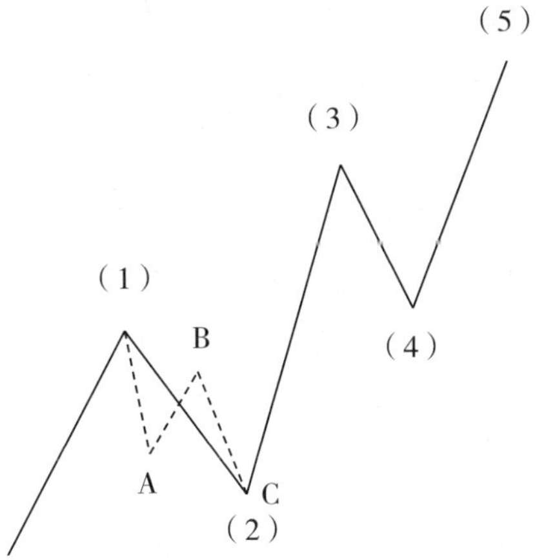

图 8-5　第二浪及其子浪示意图

3. 第三浪的运行特点

第三浪是上升浪，大多数情况下，第三浪都是推动股价向上运行最有力的一浪。第三浪的运行时间通常是整个波浪循环中最长的一浪，其上升的空间和幅度也常常是最大的。

第三浪的运行轨迹，大多数都会发展成为一涨再涨的延伸浪。在成交量方面，由于第三浪是在市场投资者信心恢复后展开的，因而伴随着股价的上涨，参与的投资者越来越多，成交量也会呈现出逐步放大的态势。如图 8-6 所示。

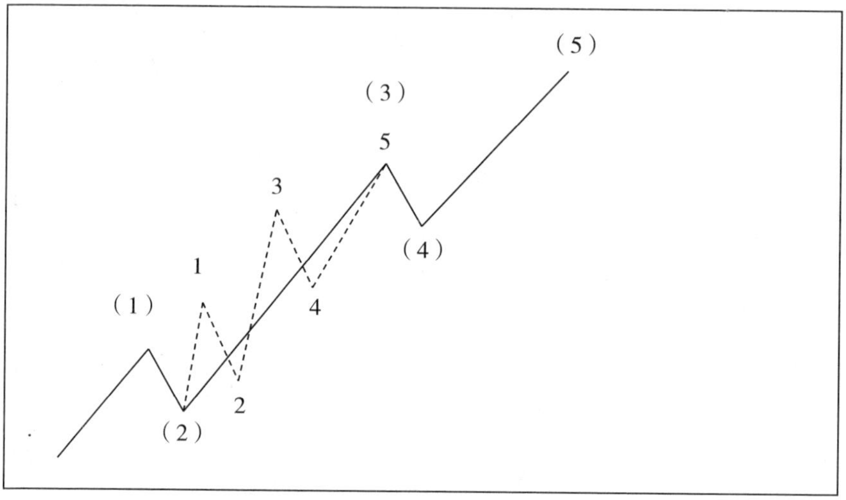

图 8-6　第三浪的延伸浪现象

在第三浪推进过程中，K 线图上会出现跳空缺口等向上突破信号，投资者可以根据这些信号的指示作用买入股票。

投资者应该清楚，第三浪是最具有爆发力的一浪，因而在股价上涨过程中，不能预测其顶部到底有多高，而应跟随市场的趋势，顺势而为。只有等到出现清晰的卖出信号时，才应该卖出股票。

4. 第四浪的运行特点

由于第三浪是上升势头最猛烈的一浪，因此必然引导股价运行到较高的位置。当股价运行到高位之后，会有一些获利盘涌出，导致股价下跌，引起一波调整。所以第四浪与第二浪相似，是一种以下跌为主的波浪。

尽管有一些投资者卖出股票兑现收益，但一些先前没有买入股票的投资者，以及一些仍然看好后市的投资者，会趁股价调整之机买入股票，这会促使股价上涨。促使股价上涨和下跌的力量反复发生作用，导致第四浪充满了振荡。

由于第四浪充满了振荡，所以第四浪常常以三角形形态出现。有时呈现为上升三角形，有时呈现为下降三角形，还有对称三角形及扩散三角形等。

第四浪的底部区域一般在第三浪至低一级的第四浪范围之内，但第四浪的底永远不会低于第一浪的顶。

5. 第五浪的运行特点

第五浪常常被形容为“最后的疯狂”。在股市中，第五浪的成交量和涨幅均小于第三浪。一般情况下，市场经过了第一浪和第三浪的上涨之后，很多获利盘急于兑现，这样必然导致股价下跌。然而很多散户投资者仍然认为股价上涨趋势没有结束，因而盲目乐观，买入股票，由此促成第五浪上涨。

在第五浪上涨过程中，成交量会不断出现萎缩迹象，表现为价升量减的背离关系。投资者如果发现第五浪出现量价背离，一定要第一时间出货，以防被套。

在第五浪中，股价的上涨常常会超过其内在价值。从其完成的形态和幅度来说，第五浪经常会以失败形态告终。

当然，如果第五浪是延伸浪的话，那么第五浪的价格变化速度可能会超过第三浪的变化速度。

关于第五浪上升幅度的预测，可以采用以下几种方法。

（1）假如第三浪属于延伸浪，那么第五浪的涨幅一般会与第一浪的涨幅接近。

（2）第五浪的涨幅最大值 =（第一浪高点 – 第一浪低点）× 2 × 1.618+ 第一浪高点。

（3）第五浪的涨幅最小值 =（第一浪高点 – 第一浪低点）× 2 × 1.618+ 第二浪低点。

6. A 浪的运行特点

A 浪是上涨行情结束后第一次大的调整，是紧随第五浪产生的。由于市场刚刚经历了一轮较大规模的上涨，很多投资者毫无防备之心，仍然认为市场还将延续上升势头，所以 A 浪的调整力度往往很大。

在 A 浪形成之前，第五浪往往会发出一些警示信号，如价量关系顶背离，技术指标钝化等。同时，A 浪的走势对 B 浪也有重要的影响：如果 A 浪是五浪结构的，那么 B 浪很有可能是锯齿形调整浪；如果 A 浪是三浪结构的，那么 B 浪则有可能是平台形或三角形调整浪。

7. B 浪的运行特点

B 浪只是下跌过程中的一个“另类”。由于 B 浪反弹注定要被 C 浪的下跌吞没，所以常常被形容为一次无用的反攻。面对 A 浪下跌，很多投资者仍然没有从上涨的喜悦心情里走出来，把 B 浪看成新的上升行情的开始。

B 浪运行过程中成交量往往不大，但是到了 B 浪顶部时，会出现突然放大的成交量。这是庄家出逃的信号，投资者应该立即做出反应，赶快卖出股票止损。

B 浪为一个上升浪，由 3 个子浪构成，如图 8–7 所示。

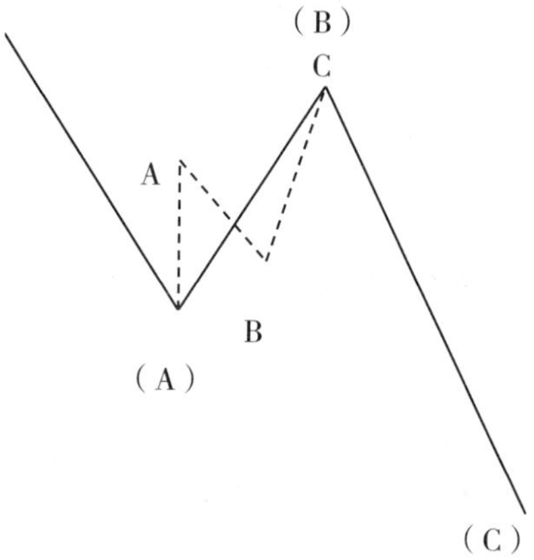

图 8–7　B 浪的延伸浪现象

8. C 浪的运行特点

B 浪完成后，股价将重新回到下跌的道路上来。这时很多投资者才醒悟过来，发现上涨过程已经彻底结束了，将要面对的是漫长的下跌之路。

C 浪是调整浪的终点，由于市场上所有的投资者都对股价下跌达成共识，于是卖盘就会蜂拥而出，股价也会随之一落千丈。可以这样说，C 浪是跌势最为强劲、跌幅也最大的一浪，而且在 C 浪运行过程中，市场还会出现全面下跌。

C 浪一般可以再划分为 5 个波浪，当 C 浪的 5 个波浪全部完成后，往往意味着市场转向。如图 8-8 所示。

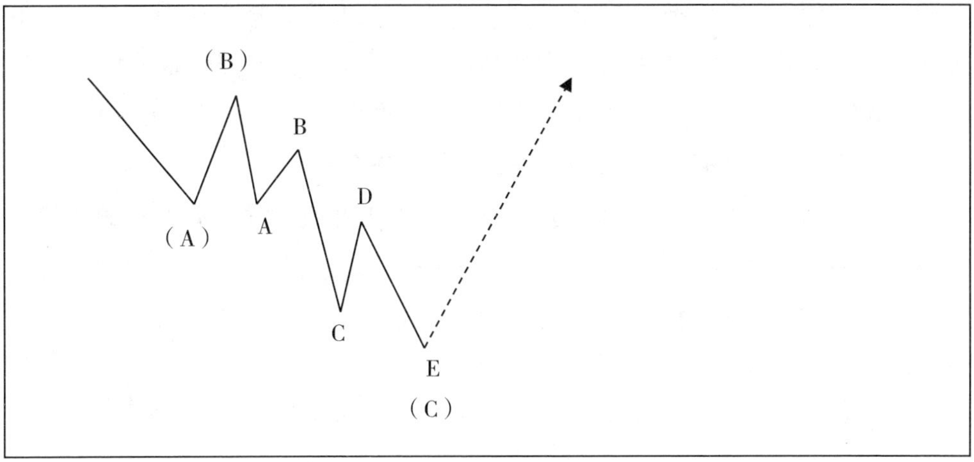

图 8-8　C 浪的延伸浪现象

第二节　八浪线画法及指导意义

对于普通投资者来说，波浪理论过于繁琐，而且在数浪问题上稍有失误，得出的结论就会大相径庭。不过，很多炒股软件提供的"八浪线"这一工具，应用起来则比较简单。

一、八浪线的画法及操作要领

由于炒股软件中已经为各个波浪设置了具体的参数，所以投资者在使用八浪线时，只需画准第一浪即可。也就是说，投资者画好八浪中的第一浪后，炒股软件会自动生成其他七浪。这样，投资者很容易就可以看清股票的后期走势了。

1. 八浪线的画法

在炒股软件中绘制八浪线，主要包括如下几步。

第一，研判股价运行态势，选定第一浪。事实上，很多投资者对波浪理论和八浪线望而却步，在很大程度上是由于无法准确选择第一浪造成的。能否准确地选择第一浪，关系到后面股价涨幅预测的效果和三浪起涨时间的判断。因此，投资者一定要仔细分析盘面态势，做出科学的选择。通常情况下，我们以股价快速上涨后出现回调走势的波段作为第一浪。

第二，八浪线中第一浪的起点和终点。由于炒股软件中后七浪的走势都是根据第一浪的数值计算得出的，因而第一浪的起点和终点选择尤为重要。通常情况下，我们以第一浪起涨 K 线的最低值为起点，以第一浪的终止 K 线最高值为终点。

下面看一下德联集团（002666）的八浪线示意图。

如图 8-9 所示，德联集团（002666）自 2019 年 12 月 3 日启动了一波快速上涨行情。该股股价在 2019 年 12 月 16 日到达阶段高点后出现回调。此时，投资者可以利用炒股软件画线工具中的“八浪线”，预测股价回升点位和涨幅。

由于股价自 12 月 3 日启动，我们可以将一浪的起点设置在该日 K 线的最低点位置，即 4.10 元。股价自 12 月 16 日到达阶段高点后回调，因而可以将一浪的终点设置在该日 K 线的最高点位置，即 4.97 元。于是，系统便会自动生成一组八浪线。借助此线，投资者可以大致判断股价回调的位置、再次起涨的位置和涨幅等。

从其后的走势来看，第三浪的起点和股价快速拉升的起涨点几乎重合，预测涨幅略低于股价实际涨幅。第五浪的起点与股价的起涨点再次重合，预测涨幅略低于股价实际涨幅。这充分说明，八浪线在预测股价上涨时间和幅度方面具有较高的准确性。

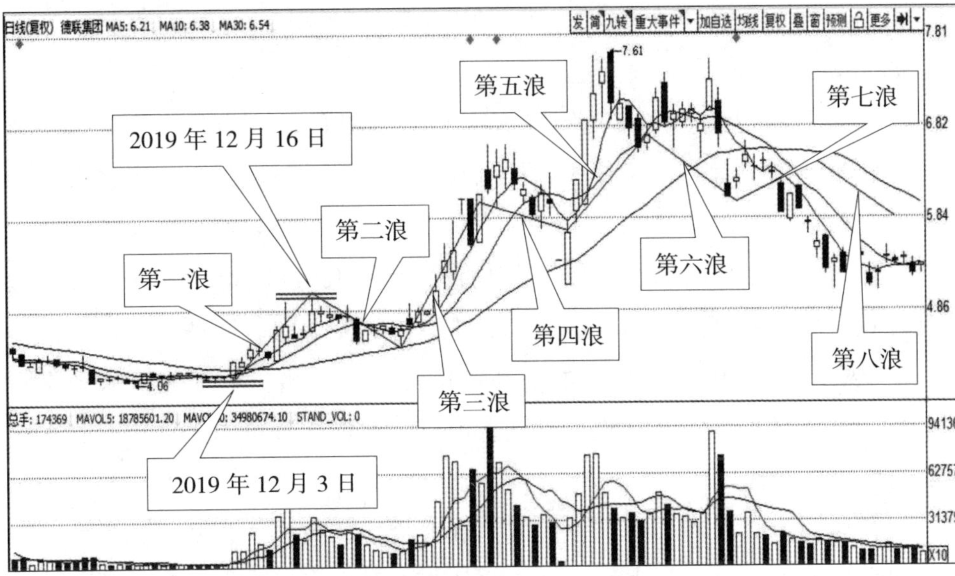

图 8-9 德联集团（002666）日 K 线走势图

2. 画八浪线时需注意的问题

第一，第一浪的起始点应该选在股价启动上涨的点位。如果股价筑底或盘整一段时间后出现上涨走势，那么即使筑底阶段或盘整阶段出现了阶段最低价，也不能选为第一浪的起始点。

第二，第二浪的最低点应该在第一浪的起点之上，否则意味着八浪线绘制失败。

第三，第六浪作为衰竭浪的起始浪，主要意义在于帮助投资者判断卖出股票的位置。至于第七浪和第八浪，对于交易者没有太大的意义。

二、五浪线的画法及操作要领

从图 8-9 中可以看出，后三浪属于衰竭浪，对投资者判断股价买卖点意义不大，因而很多炒股软件中提供了八浪线的精简版——五浪线。

1. 五浪线的画法

由于五浪线是八浪线的简化，因而在炒股软件中的画法与八浪线完全相同。投资者只需画好起始第一浪，后面的四浪系统会自动给出。

下面看一下众兴菌业（002772）的五浪线示意图。

如图 8–10 所示，众兴菌业（002772）的股价从 2020 年 2 月 28 日启动了一波快速上涨行情。该股股价在 3 月 31 日到达阶段高点后出现振荡盘整走势。此时，投资者可利用炒股软件画线工具中的“五浪线”，预测股价回升点位和涨幅。

股价自 2 月 28 日启动，我们可以将第一浪的起点设置在该日 K 线的最低点位置，即 6.42 元。股价自 3 月 31 日到达阶段高点后回调，因而可以将第一浪的终点设置在该日 K 线的最高点位置，即 8.30 元。于是，系统会自动生成一波五浪线。借助此线，投资者可以大致判断股价回调的位置、再次起涨的位置和涨幅等。

从其后的走势来看，第三浪的起点和股价快速拉升的起涨点几乎重合，预测涨幅略高于股价实际涨幅。第五浪的起点要高于股价实际的起涨点，但第五浪的终结点与 7 月 24 日最高价几乎相等。这充分说明，五浪线在预测股价上涨时间和幅度方面具有较高的准确性。

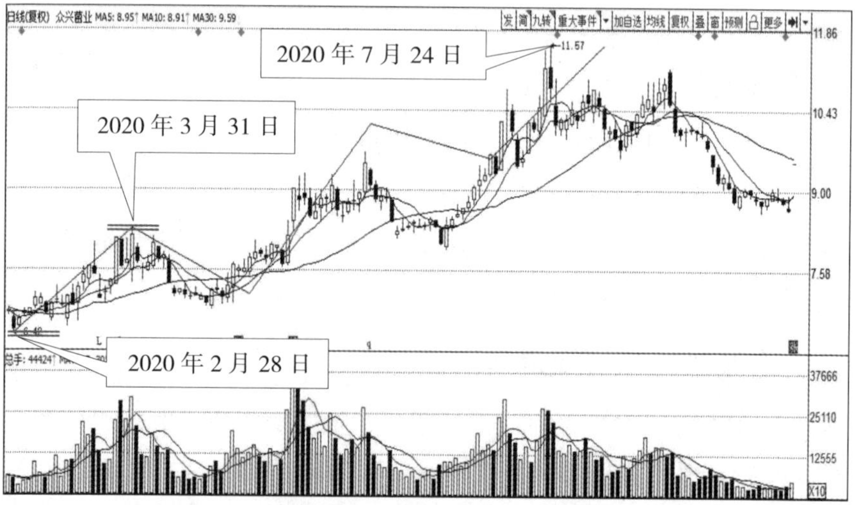

图 8–10　众兴菌业（002772）日 K 线走势图

2. 画五浪线时需注意的问题

第一，第一浪的起始点应该选在股价启动上涨的点位。如果股价筑底或盘整一段时间后出现上涨走势，那么即使筑底阶段或盘整阶段出现了阶段最低价，也不能选为第一浪的起始点。

第二，第二浪的最低点应该在第一浪的起点之上，否则意味着五浪线绘制失败。

第三，由于五浪线以第五浪作为终点，不像八浪线在上升浪结束后有明显的拐点（第五浪与第六浪的转折点），因而在应用过程中，投资者需要仔细研讨第五浪的终点（卖出点）。必要时，可以借助其他技术分析工具综合判断卖出点。

三、三浪线的画法及操作要领

1. 三浪线的画法

三浪线是在五浪线基础上简化而成，因而在炒股软件中的画法与八浪线、五浪线完全相同。投资者只需画好起始第一浪，后面的两浪系统会自动给出。

下面看一下万里石（002785）的三浪线示意图。

如图 8–11 所示，万里石（002785）的股价从 2020 年 3 月 24 日启动了一波快速上涨行情。该股股价在 5 月 13 日到达阶段高点后出现回调。此时，

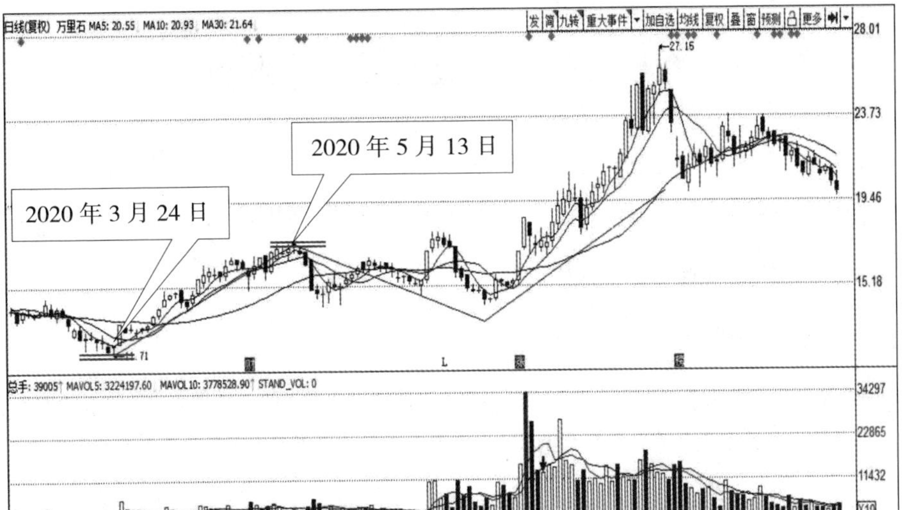

图 8–11　万里石（002785）日 K 线走势图

投资者可利用炒股软件画线工具中的“三浪线”，预测股价的回升点位和涨幅。

由于股价自3月24日启动，我们可以将第一浪的起点设置在该日K线的最低点位置。股价自5月13日到达高点后回调，因而可以将第一浪的终点设置在该日K线的最高点位置。于是，系统会自动生成一组三浪线。借助此线，投资者可以大致判断股价回调的位置、再次起涨的位置和涨幅等。

2. 画三浪线时需注意的问题

第一，第一浪的起始点应该选在股价启动上涨的点位。如果股价筑底或盘整一段时间后出现上涨走势，那么即使筑底阶段或盘整阶段出现了阶段最低价，也不能作为第一浪的起始点。

第二，第二浪的最低点应该在第一浪的起点之上，否则意味着三浪线绘制失败。

第三，由于三浪线以第三浪为终点，不像五浪线、八浪线的上升结束浪有明显的拐点（第三浪与第四浪的转折点），因而在应用过程中，投资者需要仔细研讨第三浪的终点（卖出点）。必要时，可以借助其他技术分析工具综合判断卖出点。

第三节　八浪线研判要点

利用八浪线可以进行如下3个方面的预判：股价运行趋势、主升浪的启动与终止、涨幅与转折点判断等。

一、趋势研判

在研判股价运行趋势方面，八浪线有其他技术分析方法所不具备的优势。概括起来，主要包括以下两个方面。

第一，动态趋势。

与其他技术分析工具不同，八浪线预测的趋势是一种动态趋势。也就是说，其他的分析工具也许会告诉你未来将是上升趋势还是下降趋势。八浪线不仅会告诉你未来将是上升趋势还是下降趋势，还会告诉你上升趋势何时转为下降趋势，下降趋势何时转为上升趋势。

第二，长期趋势与短期趋势合而为一。一波完整的八浪循环走完，也就意味着一次相对长期的上升趋势和下降趋势结束。同时，在相对长期的上升趋势中，还包含了三波中期上升趋势和两波下降趋势。在相对长期的下降趋势中，还包含了两波中期下降趋势和一波中期上升趋势。当然，在每波中期上升趋势或下降趋势中，还可以细分为若干个短期上升趋势或下降趋势。

下面来看一下帝欧家居（002798）的案例。

如图 8-12 所示，帝欧家居（002798）的股价从 2020 年 6 月 12 日开始启动了一波振荡上涨行情，该股股价在其后一段时间内运行了一波完整的八浪结构。6 月 12 日—6 月 19 日期间完成第一浪后，投资者如果运用八浪线绘图，将会准确地预测股价未来的运行趋势。

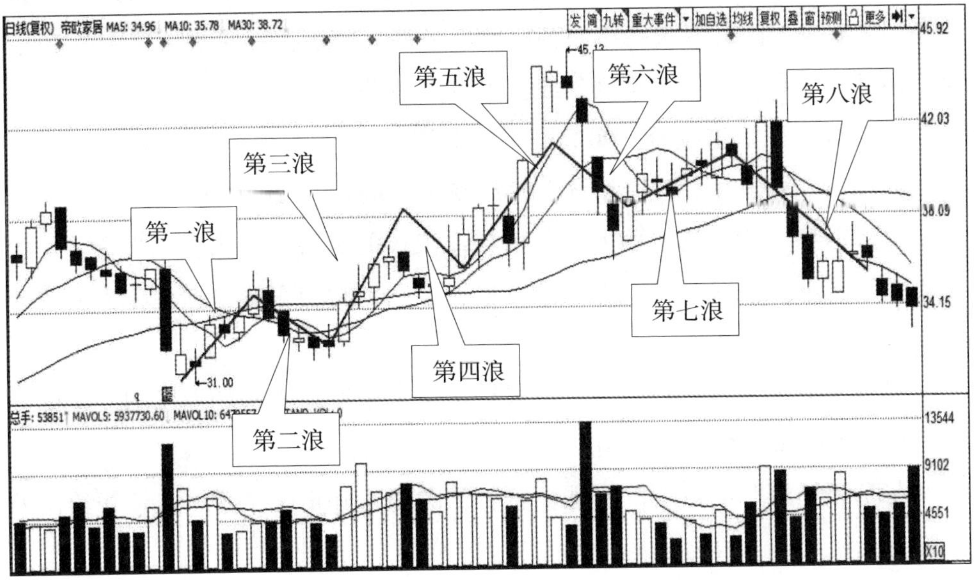

图 8-12　帝欧家居（002798）日 K 线走势图

在第一浪至第五浪期间，该股股价完全处于上升趋势。第六浪至第八浪则处于下降趋势中。其中在上升趋势中，第一浪、第三浪和第五浪属于中期上升趋势，第二浪、第四浪属于中期下降趋势。

由此可见，运用八浪线判断股价运行趋势，要比其他技术分析工具更加科学。

二、涨幅与转折点判断

在炒股软件中，八浪线的参数都是按照波浪理论的参数事先设定的，因而当投资者准确地画出第一浪的时间跨度和高度后，系统会自动给出后面七浪的起止时间和转折点位置。

通过对八浪线的观察分析，投资者可以做出以下几项判断。

第一，股价转折出现的时间点。例如，系统给出的第二浪转向第三浪的时间点，可以提醒投资者注意股价动向，随时准备介入股票。这时，只要K线走势出现异动，或者其他技术指标发出买入信号，投资者就可以快速跟进了。

第二，股价每一浪的大致涨跌幅度。由于八浪线的参数是固定的，而股价的走势总是处于不断的运动变化中，尤其是股价的走势还与市场环境、政策等因素有关，因此八浪线在预测股价准确性方面还有一些不足。尽管如此，我们还是可以利用这一工具判断股价大致的波动幅度。

下面看一下纳尔股份（002825）的案例。

如图8-13所示，纳尔股份（002825）的股价从2020年5月28日开始出现上涨走势，股价的振荡上涨行情与八浪线的走势基本吻合。投资者如果在股价走出第一浪时利用八浪线技术进行绘图，将会很容易抓住未来股价上涨的机会。

股价完成第一浪走势后，八浪线给出了未来股价走势的示意图。借助该图，我们可以做这样两点研判。

一是第三浪和第五浪的起涨位置。从图中实际情况来看，八浪线给出的位置与实际走势大致吻合。

二是第三浪和第五浪的大致涨幅。从图中实际走势来看，八浪线预测的涨幅要低于实际涨幅，其实这也与市场环境向好有关。尽管预测涨幅与实际走势存在差距，但仍可为投资者操盘提供借鉴和参考。

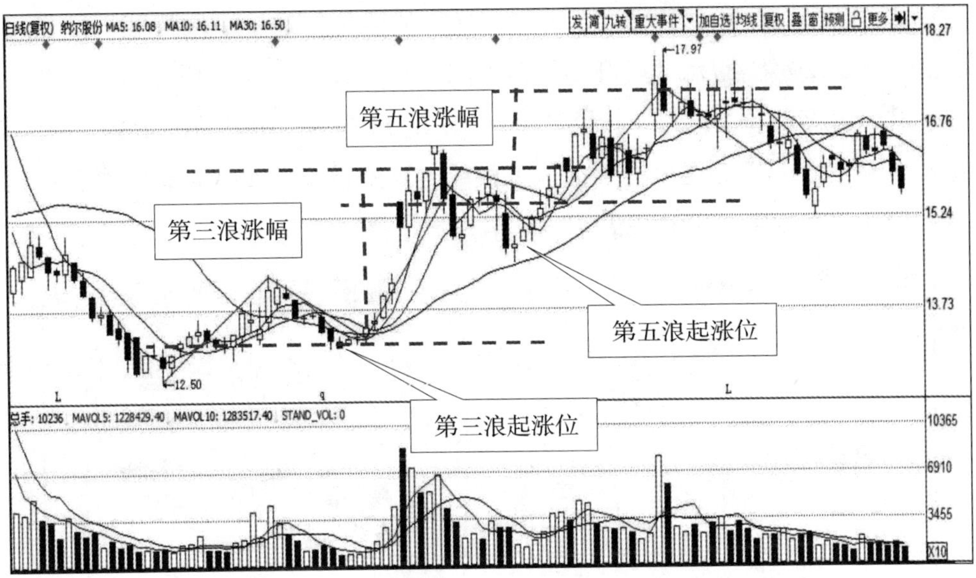

图 8–13　纳尔股份（002825）日 K 线走势图

三、抓主升浪——第三浪

正如前面所说，八浪线在判断股价起涨点位以及涨幅方面仍存在一定的误差。不过，这些内容并不是八浪线的核心优势所在。事实上，炒股软件中八浪线最主要、最直接的目的就一个——抓主升浪。

主升浪，也就是八浪线中的第三浪，该浪以涨势迅猛、爆发力强而著称。由于主升浪位于第三浪位置，距离第一浪时间较近，而第一浪又是确切出现的，因而利用八浪线判断第三浪的起涨点位和涨幅，其准确性也是除第一浪外最高的。

利用八浪线抓主升浪需要注意以下两点。

第一，第一浪的起点和终点选择。如果第一浪起点和终点选择错误，将直接导致抓主升浪失败。

第二，由于预测行情与实际行情存在一定的误差，因此投资者还要结合其他技术分析工具做出买入和卖出选择，如均线、成交量以及 MACD 指标等。

下面来看一下安达维尔（300719）的案例。

如图 8-14 所示，安达维尔（300719）的股价经过了一段快速下跌走势之后，于 2020 年 4 月 28 日开始振荡上涨。5 月 27 日，该股股价达到阶段高点后开始振荡调整。此时，投资者可利用八浪线技术画出其后的走势。当然，也可以根据个人喜好选用三浪线或五浪线，这并没有什么区别，毕竟我们只是利用这项技术工具寻找主升浪的起涨点。

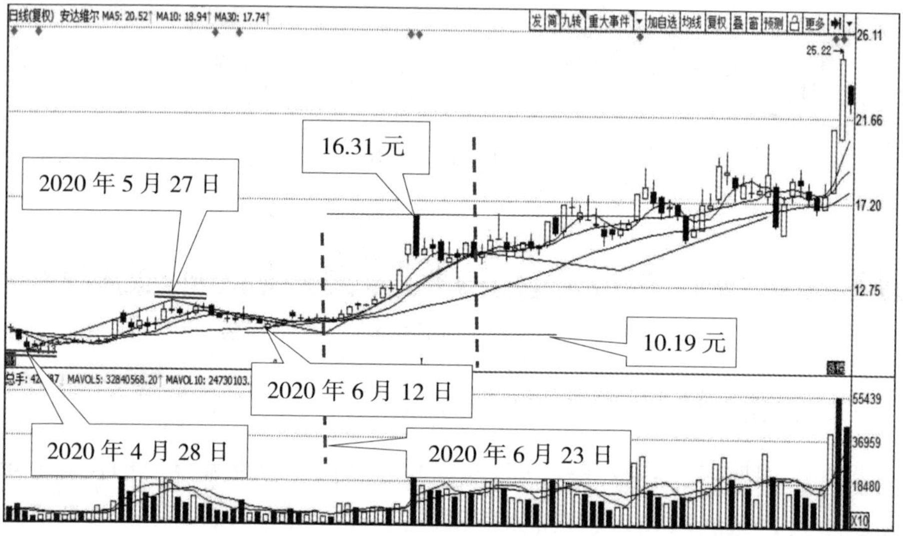

图 8-14 安达维尔（300719）日 K 线走势图

从图中所画的八浪线可以看出，预测股价将在 6 月 23 日到达 10.19 元时反转向上。实际上，6 月 12 日，该股股价就已经下探至 10.26 元位置，并开始启动反攻。这说明股价有提前反转向上的可能，投资者宜密切关注价量和其他技术指标的变化。一旦其他技术指标发出买入信号，要随时跟进。不过，6 月 12 日—23 日，该股股价一直处于横向振荡之中，23 日之后，该股股价才启动上攻。

此后，股价经过一波振荡调整后大幅拉升，说明股价已经启动上涨，投资者宜买入股票，坐等主升浪到来。

四、疯狂与衰竭——第五浪

第五浪是八浪线中最特殊的一浪，它可能让股价短期内暴涨，也可能半途而废，成为一个没有浪花的上升浪（衰竭浪）。正因为第五浪如此难以捉摸，所以在八浪线中，其地位远逊色于第三浪。

1. 疯狂的第五浪

第五浪如果真的疯狂起来，那么其涨势远非任何一种技术分析工具所能预测。不过一旦涨势结束，振荡或下跌也会非常剧烈。

下面看一下中船防务（600685）的案例。

如图 8-15 所示，中船防务（600685）的股价从 2020 年 3 月 19 日开始启动了一波振荡上升走势。按照八浪线的画法，可在其 K 线图中绘制一组八浪线走势图。

从图中标示的八浪线走势可以看出，股价在前三浪区域的走势与八浪线走势基本吻合，即股价波动范围基本上与八浪线预测的相符。不过，股价运行至第四浪时，明显出现了延长情况，即第四浪运行时间远远超过了预测的时间，说明该股股价未来走势有可能出现变异，即股价波动幅度远超第五浪的预测值。

事实上，当该股股价启动第五浪上涨后，其上涨幅度远远超过了八浪线预测的水平。这说明该股股价在第五浪运行期间出现了疯狂的上升行情。

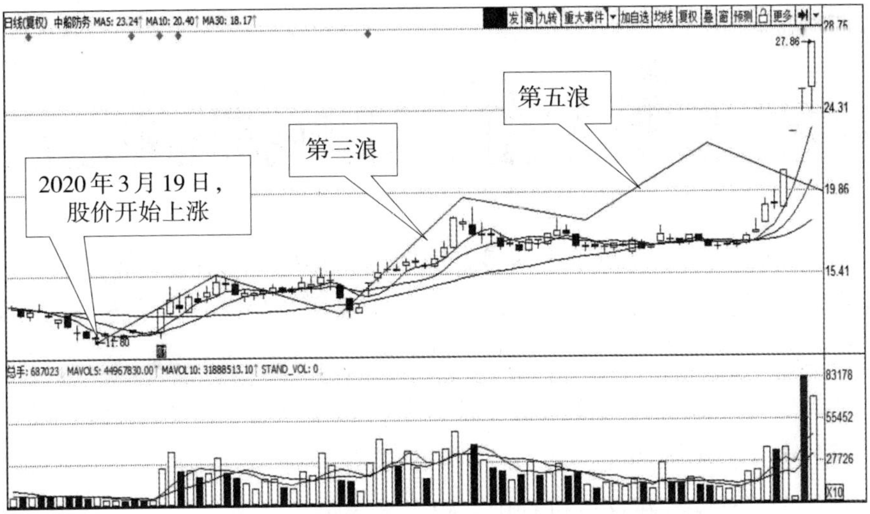

图 8-15　中船防务（600685）日 K 线走势图

2. 衰竭的第五浪

有上升的第五浪，就有衰竭的第五浪。有些时候，可能由于第三浪涨幅过大，第四浪调整幅度也相应地增大，导致第五浪在没有形成上涨态势时，就过早地开启了下跌模式。这种情况，可以称为衰竭的第五浪。

下面看一下凯普生物（300639）的案例。

如图 8–16 所示，凯普生物（300639）的股价在 2020 年 3 月 19 日创下 23.80 元低点后开始振荡上涨。按照八浪线的画法，准确定位第一浪的起点与终点后，可以得到一副由系统自动生成的八浪线。通过此线，投资者可以看出该股其后七浪的走势。

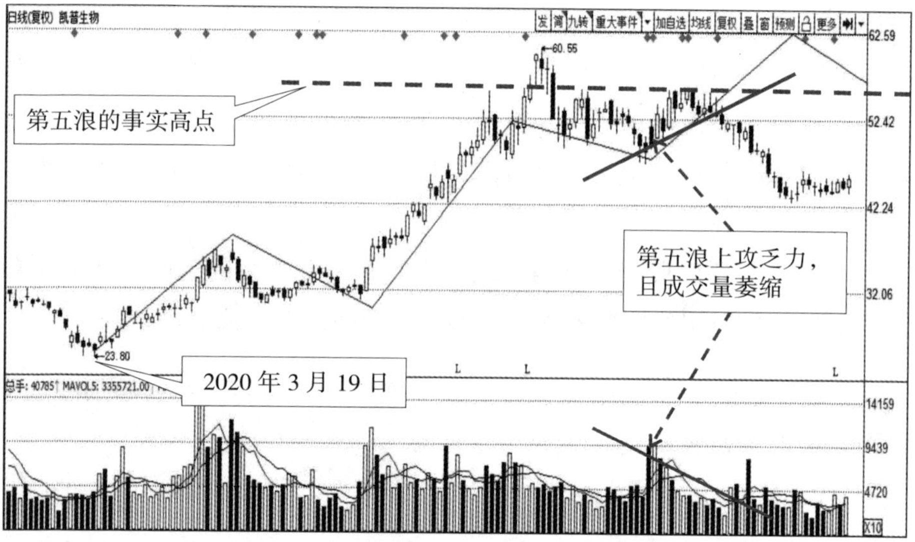

图 8–16　凯普生物（300639）日 K 线走势图

观察走势图可以看出，该股第三浪的上涨幅度超过了预判水平，同时第四浪的调整幅度也非常大。此时，投资者应该注意跟踪观察第五浪的走势。如果第五浪不能突破第三浪的高点，投资者最好不要介入该股。

凯普生物的股价在完成第四浪走势后，开始反弹向上。不过，股价在反弹几个交易日后出现明显的乏力，并且成交量也没有继续放大，说明股价很可能无力继续上攻。在这一过程中，投资者最好保持观望。

第九章

江恩角度线画线技法与实操技巧

江恩角度线又称作甘氏线，是江恩理论系列中的重要组成部分，也是最能直观反映股价与时间、空间关系的工具之一。投资者利用江恩角度线提供的趋势线，能够作出明确的趋势判断。

第一节　江恩角度线基本原理

江恩认为，股票和期货市场里也存在宇宙中的自然规则，市场价格的运行趋势不是杂乱无章的，而是可以通过数学方法预测的。江恩理论的实质就是在看似无序的市场中建立严格的交易秩序。

运用江恩理论，可以用来发现股价何时会发生回调，以及价格将回调到什么价位。

一、江恩角度线的基本构造

江恩角度线是由时间单位和价格单位定义价格运动的。它以股价的重要高低点作为起点和终点，然后按照不同角度绘制出 8 条角度线。当股价运行至角度线位置时，将会遇到重大的支撑或者阻力。

江恩角度线的基本比例为 1∶1，即每单位时间内价格运行一个单位。另外，还有 2∶1，3∶1，4∶1，8∶1，1∶2，1∶3，1∶4，1∶8 等比例。这 8 条角度线中，最重要的是 2∶1 和 3∶1 这两条线。

上升江恩角度线是从市场底部向右上方延伸的直线，下降江恩角度线是从市场顶部向右下方延伸的直线。绘制江恩角度线要尽可能简洁。正确的开始点应从价格方面入手选取，而相对高点、低点价格产生时的那个时间也是十分重要的。

通过江恩角度线，能够轻松地找到可能的支撑位和阻力位，更好地把握买入和卖出时机。当股价下跌到某一角度线附近获得支撑，出现了明显的止跌回升迹象时，投资者可以适量买入。之后，如果股价有效跌破了该支撑线，就应果断止损卖出。当股价上涨到某一角度线附近遇到阻力，出现了明显的滞涨回落迹象时，投资者应果断卖出。之后，如果股价有效突破了该阻力线，可以重新进场买入。

如图 9–1 所示，海容冷链（603187）的股价从 2020 年 4 月 2 日开始加速上涨。以这一天的开盘价为起点，以 6 月 29 日的开盘价为终点，可以绘制出江恩角度线。

从图中可以发现，在开始阶段，1∶2 角度线成为其上涨的一条阻力线，而 2∶1 角度线则成了支撑线。进入 2020 年下半年，该股股价开始快速上攻。8 月 3 日，股价在上涨至 1∶2 角度线时，因受到该线的阻力开始回调。不过，当股价回调至 1∶1 线时，又因为该线的支撑出现反弹。

持有该股股票的投资者，在后面需要密切关注 1∶1 线对股价的支撑是否有效。一旦股价跌破该支撑线，则要坚决卖出。

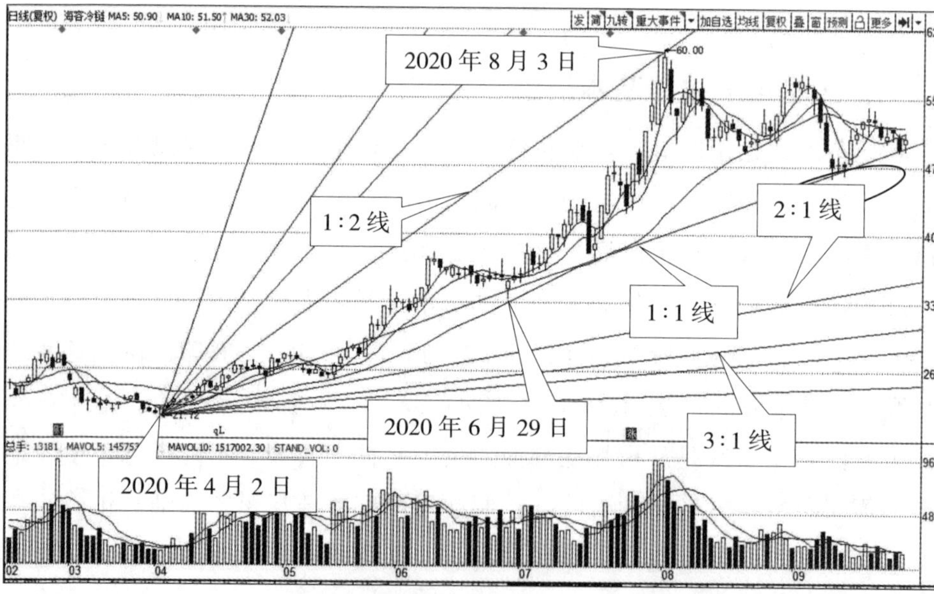

图 9–1　海容冷链（603187）的日 K 线图

二、江恩角度线运行原理

江恩角度线运行原理主要包括两项：一是市场运动原理；二是时间与价

格运动原理。

1. 市场运动原理

市场运动都是有级别的，有的规模较大，有的规模较小。在每一级别的运动中，都会按照一定的速率或该速率的倍数上涨或下跌。同时，大级别运动的速率又决定了次一级别运动的速率。

也就是说，如果一只股票的大级别运动按照 50% 速率上涨，那么在该级别内部的次一级别运动，也会按照这一速率或这一速率的倍数上涨或下跌。同理，再次一级别的运动也是如此。正因如此，我们常常会看到有些股票的运行趋势要么越来越趋向收缩，要么越来越趋向发散。

由于股价运行存在这种规律，才使得预测股价变动成为可能。

2. 时间与价格运动原理

江恩认为，市场的时间与价格存在着严谨的数学关系，它们既相互作用，又相互制约。正是基于此，江恩进而提出了“波动率”概念。波动率，是指单位时间内价格上升或下降的幅度。

《江恩角度线与时间之窗》一书中提到了波动率的计算方法。

波动率的计算分为上升波动率计算和下降波动率计算两种。

上升波动率的计算方法：在上升趋势中，底部与底部的距离除以底部与底部的时间间隔，再取整。

其计算公式如下：

上升波动率 =（第二个底部 – 第一个底部）/ 两底部的时间距离

下降波动率的计算方法：在下跌趋势中，顶部与顶部的距离除以顶部与顶部的时间间隔，再取整。

其计算公式如下：

下降波动率 =（第二个顶部 – 第一个顶部）/ 两顶部的时间距离

第二节　江恩角度线画法及指导意义

江恩角度线能否发挥精准预测股价走势的作用，完全取决于投资者绘制江恩角度线的水平。

一、上升江恩角度线的画法及指导意义

上升江恩角度线给出了上涨行情中股票的一些重要支撑位与阻力位。当股价运行到这些位置时，江恩角度线就会对股价的运行产生一定的影响。

当股价自底部向上振荡上涨时，投资者可以选择炒股软件“画线工具”中的“江恩角度线”，先用鼠标确定一个低点，然后沿着股价运动方向向右上方拖动鼠标，系统就会自动画出江恩角度线。

如图 9-2 所示，正川股份（603976）的股价自 2020 年 4 月 28 日启动了一波振荡上涨行情。为了准确判断股价上涨过程中可能遇到的支撑与阻力，投资者可以选择绘制一组江恩角度线。

绘制江恩角度线时需要注意两点。

第一，起始点位的选择。从图中股价走势可以看出，该股股价是从 4 月 28 日开始上涨的，因而可以选择 4 月 28 日的开盘价作为起始点位。

第二，江恩角度线包含了数条比率线，其中又以 1∶1 线最为重要。投资者选定起始点后，向右上方拖动时，留在 K 线图上的就是此线。7 月 17 日，该股股价在上攻途中回调受到支撑重新上行，这个支撑点可以作为角度线的另外一个基准点。

正因如此，投资者在拖动鼠标绘制此线时，要尽量使其经过已经形成的重要支撑位或阻力位，图中的 1∶1 线就经过了一个短期高点和一个回调低点。

从图中股价与江恩角度线之间的关系可见，很多次 K 线回调至 2∶1 线

时遇到了支撑。最后，该股股价在上攻途中遇到 1∶2 线后遇阻回落，该线成了股价的重要阻力位。由此可见，该线对股价具有重要的意义。

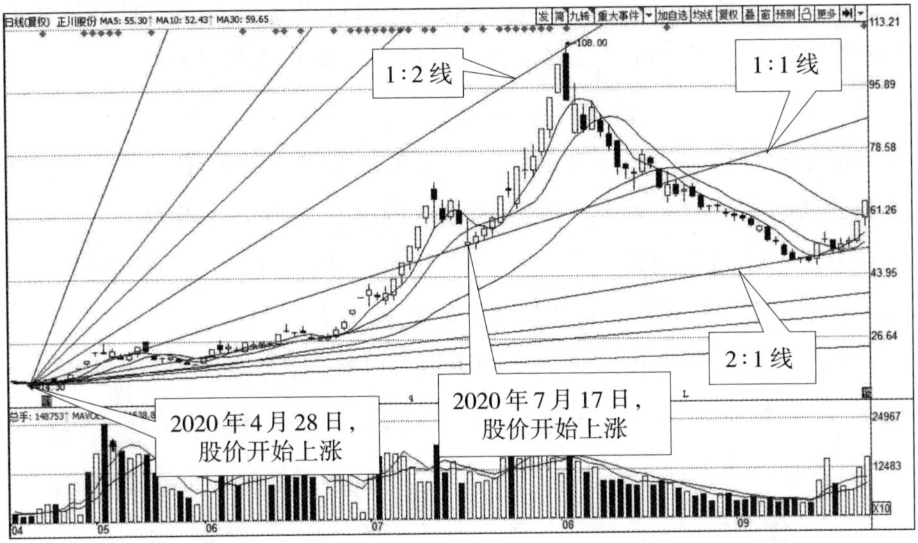

图 9-2 正川股份（603976）日 K 线走势图

投资者在画上升江恩角度线时，需要注意以下两种情况。

第一，画上升江恩角度线时，应注意波段低点的选择。如果选择的最低点被新的低点代替，投资者就需要重新画江恩角度线了。

第二，画上升江恩角度线时，股价的低点或高点触及江恩角度线的次数越多，那么未来江恩角度线对股价走势的影响也就越大。

二、下降江恩角度线的画法及指导意义

下降江恩角度线给出了下跌行情中股票的一些重要的支撑位与阻力位。当股价运行到这些位置时，江恩角度线就会对股价的运行产生一定的影响。

当股价自顶部振荡下跌时，投资者可以选择炒股软件“画线工具”中的“江恩角度线”，先用鼠标确定一个高点，然后沿着股价运动方向向右下方拖动鼠标，系统就会自动画出下降江恩角度线。

如图 9-3 所示，中油工程（600339）的股价自 2020 年 1 月 6 日启动了一波振荡下跌行情。为了准确判断股价下跌过程中可能遇到的支撑与阻力，

投资者可以选择绘制一组江恩角度线。

绘制江恩角度线时需要注意两点。

第一，起始点位的选择。从图中股价走势可以看出，该股股价是从 1 月 6 日开始下跌的，因而可以选择 1 月 6 日的开盘价作为起始点位。

第二，江恩角度线包含了数条比率线，其中又以 1∶1 线最为重要。投资者选定起始点后，向右下方拖动时，留在 K 线图上的就是此线。在拖动鼠标绘制此线时，要尽量使其经过已经形成的重要支撑位或阻力位。图中的 3 月 5 日股价反弹高点就是一个很重要的点位，因此其成为另外一个重要基准点位。3 月 5 日与 1 月 6 日直接连接的直线就是 1∶1 线。

从图中股价与江恩角度线之间的关系可以看到，K 线反弹至 2∶1 线、3∶1 线和 4∶1 线时遇到了阻力。由此可见，该线对股价有着重要的意义。

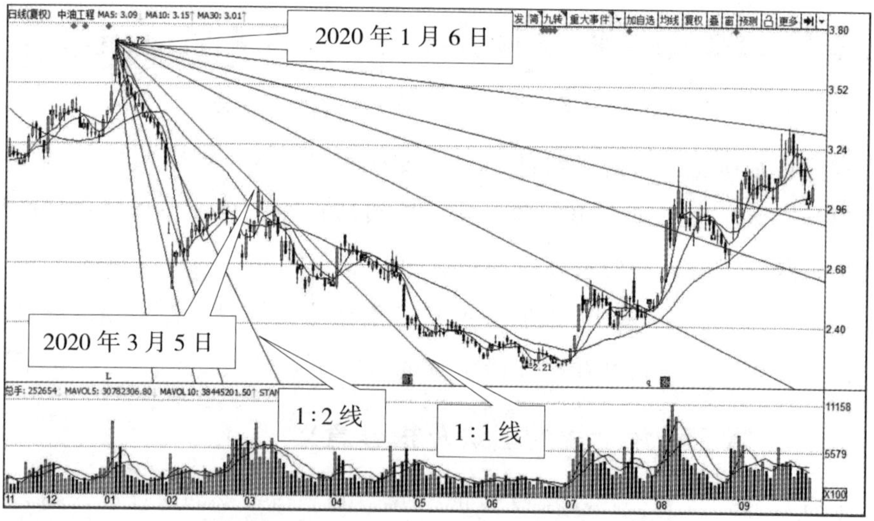

图 9–3　中油工程（600339）日 K 线走势图

投资者在画下降江恩角度线时，需要注意以下两种情况。

第一，画下降江恩角度线时，应注意波段高点的选择。如果选择的最高点被新的高点所代替，投资者就需要重新画江恩角度线了。

第二，画下降江恩角度线时，股价低点或高点触及江恩角度线的次数越多，那么未来江恩角度线对股价走势的影响就越大。

第三节　江恩角度线研判

江恩角度线研判项目主要包括两类：其一，阻力位与支撑位研判；其二，角度线交叉点研判。

一、阻力位与目标位研判

股价上涨或下跌反弹至某条江恩角度线时，遇到阻力出现下跌走势，那么这条江恩角度线就会成为股价重要的阻力位。

1. 弱势反弹阻力位与目标位

股价自高点下跌一段时间后出现反弹时，如果此次反弹属于弱势反弹，那么股价上涨到 2∶1 线时，就会受到江恩角度线的阻力重新下跌。

如图 9–4 所示，光大证券（601788）的股价在 2020 年 7 月 13 日创下阶段高点后开始下跌。投资者按照江恩角度线的画法，可以绘制一条下降江恩

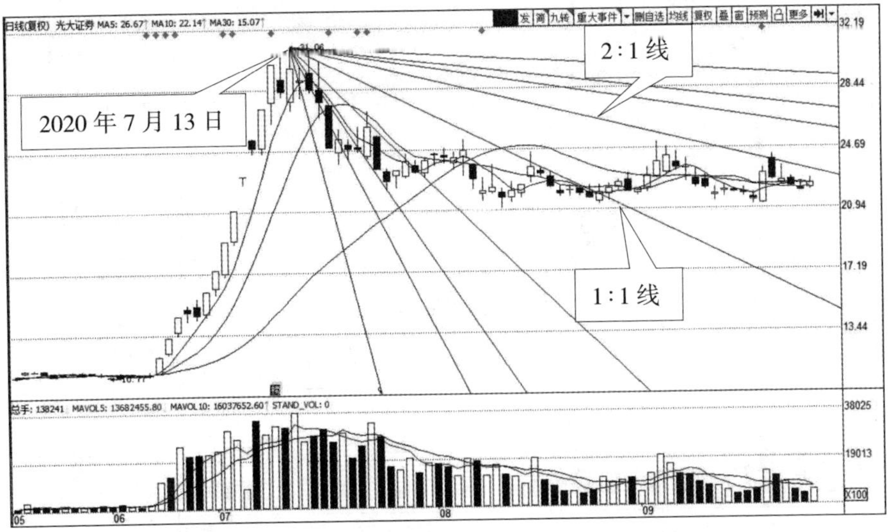

图 9–4　光大证券（601788）日 K 线走势图

角度线。

通过这条角度线可以看出，股价急速下跌一段时间后，每次下跌遇到 1∶1 线都出现了反弹走势。该股股价反弹至 2∶1 线时，又因遇到该线的阻力重新下跌。由此可见，2∶1 线对股价具有较强的阻力作用。

投资者利用这组江恩角度线，可以提前预测股价每次反弹的大致阻力位和目标涨幅。

2. 强势反弹阻力位与目标位

股价自高点下跌一段时间后出现反弹时，如果此次反弹属于强势反弹，那么股价上涨到 3∶1 线或 4∶1 线时，就会遇到江恩角度线的阻力重新下跌。

如图 9–5 所示，九强生物（300406）的股价在 2020 年 2 月 25 日创下阶段高点后开始一波下跌走势。投资者可以借助江恩角度线预判股价反弹的阻力位和目标位。

其后，该股股价在下跌过程中数次出现反弹走势，并且最高反弹至 3∶1 线时，均受到该线的阻力重新下跌。这说明 3∶1 线对该股具有重要的阻力作用，同时也说明该股反弹属于强势反弹。

该股股价若能向上突破该阻力位，将会有一段不错的涨幅。

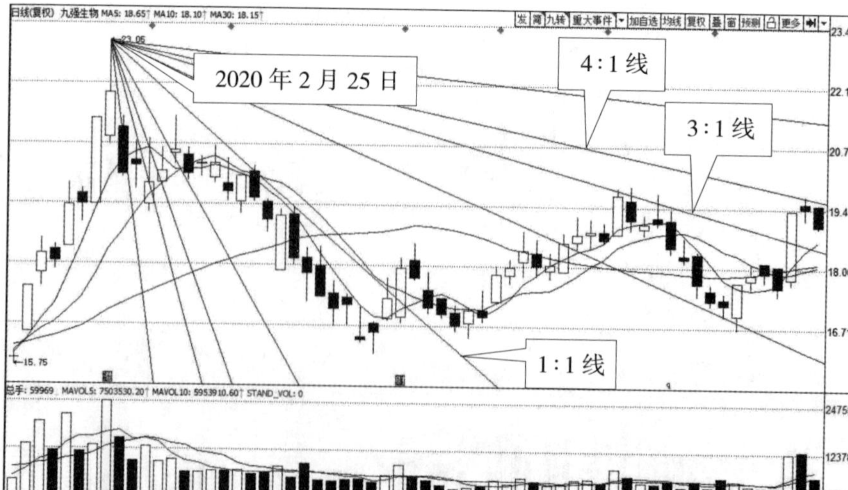

图 9–5　九强生物（300406）日 K 线走势图

二、支撑位与目标位研判

股价上涨过程中出现回调走势，并且回调至某条江恩角度线时，如受到支撑出现上涨走势，那么这条江恩角度线就会成为股价的重要支撑位。

1. 强势调整支撑位与目标位

股价上涨一段时间后出现调整时，如果此次调整属于强势调整，那么股价下跌到 2∶1 线时，就会受到江恩角度线的支撑重新上涨。

如图 9–6 所示，玉龙股份（601028）的股价自 2020 年 3 月 30 日启动了一波振荡上涨行情。股价在上涨过程中不断出现回调，为了准确预判股价回调的位置和走势强度，投资者可以绘制一组上升江恩角度线。

通过这组江恩角度线能够清晰地发现，在上涨过程中，每次股价回调至 2∶1 线时，都获得了足够的支撑。这说明该线对股价具有很强的支撑作用。

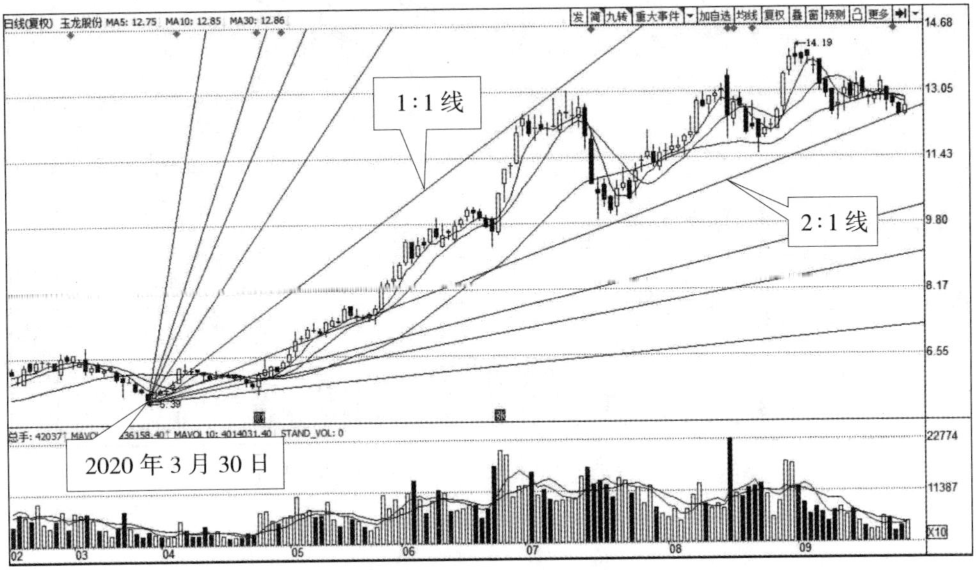

图 9–6　玉龙股份（601028）日 K 线走势图

2. 弱势调整支撑位与目标位

股价上涨一段时间后出现调整时，如果此次调整属于弱势调整，那么股价下跌到 3∶1 线或 4∶1 线时，就会受到江恩角度线的支撑重新上涨。

如图 9-7 所示，宜昌交运（002627）的股价自 2020 年 5 月 2 日启动了一波振荡上涨行情。

振荡上涨过程中，该股股价形成了若干个短期高点。投资者可以 5 月 2 日为起点，通过炒股软件中的“画线工具”画出一组上升江恩角度线。

在振荡上涨之后，股价出现了回调整理走势。股价数次下跌到 3∶1 线，因受江恩角度线的支撑而上涨，说明该线具有很强的支撑作用。同时，由于该股的支撑线距离 1∶1 线已经较远，因而属于弱势调整范畴，投资者不宜买入该股。

此后，该股股价跌破 3∶1 线的支撑，进而继续向下寻求 4∶1 线的支撑。

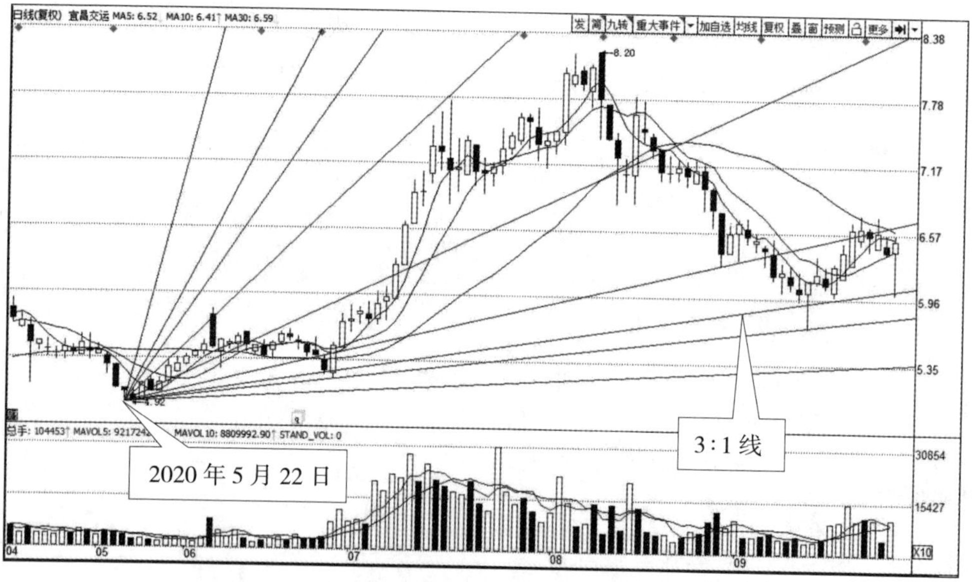

图 9-7　宜昌交运（002627）日 K 线走势图

第十章

其他画线技术实战技巧

目前，每种交易软件提供的画线工具都有几十种，本章将选择其中比较有特点或比较重要的画线工具，为大家作一下简单介绍。

第一节　江恩箱实战技法与买卖点选择

江恩箱又称江恩时间价格计算器，是从主要的支点低位和支点高位画出来的。江恩箱的设计原理与江恩角度线相似，也是研究股价运行幅度与时间关系的一种技术分析工具。

一、江恩箱的绘制

以同花顺软件为例，投资者可以在工具栏中点击“画线”选项，或者在主菜单的“工具”栏目下选择“画线工具”中的“江恩箱”选项，即可开始绘制江恩箱了。

在绘制江恩箱时，应注意以下两点。

第一，选择大盘指数或者个股的某个转折点作为江恩箱起点，点击左键后按住不放，然后拖动鼠标，即可拉出一个江恩箱。江恩箱起点决定了江恩箱的测市效果，因此投资者最好能多试几个起点，直至江恩箱中的各条角度线能够最大程度地反映股价运行趋势为止。

第二，选择了起点之后，还需要确定时间长度和空间高度，最后在选定的终点位置放开鼠标，江恩箱就绘制完毕了。

绘制完成后，还可以根据自己的需要，适当调整江恩箱的大小，以保证其能够准确反映股价的运行趋势。如图 10-1 所示。

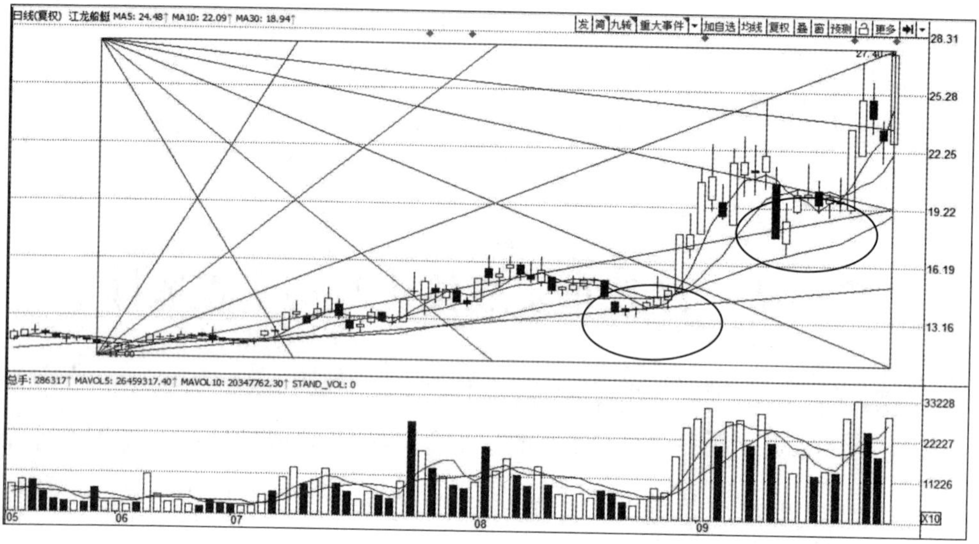

图 10–1　江龙船艇（300589）的江恩箱

二、江恩箱的研判

江恩箱对股价走势的研判主要通过以下两点进行。

一是通过江恩箱上各条角度线判断其对股价的支撑与阻力作用。

二是江恩箱上各条角度线的交点，也是容易出现转折的位置。

1. 对江恩箱各条角度线的研判

江恩箱中的各条角度线，对股价运行均会起到或多或少的支撑或阻力作用，区别在于有的角度线所起的支撑或阻力作用更强。

当股价跌破某条江恩角度线时，往往会向下一条角度线寻找支撑力量。如果这条支撑线不足以支撑股价的运行，股价还将继续下跌。

当股价上升突破某条下降的江恩角度线时，这条角度线就会由阻力作用转变为支撑作用，同时股价还会上探另一条江恩线的阻力。

对于投资者来说，股价在某条角度线上受到支撑或阻力，都可以看成是一个重要的买入或卖出时机。

如图 10–2 所示，2020 年 5 月 28 日，利德曼（300289）的股价开始上涨，股价一直在 1∶1 线上方运行，并且股价上攻至 1∶2 线时，都因遇到阻力而下跌，表明 1∶1 线对股价一直起着较强的支撑作用。

8 月 10 日，股价跌破 1∶1 线，之后 1∶1 线就由支撑作用转化为阻力作用。股价迅速下跌后，在 2∶1 线处受到一定的支撑，重新反弹。不过，股价两次反弹至 1∶1 线附近时，均因遇到 1∶1 线的阻力重新下跌。

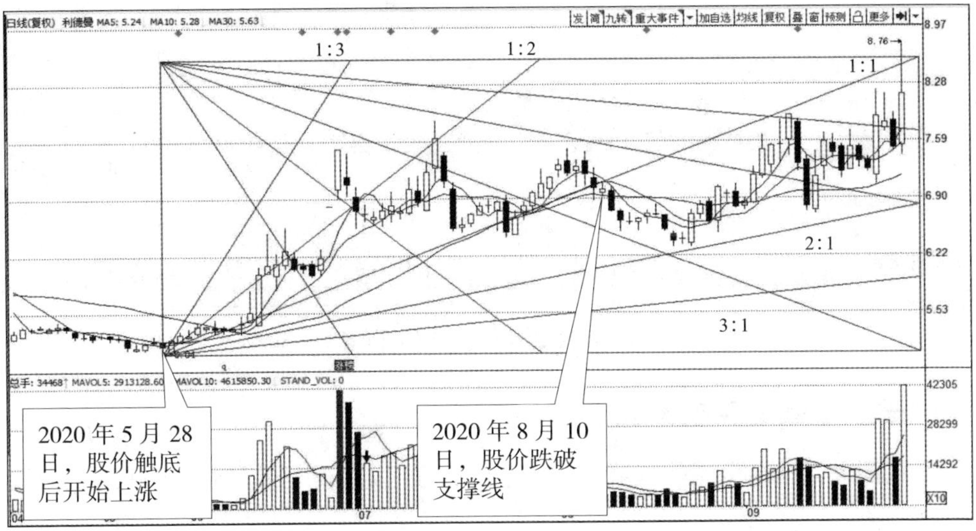

图 10–2　利德曼（300289）日 K 线走势图

2. 对江恩箱各条角度线交叉点的研判

江恩箱各条角度线的交叉点，也是容易出现转折的位置。由于各条角度线的交叉点反映了几条支撑线或阻力线的共同作用，所以股价在交叉点发生反转的概率更大。

当股价经过多次突破或者跌破之后，如果在某一条角度线的交叉点附近出现与之前相反的趋势，那么投资者应注意行情很可能出现转折。

如图 10–3 所示，2020 年 5 月 12 日，国新能源（600617）的股价开始上涨，一直沿着 1∶1 线上升，2∶1 线对股价起到支撑作用。

9 月 24 日，该股股价运行至江恩箱交叉点附近位置。投资者应该清楚，此时股价可能会出现某种异动，毕竟该点位处于支撑位与阻力位交叉的一个节点。此后股价出现了连续上涨走势。

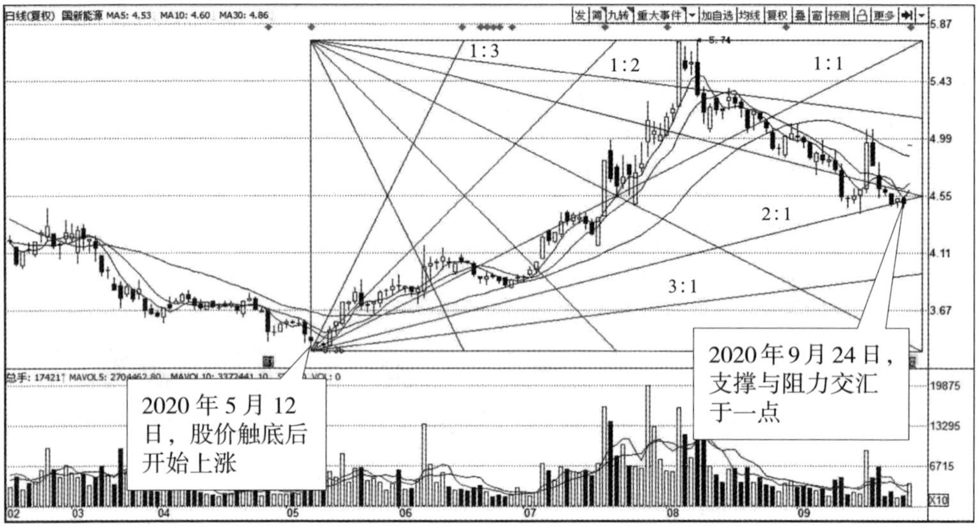

图 10-3　国新能源（600617）日 K 线走势图

三、江恩箱实战买卖点

利用江恩箱，可以很轻松地找到可能的压力位和支撑位，更好地把握买点或卖点。

1. 利用江恩箱的支撑作用寻找买点

股价经过一轮上涨之后，当出现较明显的回调走势时，可以运用江恩箱发现股价的回调位置，并把握企稳回升的买入时机。

如图 10-4 所示，迦南科技（300412）的股价从 2020 年 5 月 18 日开始了一轮上涨走势。

7 月 14 日，股价触及 1∶1 线后开始一路回落，随后在 2∶1 线处受到支撑。

7 月 17 日，股价收出一根十字星，随后出现了反弹。此时投资者宜迅速跟进买入股票。

根据江恩箱买入股票时，应注意以下两点。

第一，当股价运行到江恩箱角度线位置时，投资者不可匆忙入场交易，而应注意观察此时股价的运行情况。如果出现明显的止跌迹象，方可进行交易。

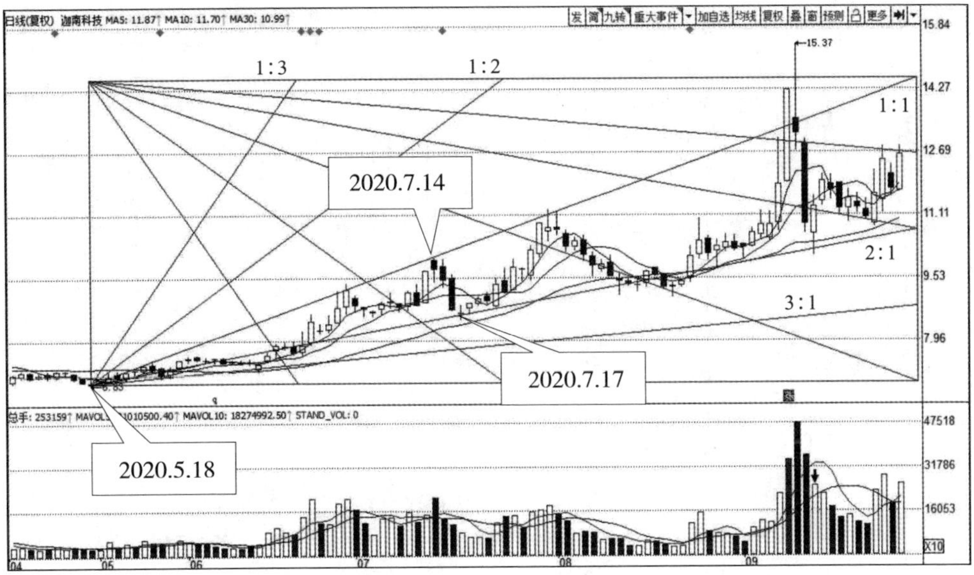

图 10–4　迦南科技（300412）日 K 线走势图

第二，当投资者根据某条江恩箱角度线入场交易后，应将该角度线作为止损位。例如，投资者判断股价在 2∶1 线处获得支撑，因此进行买入操作，此时可将 2∶1 线作为止损线。一旦后市股价没有按照预计的趋势运行并跌破该线，应止损卖出。

2. 利用江恩箱的压力作用寻找卖点

当股价经过一轮下跌后开始反弹时，可以运用江恩箱研判股价的反弹高度，并把握反弹到位后的卖出机会。

如图 10–5 所示，蓝焰控股（000968）的股价从 2020 年 4 月 28 日开始一路上涨，一直沿着 1∶1 线方向上涨，并在上涨途中不断加速。

7 月 14 日，股价在上涨到 1∶2 线附近时遇到阻力转而下跌，这是投资者第一次卖出股票的良机。

随后，股价迅速跌破 1∶1 线后继续下跌，在 2∶1 线处受到支撑重新上涨。在股价上涨到 1∶1 线附近后，又重新开始下跌，这是投资者第二次卖出股票的机会。

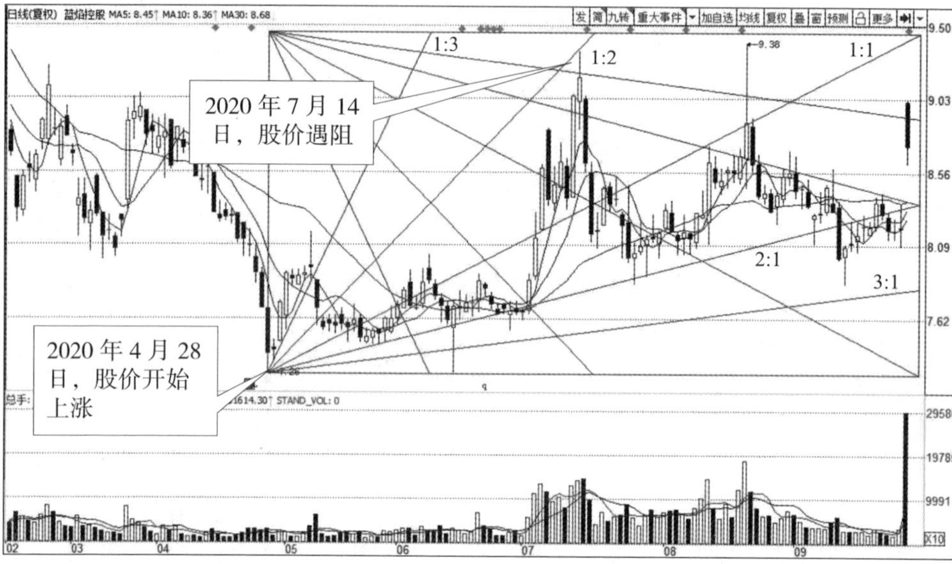

图 10-5 蓝焰控股（000968）日 K 线走势图

根据江恩箱卖出股票时，应注意以下两点。

第一，当股价运行到江恩箱角度线附近位置时，投资者不可匆忙卖出，而应注意观察此时股价的运行情况。如果出现明显的遇阻迹象，方可进行卖出交易。

第二，当投资者根据某条江恩箱角度线卖出后，如果股价再次上涨突破该角度线，投资者可以重新买入股票。

第二节 百分比线画法与买卖点选择

百分比线是利用百分比率原理分析股价涨跌的技术分析方法。百分比线将上一次行情中重要的高点和低点之间的涨跌幅，按 1/8、2/8、1/3、3/8、4/8、5/8、2/3、6/8、7/8、8/8 的比率生成百分比线。在各比率中，4/8 最为重要，1/3、3/8、5/8、2/3 四条距离较近的比率也十分重要，往往对股价起到重要的支撑与压力作用。

一、百分比线的绘制

百分比线可以细分为上升趋势百分比线和下降趋势百分比线两种。

1. 上升趋势百分比线

上升趋势百分比线，是将股价的一段上升走势按照百分比率划分成若干个分位，用以观察这些百分比分位对股价的支撑和阻力作用。

当股价自底部向上振荡上涨时，投资者可以选择炒股软件“画线工具”中的“百分比线”，先用鼠标确定一个低点，然后将鼠标拖动到波段高点位置，系统就会自动生成百分比线，如图 10-6 所示。

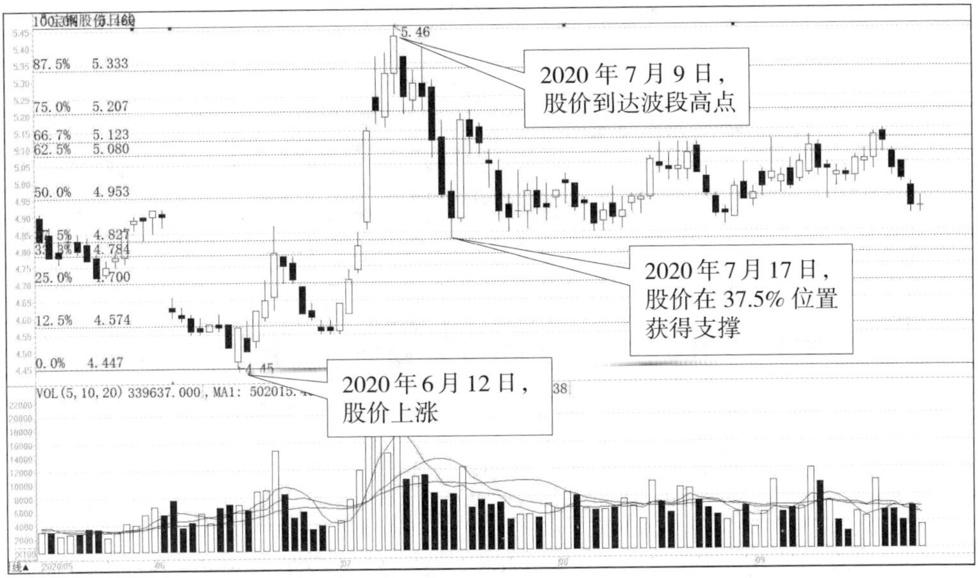

图 10-6　宝钢股份（600019）日 K 线走势图

画上升趋势中的百分比线时，需要注意以下两种情况。

第一，画百分比线时，应注意波段低点与波段高点的选择。投资者选择的低点和高点越重要，百分比线对股价的影响也就越大。

第二，画完百分比线之后，如果股价出现了新的高点，投资者可以适当调整百分比线，使其适应股价变化的要求。

2. 下降趋势百分比线

下降趋势百分比线，是将股价的一段下跌走势按照百分比率划分成若干个分位，用以观察这些百分比分位对股价的支撑和阻力作用。

当股价自顶部向下振荡下跌时，投资者可以选择炒股软件“画线工具”中的“百分比线”，先用鼠标确定一个高点，然后将鼠标拖动到波段低点位置，系统就会自动生成百分比线，如图 10-7 所示。

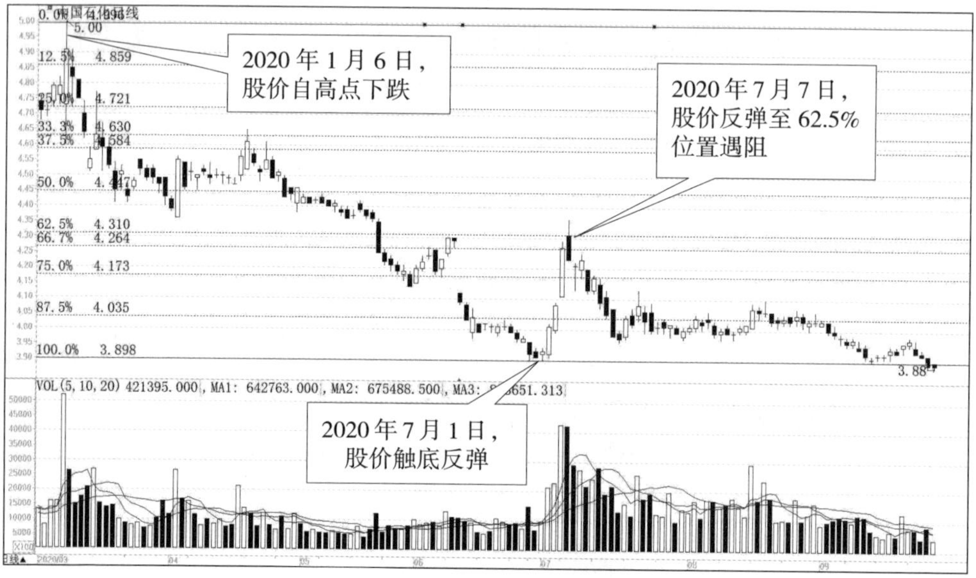

图 10-7 中国石化（600028）日 K 线走势图

画下降趋势中的百分比线时，需要注意以下两种情况。

第一，画百分比线时，要注意高点与低点的选取。即选取最高点时，只选 K 线实体部分的上端，上影线不计。选取最低点时，只选 K 线实体部分的下端，下影线不计。

第二，画完百分比线之后，如果股价出现了新的低点，投资者可以适当调整百分比线，使其适应股价变化的要求。

二、利用百分比线判断买卖点

当股价上涨到百分比线附近时，就有遇阻出现下跌的可能。当股价下跌到百分比线附近时，有受到支撑重新上涨的可能。通过分析股价可能的支撑位与阻力位，可以比较容易地选择股价的买卖点。

1. 利用百分比线支撑位判断股票买点

股价上涨一段时间后自高点回落时，会在百分比线各个点位获得支撑。调整目标位以 50% 为分界线，弱势调整的目标位在 50% 以下，如 33.3% 线、37.5% 线；强势调整的目标位在 50% 以上，如 66.7% 线、62.5% 线。

股价受到支撑重新上涨，如果本次调整属于弱势调整，则投资者宜继续观察。如果本次调整属于强势调整，就是买入该股比较好的时机。

如图 10-8 所示，招商银行（600036）的股价从 2020 年 3 月 19 日开始走出了一波振荡上涨行情，投资者可以在股价振荡过程中画出一组百分比线。

振荡上涨过程中，该股股价形成了若干个短期高点。投资者可以 3 月 19 日为起点，以 7 月 7 日为终点，通过系统自动生成一组百分比线。

在振荡上涨之后，该股股价出现了回调整理走势。7 月 27 日，该股股价下跌到 37.5% 点位后，因受到百分比线支撑而上涨。由于该股此时已经跌破了 50% 线，说明该股已经属于弱势调整了，投资者买入股票时宜慎重。

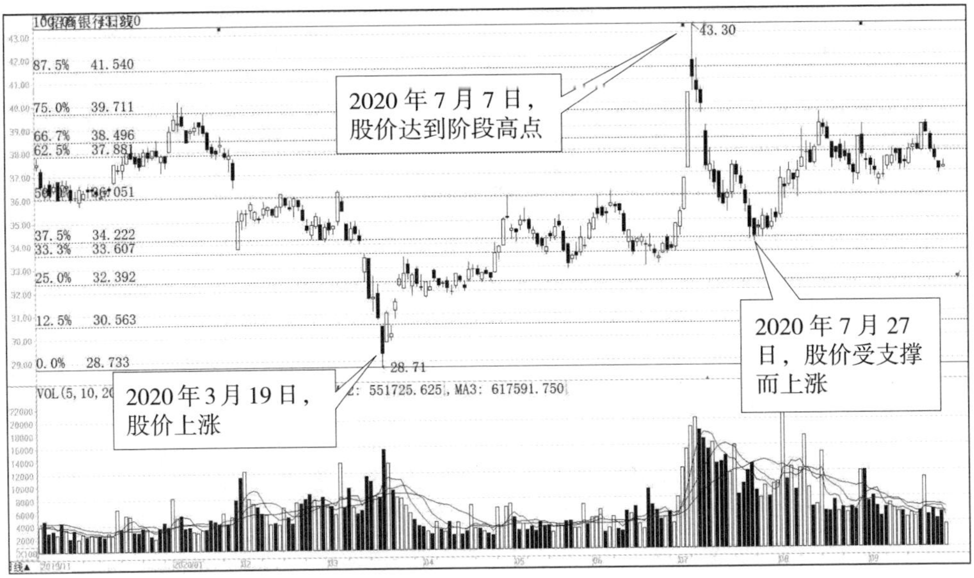

图 10-8 招商银行（600036）日 K 线走势图

2. 利用百分比线阻力位判断股票卖点

股价下跌一段时间后自低点反弹时，会在百分比线各个点位获得阻力。反弹强弱的分界线为 50% 线。弱势反弹的目标位在 50% 以下，如 33.3% 线、37.5% 线；强势反弹的目标位在 50% 以上，如 66.7% 线、62.5% 线。当股价遇到阻力重新下跌时，就是最后的清仓机会。

如图 10-9 所示，五矿发展（600058）的股价从 2019 年 12 月 31 日开始走出了一波振荡下跌行情，投资者可以在股价振荡过程中画出一组百分比线。

振荡下跌过程中，该股股价形成了若干个短期低点。投资者可以 2019 年 12 月 31 日为起点，以 2020 年 5 月 25 日为终点，通过系统自动生成一系列的百分比线。

在振荡下跌之后，股价出现了反弹走势。2020 年 8 月 11 日，该股股价上涨到 37.5% 点位后，因遇到百分比线的阻力而下跌，说明此时属于弱势反弹。同时，该股在 37.5% 线下方振荡过程中走出了类似头肩顶形态，预示该股将要下跌。此时投资者宜卖出该股。

图 10-9　五矿发展（600058）日 K 线走势图

第三节 阻速线画法与买卖点选择

阻速线又称速度阻挡线，是由埃德森·古尔德创立的一种分析工具。简单地讲，就是取一段涨幅或者跌幅的最高点和最低点画一条垂直线，并将此直线三等分，每等分的交点与最高点或最低点的连线即为阻速线。一轮中级以上的波动，往往会在1/3阻速线上方转势。

一、阻速线的绘制

阻速线是一种将趋势线和百分比回撤融为一体的画线分析技术，实质上也属于趋势线三分法的具体应用。阻速线表征的是趋势上升或下降的速率。

阻速线分为上升阻速线和下降阻速线两类。

1. 上升阻速线

投资者可以利用炒股软件中的“阻速线”工具完成上升阻速线的画线。选择“阻速线”工具后，首先用鼠标确定一个低点A，然后再寻找一段涨幅的高点B，这时系统就会自动生成上升阻速线。

如图10-10所示，利用画线工具确定A点和B点的位置后，系统就会自动生成一组阻速线。

从图中的阻速线与股价运行关系来看，股价基本上是沿着2/3线运行，每当股价上升至上轨线都会遇到阻力而回调；股价下跌至1/3线，又会受到支撑再度上涨。

2. 下降阻速线

投资者可以利用炒股软件中的“阻速线”工具完成下降阻速线的画线。选择“阻速线”工具后，首先用鼠标确定一个高点A，然后再寻找一段跌幅的低点B，这时系统就会自动生成下降阻速线。

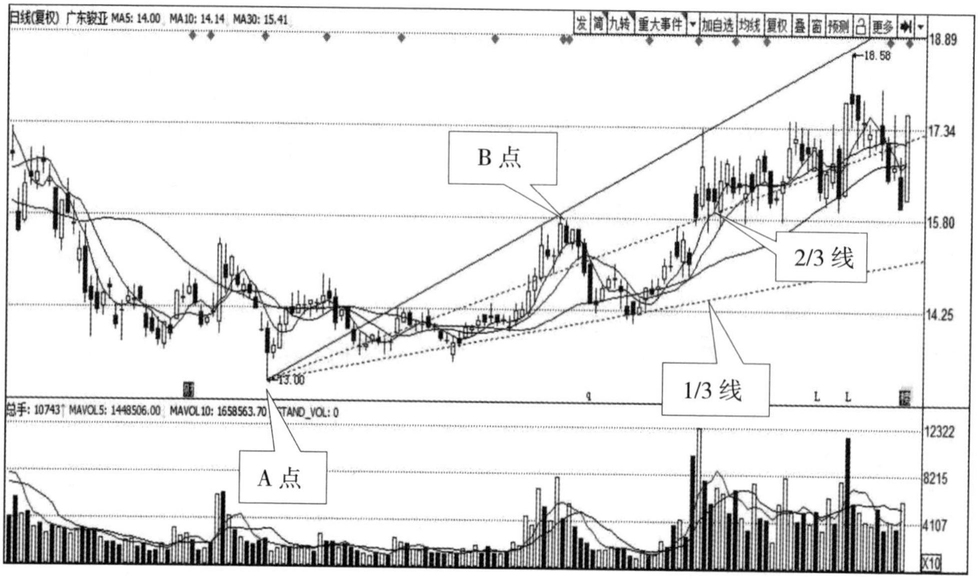

图 10-10　广东骏亚（603386）日 K 线走势图

如图 10-11 所示，利用画线工具确定高点 A 和低点 B 的位置后，系统就会自动生成一组阻速线。

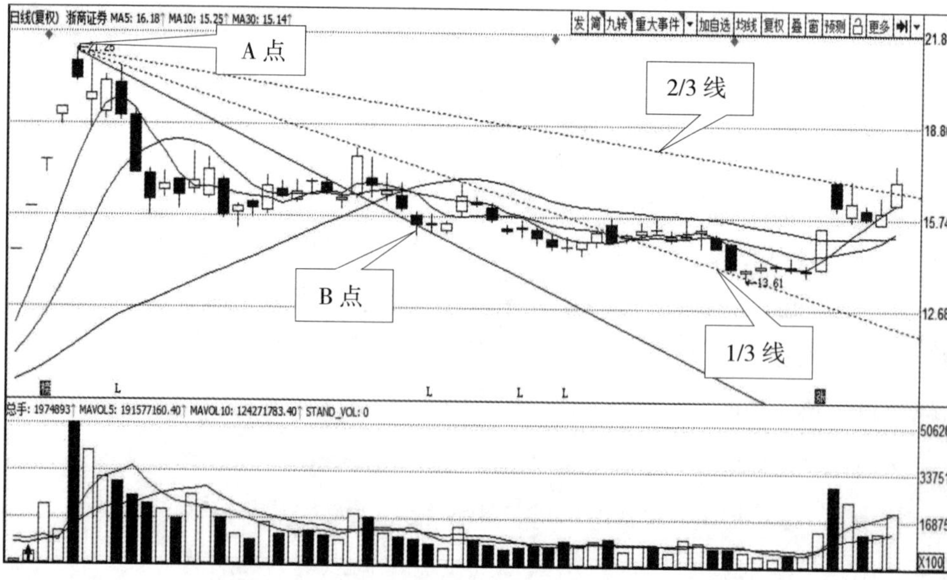

图 10-11　浙商证券（601878）日 K 线走势图

从图中阻速线与股价运行关系来看，股价基本上是沿着 1/3 线向下运行的。每当股价下跌至下轨线，都会受到支撑而反弹。股价上涨至 2/3 线，又会遇到阻力再度下跌。

画阻速线时，需要注意以下两种情况。

第一，画上升阻速线时，注意高点的选择。投资者选择的高点不能距离阻速线太近，否则无法对股价的变动产生影响。

第二，画下降阻速线时，注意低点的选择。投资者选择的低点不能距离阻速线太近，否则无法对股价的变动产生影响。

二、阻速线的研判

对阻速线的研判主要包括两方面：其一，研判股价未来趋势；其二，研判阻力位与支撑位。

1. 研判股价未来趋势

阻速线通过 3 条直线为股价划定了大致的运行区域和运动趋势，只要股价仍在划定的区域内运行，就说明趋势没有改变。

具体判断标准如下。

第一，股价始终运行于上升阻速线区域，说明该股处于上升趋势中。股价始终运行于下降阻速线区域，说明该股处于下降趋势中。

第二，股价若加速突破上升阻速线上轨线，说明股价有加速上涨的趋势。股价若加速跌破下降阻速线下轨线，则说明股价有加速下跌的趋势。

如图 10–12 所示，司太立（603520）的股价在 2020 年 1 月 9 日创下阶段低点（A 点）后，开始振荡上涨。该股股价短期内到达一个高点（B 点）后出现回调走势，不久又再度振荡上涨。

按照阻速线的画法，将 A 点与 B 点连接，可以得到一组阻速线。通过对阻速线与股价关系的观察，可以得出以下结论。

第一，股价始终处于上涨趋势中。

第二，股价在 2020 年 6 月 5 日加速上涨，突破了阻速线的上轨线，说明股价有加速上涨的趋势。

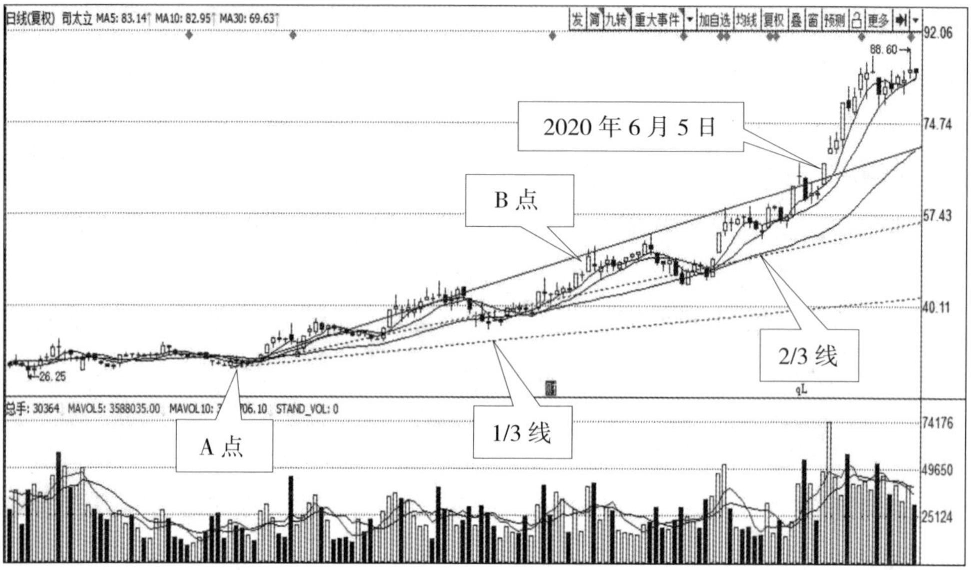

图 10-12　司太立（603520）日 K 线走势图

2. 研判阻力位与支撑位

股价运行在阻速线划定的区域内，各条阻速线对股价都会产生一定的支撑与阻力作用。

具体判断标准如下。

第一，股价向上运行遇到某条阻速线时，该阻速线就会对股价产生一定的阻力，进而导致股价下跌。股价向下运行遇到某条阻速线时，该阻速线就会对股价产生一定的支撑力，进而导致股价上涨或反弹。

第二，股价向上突破上升阻速线上轨线，则该阻速线的作用由阻力转为支撑。股价若出现回调，该阻速线就会对其产生一定的支撑作用。

第三，股价向下跌破下降阻速线下轨线，则该阻速线的作用由支撑转为阻力。股价若出现反弹，该阻速线会对其产生一定的阻力作用。

如图 10-13 所示，捷捷微电（300623）的股价在 2020 年 3 月 30 日创下阶段低点（A 点）后，开始振荡上涨。该股股价短期内到达一个高点（B 点）后出现回调走势，不久又再度振荡上涨。

按照阻速线的画法，将 A 点与 B 点连接，可以得到一组阻速线。其后，该股股价一直运行于阻速线区域内。当股价上涨至阻速线位置时，遇到阻力而回调。股价下跌至阻速线位置时，受到支撑再度上涨。

9 月 11 日，捷捷微电的股价下跌至阻速线位置，因受到阻速线的支撑重新上攻，说明股价将重新进入上升通道。

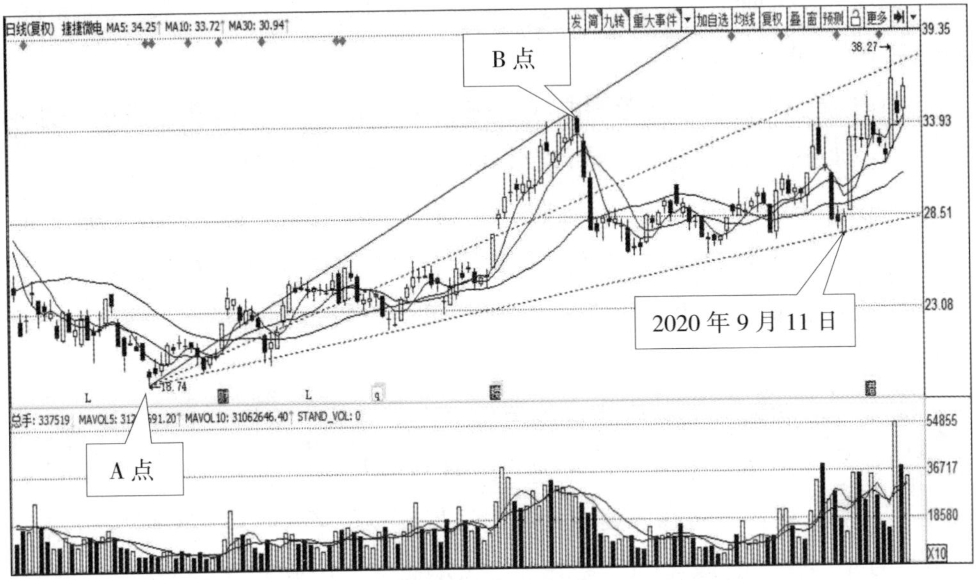

图 10-13　捷捷微电（300623）日 K 线走势图

三、利用阻速线判断股价买点与卖点

利用阻速线判断股价的买点与卖点，实质上是对股价运行趋势以及阻力位、支撑位研判的细化。

具体判断标准如下。

第一，如果股价处于上涨趋势中，股价回调受到阻速线支撑再度上涨，可以认定该股买点出现。

第二，如果股价处于下跌趋势中，股价反弹遇到阻速线压制重新下跌，可以认定该股卖点出现。

1. 上升阻速线买卖点判断

利用上升阻速线判断股价买卖点，可以参照如下几条标准。

第一，股价上涨时，如果触及上升阻速线后出现回调，投资者可考虑卖出部分股票。

第二，如果股价回调受到阻速线支撑再度上涨，可考虑买入股票。

第三，如果股价加速上涨，突破上升阻速线上轨线，可考虑加仓买入。

第四，股价向下跌破上升阻速线区域，说明股价运行趋势有转向的可能，投资者宜清仓卖出股票。

如图 10–14 所示，古鳌科技（300551）的股价从 2020 年 6 月中旬开始启动了一波上涨行情，投资者可以沿着股价上涨方向绘制出一组阻速线。

2020 年 6 月 18 日，古鳌科技收出一根十字线后，启动了一波上涨行情。

该股股价在振荡上涨过程中形成了若干个短期高点，投资者可以 6 月 18 日股价收盘价为低点，以 7 月 21 日股价的波段顶点为高点，画出一条上升阻速线。

此后，股价基本运行在阻速线范围之内。股价上涨到 2/3 阻速线时，因遇到阻速线的阻力向下回落，股价下跌到 1/3 阻速线时，又因受到阻速线的支撑而上涨。股价一直在阻速线区域内运行，投资者可继续持有该股。

9 月 14 日，股价跌破 1/3 阻速线，预示股价将快速下跌，投资者宜清仓。

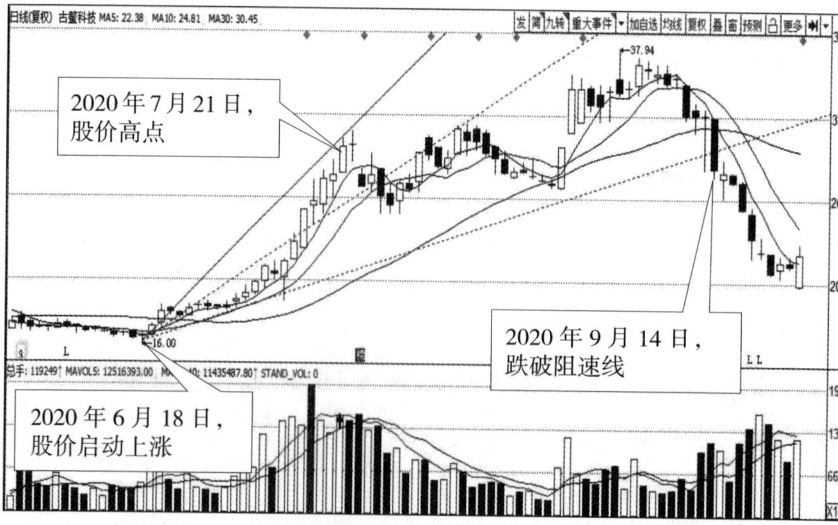

图 10–14　古鳌科技（300551）日 K 线走势图

2. 下降阻速线买卖点判断

利用下降阻速线判断股价买卖点，可参照如下几条标准。

第一，股价反弹时，如果触及下降阻速线后出现回调，投资者可考虑卖出股票。

第二，股价下跌受到阻速线支撑出现反弹，投资者应尽量观望，不要贸然入场。

第三，如果股价加速上涨，突破下跌阻速线区域，说明股价有从下跌趋势转为上升趋势的可能，投资者可考虑买入部分股票。

第四，股价向下跌破下降阻速线区域，说明股价有加速下跌的可能，投资者宜清仓卖出股票。

如图 10–15 所示，2020 年 1 月 10 日，分众传媒（002027）收出一根十字线后，启动了一波下跌行情。

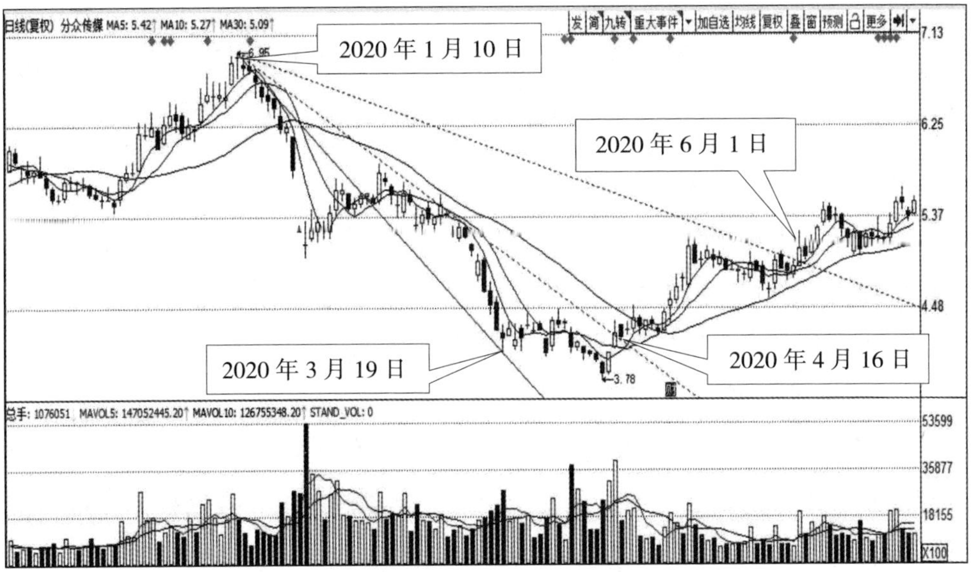

图 10–15　分众传媒（002027）日 K 线走势图

该股股价在振荡下跌过程中形成了若干个短期低点，投资者可以 1 月 10 日股价最高价为高点，以 3 月 19 日股价的波段低点为低点，画出一条下降阻速线。此后，股价基本运行在阻速线范围之内。

4 月 16 日，股价向上突破了 1/3 阻速线，说明股价存在反弹的可能，但鉴于股价仍运行于阻速线范围之内，投资者可继续保持观望。此后，股价上升至 2/3 阻速线附近时，受阻后沿着阻速线回落，投资者可继续观望。

6 月 1 日，股价放量突破了 2/3 阻速线，说明股价短期呈强势。此时投资者可考虑加仓买入。

第四节　扇形线画法与买卖点选择

将开始上升的低点（中期低点）和高位徘徊的各个低点分别以直线连接起来，便可以画出多于一条的上升趋势线。这些趋势线像一把扇子一样，因此把这些趋势线称为“扇形线”。

下跌时情形也是一样，把中期高点与低位徘徊时的各个短期高点分别以直线连接起来，也可以画出一组像扇子般散开的下降趋势线，这也同样是“扇形线”。

一、扇形线的绘制

扇形线，实质上就是一种趋势线的变形与调整，同时扇形线又丰富了趋势线的内容，明确给出了趋势反转的信号。

扇形线分为上升扇形线和下降扇形线两类。

1. 上升扇形线

在上涨趋势中，投资者可以根据股价的变化选定低点，再和后续波段低点连接，画出一条扇形线，这实质上也是一条趋势线。然后根据股价的变化，依次画出第二条、第三条扇形线，这样就组成了一组上升扇形线，如图 10–16 所示。

画上升扇形线时，应注意以下两点。

第一，所画的上升趋势线应该是自上而下按顺序排列的。也就是说，后画的趋势线的角度要低于前一条趋势线。

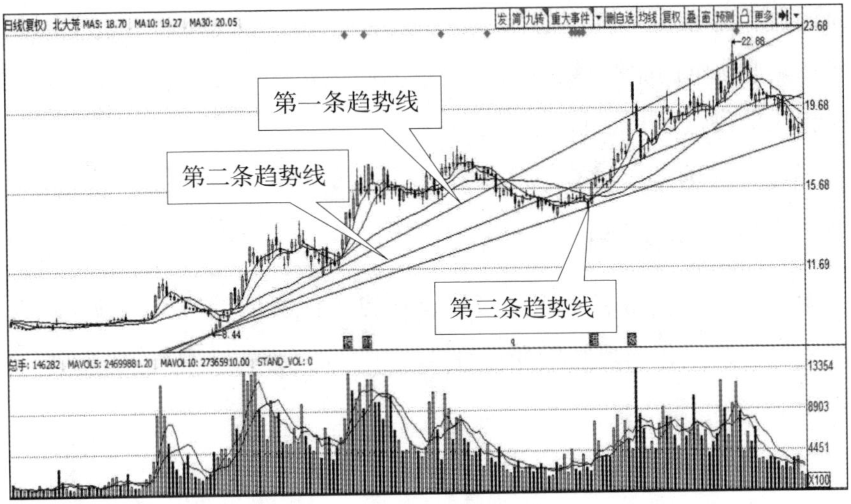

图 10-16　北大荒（600598）日 K 线走势图

第二，所画的各条趋势线除了起点外，再无其他交叉点。

2. 下降扇形线

在下跌趋势中，投资者可以根据股价的变化选定高点，再和后续波段高点连接，画出一条扇形线，这实质上也是一条趋势线。然后根据股价的变化，依次画出第二条、第三条扇形线，这样就组成了一组下降扇形线，如图 10-17 所示。

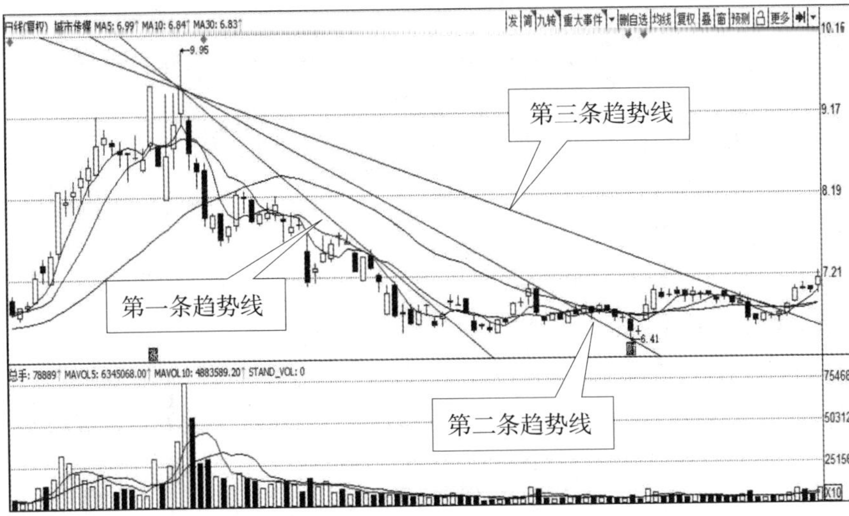

图 10-17　城市传媒（600229）日 K 线走势图

画下降扇形线时，应注意以下两点。

第一，所画的下降趋势线应该是自下而上按顺序排列的。也就是说，后画的趋势线的角度要低于前一条趋势线。

第二，所画的各条趋势线除了起点外，再无其他交叉点。

二、扇形线的研判

通常情况下，投资者利用扇形线可作以下两方面的研判：其一，股价运行行情变化；其二，扇形线的角度变化。

1. 股价运行行情变化

利用扇形线判断股价运行行情变化时，具体判断标准如下。

第一，股票经过一段时间上涨之后出现了下跌行情，并且股价很快跌破了扇形线区域，说明上涨行情即将结束，股价即将开始快速下跌。

第二，股票经过一段时间下跌之后出现了上涨行情，并且股价很快向上突破了扇形线区域，说明下跌行情即将结束，股价即将开始快速上涨。

如图 10–18 所示，吉药控股（300108）的股价从 2020 年 4 月 15 日开始走出了一波振荡下跌行情，投资者可以在股价振荡过程中画出一组下降扇形线。

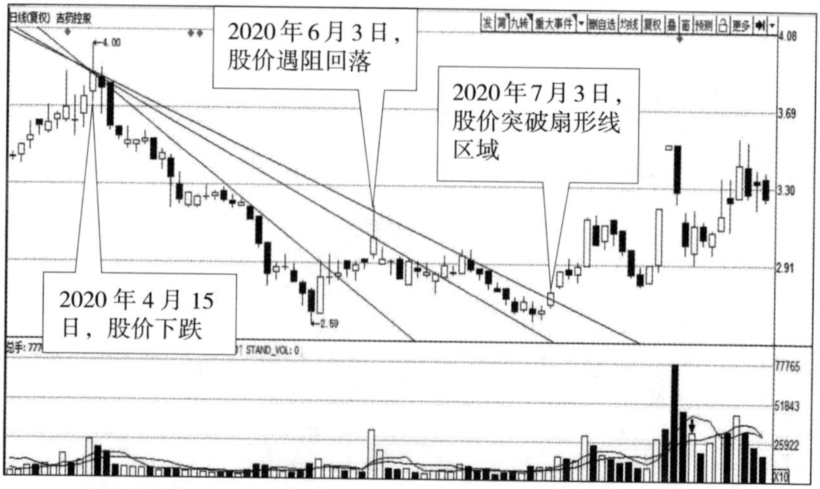

图 10–18　吉药控股（300108）日 K 线走势图

该股股价在振荡下跌过程中形成了若干个短期高点，投资者可以根据这些高点画出 3 条趋势线，3 条趋势线组成一组扇形线。

6 月 3 日，该股股价经过几个交易日的振荡反弹后，遇到下降扇形线压制而下跌，此时就是一个较好的清仓时机。

7 月 3 日，该股股价向上突破了扇形线区域，预示股价下跌行情已经结束，未来将开始一波上涨行情。

2. 扇形线角度变化

扇形线角度变化研判标准如下。

第一，上升扇形线中，从第一条扇形线到第三条扇形线的角度越来越平，说明股价上涨趋势较弱；反之，说明股价上涨趋势加速。

第二，下降扇形线中，从第一条扇形线到第三条扇形线的角度越来越平，说明股价下跌趋势较弱；反之，说明股价下跌趋势加速。

如图 10–19 所示，马应龙（600993）的股价从 2020 年 6 月 9 日开始启动了一波振荡上升行情。

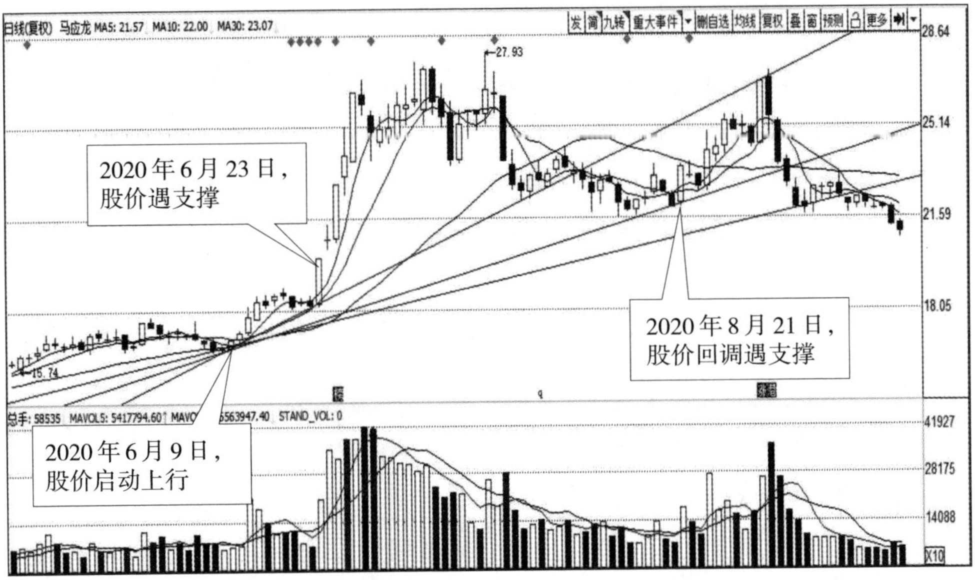

图 10–19 马应龙（600993）日 K 线走势图

该股股价在振荡上升过程中形成了若干个短期低点，投资者可以根据这些低点画出 3 条趋势线，3 条趋势线组成一组上升扇形线。

6 月 23 日、8 月 21 日，该股股价经过一段时间的回调后，回调到扇形线附近时受到支撑而上涨。通过 3 条趋势线的变化可以看出，趋势线越来越平，说明股价上攻力度减弱，投资者宜准备撤退。

判断扇形线角度变化时，还需注意以下几点。

第一，在股价下跌过程中，如果下降扇形线的角度越来越陡峭，说明空方力量不断增加，股价未来还将继续大幅下跌。

第二，在股价下跌过程中，如果下降扇形线的角度越来越平，说明空方力量不断减弱，股价未来下跌空间有限。

第三，在股价上涨过程中，如果上升扇形线的角度越来越陡峭，说明多方力量不断增加，股价未来还将继续大幅上涨。

第四，在股价上涨过程中，如果上升扇形线的角度越来越平，说明多方力量不断减弱，股价未来上涨空间有限。

三、利用扇形线选择买卖点

利用扇形线判断股价的买点与卖点，实质上也是对股价运行趋势以及阻力位、支撑位研判的细化。

具体判断标准如下。

第一，如果股价处于上涨趋势中，股价回调受到扇形线支撑再度上涨时，可以认定该股买点出现。

第二，如果股价处于下跌趋势中，股价反弹遇到扇形线压制重新下跌时，可以认定该股卖点出现。

1. 利用上升扇形线判断股价买卖点

股价处于上涨趋势中，每当股价下跌到某条扇形线时，都有出现反弹的可能。每当股价加速上涨，并且上涨到某条扇形线附近时，都有出现下跌的可能。

如图 10-20 所示，潍柴动力（000338）的股价从 2020 年 3 月 31 日开始启动了一波振荡上涨行情。

该股股价在振荡上涨过程中形成了若干个短期低点，投资者可以根据这些低点画出 3 条趋势线，3 条趋势线组成一组扇形线。

该股股价经过一段时间的上涨后出现了几次回调，分别于 5 月 27 日、6 月 23 日回调到扇形线附近受到支撑转而上涨，此时就是一个较好的加仓时机，投资者可考虑加仓买入股票。

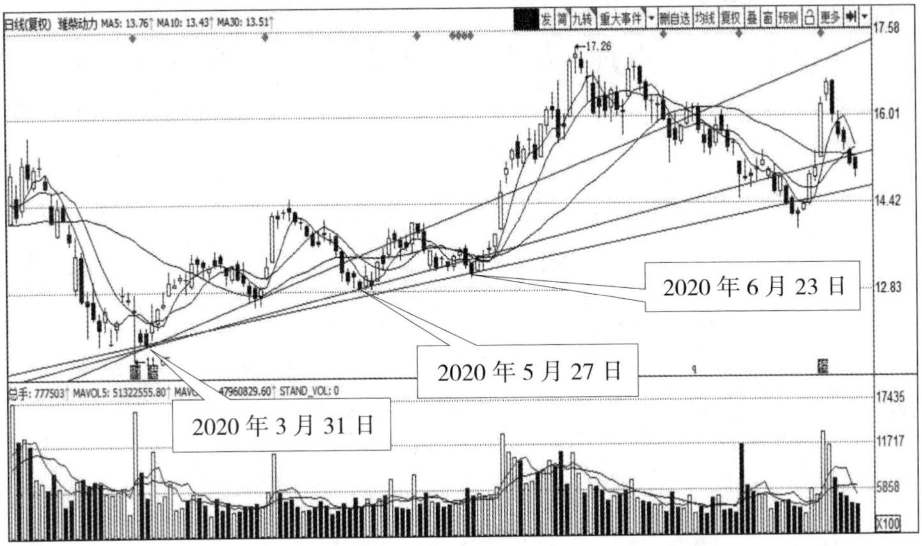

图 10-20　潍柴动力（000338）日 K 线走势图

利用上升扇形线判断买卖点时，需要注意以下两种情况。

第一，在股价上涨过程中出现回调，并且回调到扇形线附近时，成交量出现萎缩，当股价反弹向上，成交量又出现放大时，说明量价关系配合合理，未来股价上涨可期。

第二，股价受到支撑上涨时，如果相关技术指标同步发出买入信号，则可增加买入的准确性。股价遇到阻力下跌时，如果相关技术指标同步发出卖出信号，则可增加卖出的准确性。

2. 利用下降扇形线判断股价买卖点

股价处于下跌趋势中，每当股价下跌到某条扇形线时，都有出现反弹的可能。每当股价加速上涨，并且上涨到某条扇形线附近时，都有出现下跌的可能。

如图 10–21 所示，新研股份（300159）的股价从 2020 年 3 月 3 日开始启动了一波振荡下跌行情，投资者可以在股价振荡过程中画出一组下降扇形线。

该股股价在振荡下跌过程中形成了若干个短期高点，投资者可以根据这些高点画出 3 条趋势线，3 条趋势线组成一组扇形线。

5 月 18 日，该股股价突然暴涨，突破了第二条扇形线，不过股价很快又重新回到下降通道，投资者可以根据这一上涨高点绘制第三条扇形线。

7 月 6 日，该股股价经过一段时间的小幅上涨后到达第三条扇形线附近，当日出现大幅放量上攻动作，股价一举突破第三条扇形线区域，标志着股价已经走出扇形线区域，投资者可考虑追涨买入。

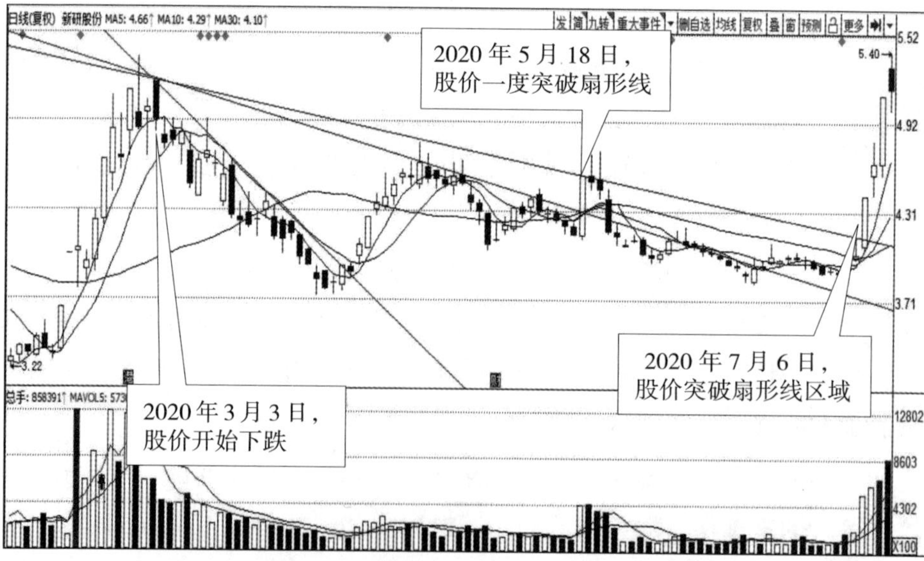

图 10–21　新研股份（300159）日 K 线走势图

利用下降扇形线判断买卖点时，需要注意以下两种情况。

第一，在下降趋势中，股价上涨遇到扇形线阻力出现下跌的可靠性较高。

投资者见到这种形态，应及时卖出股票。

第二，在下降趋势中，股价下跌受到扇形线支撑出现上涨的可靠性较低。投资者见到这种形态应谨慎对待，不可轻易参与其中。

第五节　周期线画法与买卖点选择

周期线是通过研究股价周期变动规律，预测未来股价变化趋势的一种技术分析方法。常用的周期线包括 3 种：等周期线、斐波那契周期线和卢卡斯周期线。

一、等周期线的绘制及实战技巧

等周期线是指将股价走势划分成若干个相等时长的周期，用以观察周期点上股价变化情况的技术分析方法。

1. 等周期线的绘制

投资者可以利用炒股软件“画线工具”中的“等周期线”工具画出等周期线。

投资者选择等周期线工具后，首先用鼠标确定一个低点（或高点）A，然后再寻找最近一段涨幅或跌幅的高点（或低点）B，这时系统就会自动生成等周期线，如图 10–22 所示。

画等周期线时，需要注意以下两种情况。

第一，画等周期线时，应该注意波段低点与波段高点之间的时间跨度。如果时间过短，将无法反映股价的周期运动规律。

第二，等周期线画好之后，投资者可以根据股价变化的规律适当地进行调整，使其能够更加准确地预测股价未来的变化趋势。

图 10-22　等周期线示意图

2. 等周期线实战技巧

使用等周期线研判股价运行方向时，可参照如下标准。

第一，股价处于上涨趋势中，每当股价运行到周期线附近时，都有出现回调的可能。每当股价回调且运行到周期线附近时，都有结束回调重新上涨的可能。

第二，股价处于下跌趋势中，每当股价运行到周期线附近时，都有出现反弹的可能。每当股价反弹且运行到周期线附近时，都有结束反弹重新下跌的可能。

如图 10-23 所示，北大荒（600598）的股价从 2020 年 2 月 3 日开始启动了一波振荡上涨行情。

该股股价在振荡下跌过程中形成了若干个短期高点和回调低点，投资者可以 2 月 3 日为单周期起点，以 2 月 26 日为单周期终点，这样系统会自动生成一组等周期线。

此后，在股价振荡上涨过程中，会不断出现一些波段高点和低点。通过观察图 10-23 可以发现，每当股价运行至等周期线时，股价出现变盘的概率很大。由此可见，等周期线是一种比较可靠的技术分析工具。在以后的行情走势中，每当股价运行至周期线时，投资者都要警惕股价下跌的可能。

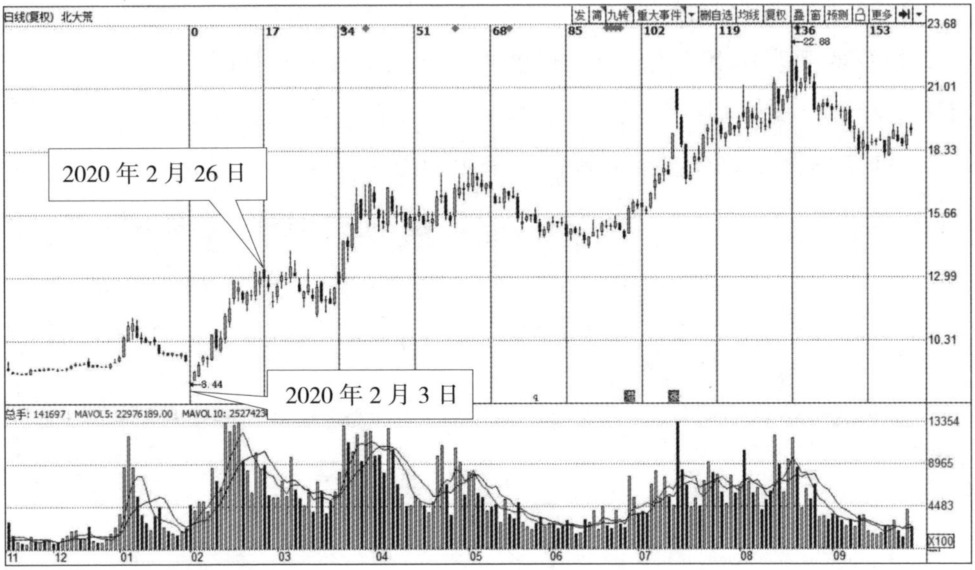

图 10-23 北大荒（600598）日 K 线走势图

利用等周期线判断买卖点时，需要注意以下两种情况。

第一，当股价波动到周期线附近时，正处于上升趋势中的，应注意股价可能形成高点。正处于下降趋势中的，应注意股价可能形成低点。

第二，实际上，无论是高点与高点之间，还是低点与低点之间，绝对等周期出现的情况并不是很多，因而当股价运行到周期线附近时，都应该特别留意。

二、卢卡斯周期线的绘制及实战技巧

卢卡斯周期线由一串神奇的数字构成，包括 2，1，3，4，7，11，18，29，47，76，123，199，322，521，843……直至无限。构成卢卡斯神奇数字系列的基础非常简单，由 2，1，3 开始，产生无限数字系列，而 3 实际上为 2 与 1 之和。以后出现的一系列数字，全部依照上述简单原则出现，即两个连续出现的相邻数字相加，等于后面的一个数字。

卢卡斯周期线是利用卢卡斯数列原理判断股价转折点的一种技术分析方法。每当股价运行到周期线时间点时，很可能会发生一些转折性的变化。

1. 卢卡斯周期线绘制

投资者可以利用炒股软件中的“卢卡斯周期线”工具画出该周期线。投资者选择卢卡斯周期线工具后，首先用鼠标确定一个低点（或高点）A，然后向后拖动鼠标，系统就会自动生成一组周期线，如图 10–24 所示。

图 10–24　卢卡斯周期线示意图

2. 利用卢卡斯周期线判断股价转折点

当股价处于上涨行情时，每当股价运行到周期线附近，都有可能出现下跌。当股价处于下跌行情时，每当股价运行到周期线附近，都有可能出现上涨。

如图 10–25 所示，华联股份（000882）的股价从 2020 年 5 月 25 日开始启动了一波振荡上涨行情。

该股股价在振荡上涨过程中形成了若干个短期高点和低点。投资者可以 5 月 25 日为起点画出一组卢卡斯周期线。此后，在股价振荡上涨过程中，不断出现一些波段高点和低点。

6 月 8 日，股价在回调低点处到达卢卡斯周期线位置，预示股价可能反向上攻，投资者宜买入股票。

9 月 9 日，处于高速上涨中的股价到达高点位置，此时正好与卢卡斯周期线重合，投资者此时宜卖出股票。

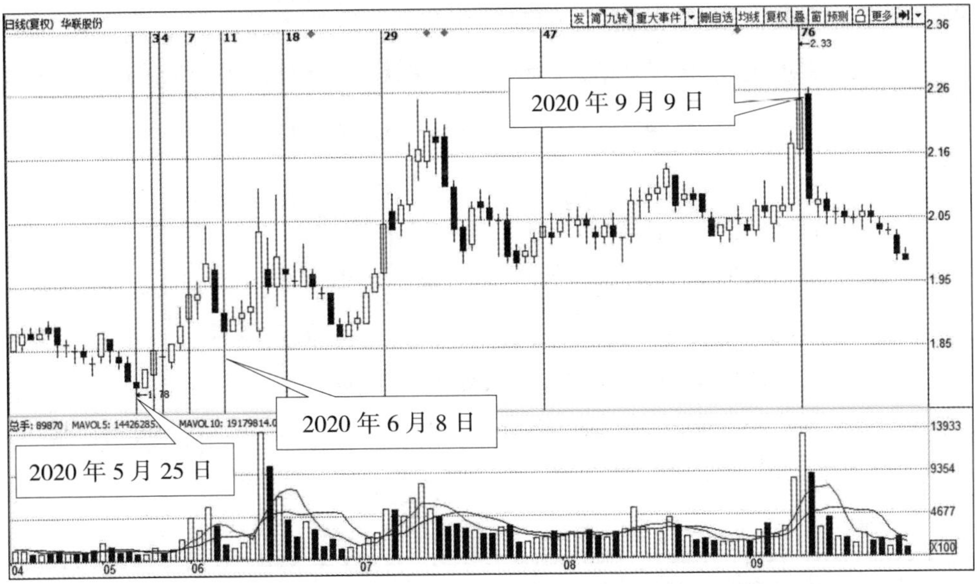

图 10-25　华联股份（000882）日 K 线走势图

应用卢卡斯周期线判断股价转折点时，需注意的问题与斐波那契周期线相同。

第一，起点位的选择。卢卡斯周期线的起点位决定了其他周期线的位置，因而起点位最好选择在较重要的高点或低点，这样用该周期线判断的转折点将更为准确。

第二，卢卡斯周期线的调整。当卢卡斯周期线连续若干次不能准确地预测股价转折点，或者股市出现了大行情时，投资者可考虑重新调整卢卡斯周期线。

三、斐波那契周期线的绘制及实战技巧

斐波那契周期线也是由一串神奇的数字构成，包括 1，2，3，5，8，13，21，34，55，89，144，233，377，610，987，1597……直至无限。构成斐波那契神奇数字系列的基础非常简单，由 1，2，3 开始，产生无限数字系列，而 3 实际上为 1 与 2 之和。以后出现的一系列数字，全部依照上述简单的原则，即两个连续出现的相邻数字相加，等于后面的数字。

斐波那契周期线是利用斐波那契数列原理判断股价转折点的一种技术分析方法。每当股价运行到周期线时间点时，很可能会发生一些转折性的变化。

1. 斐波那契周期线的绘制

投资者可以利用炒股软件中的“斐波那契周期线”工具画出该周期线。选择斐波那契周期线工具后，首先用鼠标确定一个低点（或高点）A，然后向后拖动鼠标，系统就会自动生成一组周期线，如图 10–26 所示。

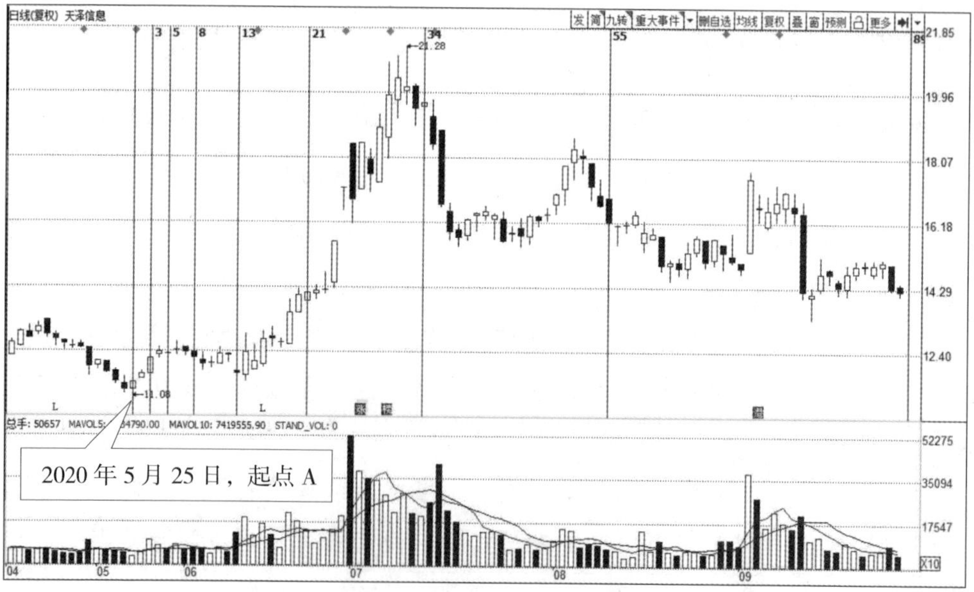

图 10–26　斐波那契周期线示意图

2. 利用斐波那契周期线判断股价转折点

当股价处于上涨行情时，每当股价运行到斐波那契周期线附近，都有可能出现下跌。当股价处于下跌行情时，每当股价运行到斐波那契周期线附近，都有可能出现上涨。

如图 10–27 所示，香江控股（600162）的股价从 2020 年 5 月 25 日开始启动了一波振荡上涨行情。

该股股价在振荡上涨过程中形成了若干个短期高点和回调低点。投资者可以 5 月 25 日为起点，借助系统自动生成一组斐波那契周期线。

此后，股价在振荡上涨过程中，不断出现一些波段高点和低点。观察这组斐波那契周期线可以看出，当股价运行至斐波那契周期线位置时，经常出现一些调整。此时投资者应保持足够的关注，一旦股价在斐波那契周期线位置出现大幅下跌，应果断出清股票。

7 月 13 日，香江控股的股价在高位振荡期间运行至斐波那契周期线位置，此时投资者宜暂时离场观望。

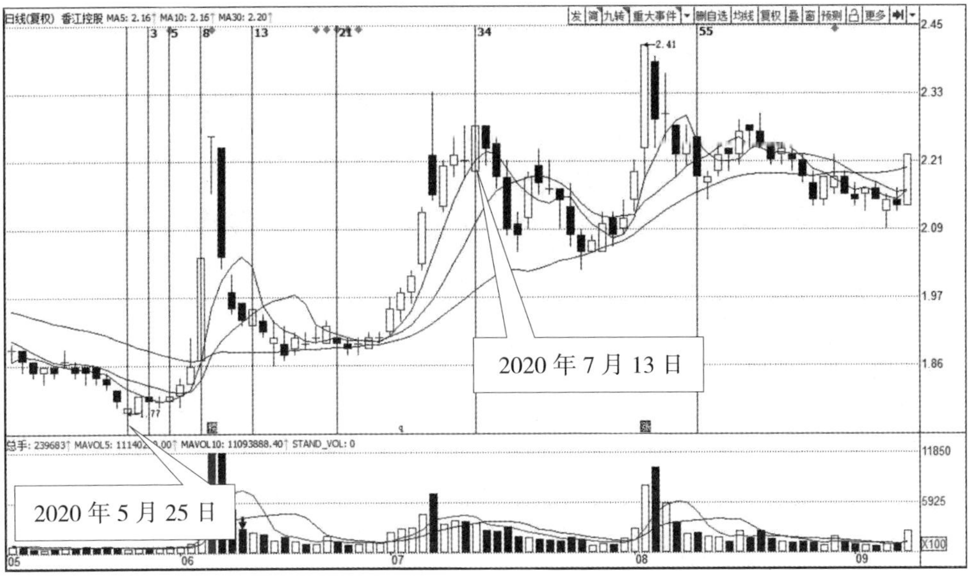

图 10–27 香江控股（600162）日 K 线走势图

应用斐波那契周期线判断转折点时，需要注意以下两点。

第一，起点位的选择。斐波那契周期线的起点位决定了其他周期线的位置，因而起点位最好选择较为重要的高点或低点，这样利用斐波那契周期线判断的转折点将更为准确。

第二，斐波那契周期线的调整。当斐波那契周期线连续若干次不能准确地预测股价转折点，或者股市出现了大行情时，投资者可以考虑重新调整斐波那契周期线。

再版后记

《股票画线技术入门与技巧》初版问世后，受到了广大读者的喜爱。笔者通过各种渠道了解读者对本书的反应，概括起来，就是很多读者将本书看成了一本学习股票画线技术的入门级教程。

由于本书初版图书在截图方面存在不足，导致书中个别图片存在模糊的问题，这让笔者时时有一种如鲠在喉之感，感觉愧对读者。

此次图书改版，与其说是图书生命的一次延续，不如说是笔者的一次自我检讨。此次图书改版，除了对个别章节内容进行了修订和调整之外，还新增了时下比较热门的画线技术——量价平衡线画线技术。与此同时，更新了初版所有的案例。改版之后图书中的案例，大都选用2020年以后的最新案例，以便读者通过这些案例掌握最基础的画线技术。

刘振清

2020年10月